岸和田古城から城下町へ

中世・近世の岸和田

大澤研一
仁木　宏　編

上方文庫34
和泉書院

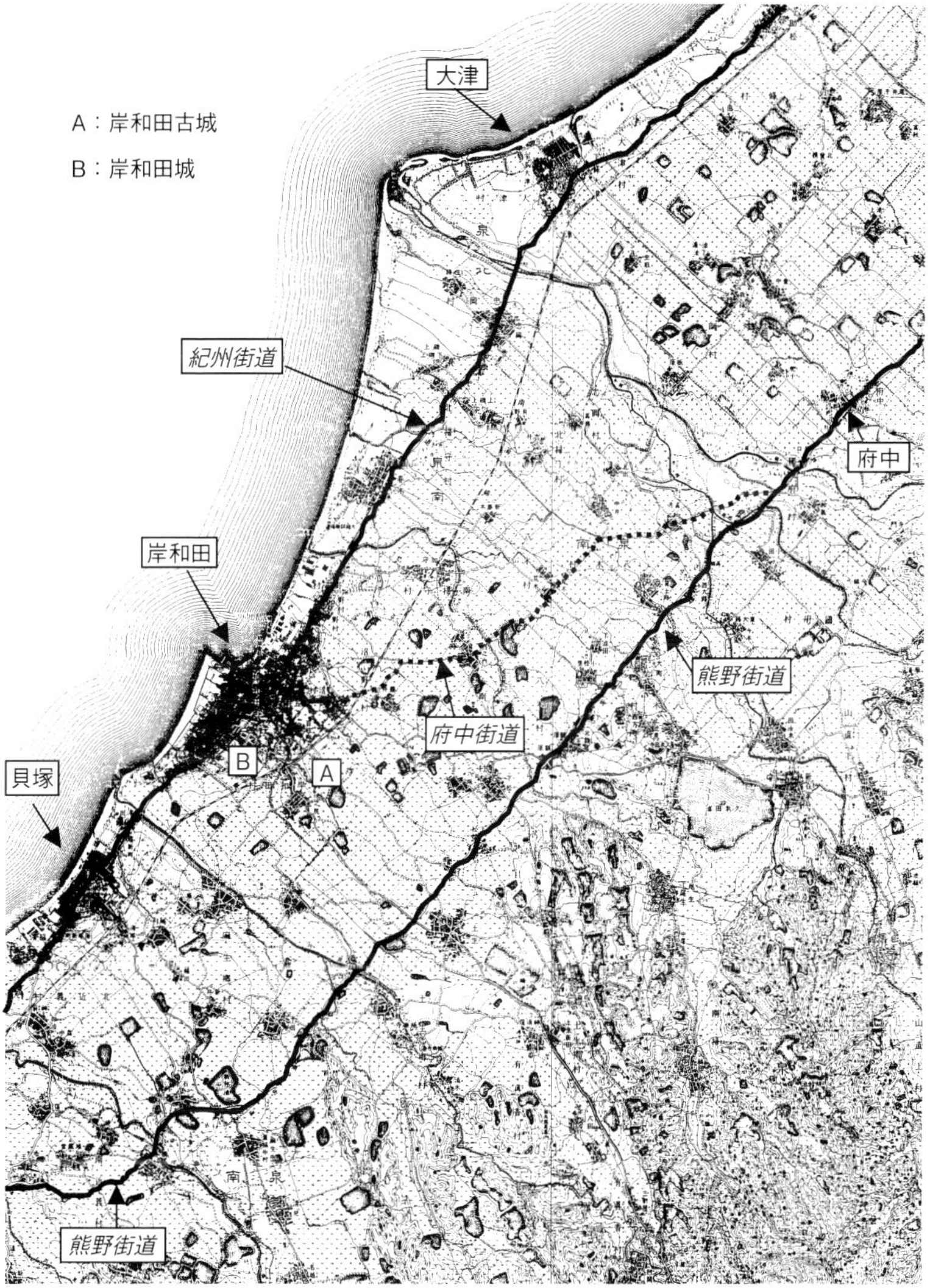

第 1 図　岸和田周辺図　明治 42 年測量二万分一地形図
（春木・信太山・岸和田・内畑〈帝国陸地測量部発行〉より）

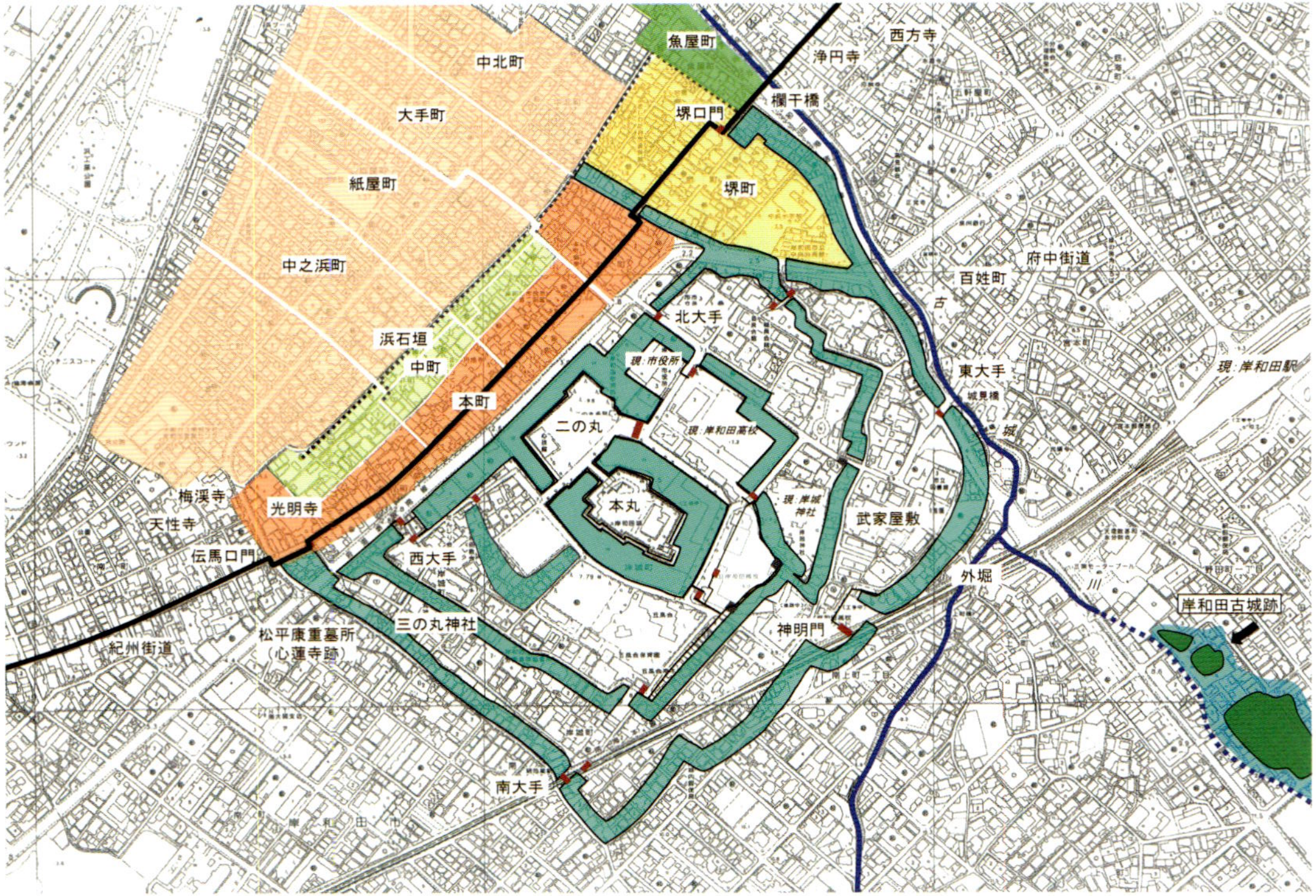

第２図　岸和田城・城下町復元図（岸本直文氏原図を一部加筆・修整）

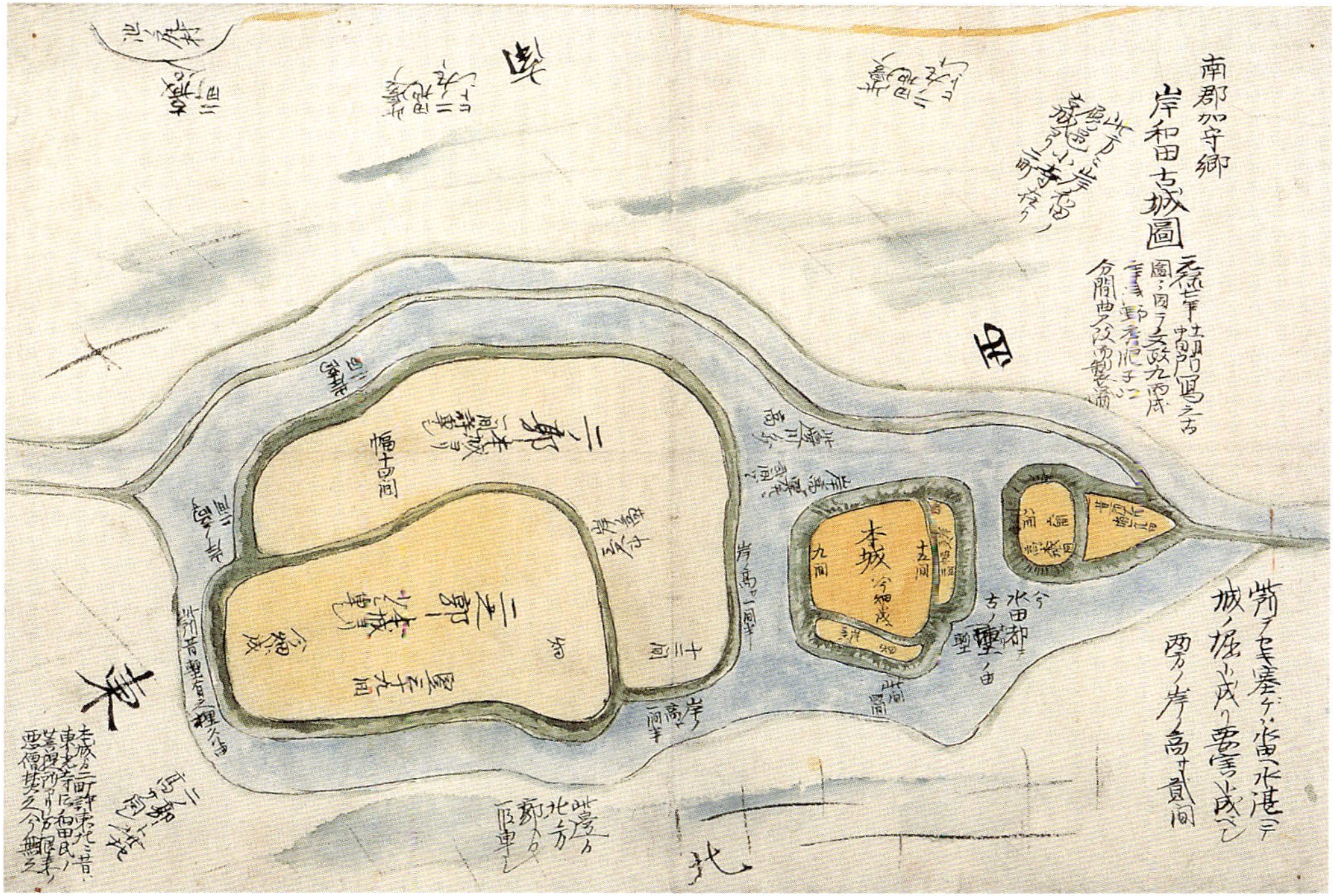

第３図　岸和田古城図（大阪歴史博物館蔵）

はしがき

岸和田といえばだんじりの町である。大阪府下では数少なくなった古い街並みを勇壮に駆け抜けるこの地車祭は、近世岸和田城下町の時代にはじまった。

城下の街並みの背後（東側）には、高い石垣と深い堀を刻む岸和田城跡がいまもみごとに残っており、城跡周辺（府の指定史跡）は市民の貴重な憩いの場となっている。和泉全域を見わたしても城下町は岸和田だけである。城下町は地域社会の政治・経済・文化の中心地であった。大坂に近い堺をのぞけば、江戸時代（近世）、岸和田は和泉地方の中核だったのである。

では、岸和田の町はいつごろ、このような地位を獲得したのであろうか。岸和田藩の殿様といえば岡部氏であるが、岡部氏以前にも小出氏、中村氏といった大名が岸和田城主をつとめていた。最近では、中村氏より古い戦国時代から、現在の岸和田城の場所に城郭があり、しかもそこは和泉一国の中心地であったことが明らかになりつつある。

しかし、岸和田の歴史はもっとさかのぼる。

南北朝時代、南河内を中心に活躍した楠木氏の一族である和田氏のなかで、大阪湾に面した「岸」に本拠をすえたのが「岸の和田」氏、すなわち岸和田氏だと信じられてきた。岸和田という地名も、この岸和田氏（人名）にちなむものであると語られてきた。

二〇〇六年夏、この岸和田氏の遺跡であると伝えられてきた岸和田古城跡（岸和田市野田町）がマンション建設のため破壊されるとの情報が伝わった。岸和田の町のルーツを失うわけにはいかないと、地元住民を中心として岸和田古城を考える会が結成され、この岸和田古城の正確な歴史を知ろうとする運動がはじまったのである。

以降、数回にわたる市民シンポジウムを通じて、岸和田古城のみならず、近世岸和田城下町の形成過程についても多くの新しい知見が得られた。古城の発掘調査や、古城を描いた絵図の「発見」も一気に中世・近世の岸和田研究を進めた。

その結果、「岸の和田」氏の伝承や、古城そのものが岸和田氏の居城跡であるとする伝承が必ずしも事実ではないことが多くの市民に認識された。その一方で、岸和田古城が近世岸和田城の前身としての役割をはたしていたことがさまざまな角度から解明され、また戦国時代から近世初頭の岸和田城が和泉の中核としての地位を築き上げてゆく過程が明らかになった。岸和田古城は新しい意味で「岸和田のルーツ」の地位を得たのである。

しかし、残念ながら、古城保存の運動はかたちを結ばず、肝心の遺跡は破壊の時を迎えた。

この本は、考える会が主催した市民シンポジウムや、一六一七《いちろくいちなな》会（研究会）・大阪歴史学会見学検討会での研究発表などをもとに、各著者にそれぞれ専門の立場から岸和田古城や近世岸和田城・城下町について書き下ろしてもらったものである。本書によって、古城や岸和田城が歴史上、どれほど重要な存在であるのか、学問的に解明されたといえるだろう。なお、最後の仁木の拙論（「岸和田古城が残したもの」）は各論文の内容を紹介する総論ともなっているので、こちらを先に読んでいただいてもよい。

本書が、岸和田のことや、城や城下町に関心をもつみなさんに読まれることで、失われてしまった岸和田古城が多くの人たちの記憶のなかで長く生きつづけることを祈念するものである。

二〇〇八年二月

大澤研一
仁木　宏

目次

第一章　南北朝内乱における岸和田氏とその周辺

堀内和明

はじめに

南北朝内乱における岸和田一族の動向が確認できるのは、宮・武家双方の対決を決定づけた延元元年・建武三年（一三三六）五月二十五日の摂津湊川合戦にはじまって、翌年四月から十月十九日にかけて展開された和泉横山合戦まで、わずかに一年五カ月の間である。合戦における一族の動向及び政治的様態は一貫して宮（南朝）方である。そこに登場する岸和田一族は弥五郎治氏・大輔房定智・侍従房快智の三名に過ぎず、相互の血縁関係や輩行は不明である。

合戦における三者の動向を裏づけるのは『和田文書』の軍忠状六点であるが、その後の政治的様態を示すものに『久米田寺文書』一点があり、点在する断片史料とはいえ、これをも視野に入れるならば、内乱期における岸和田一族の動向は六年近くにわたって辿ることができる。いずれにしても、内乱期における岸和田一族の分析は以上の文書七点を基本史料とせざるをえないが、これに加えて岸和田一族の周辺に位置する八木法達や土生一族の動向、さらにはこれに敵対する日根野盛治・淡輪重氏等武家方（北朝）国衆の軍忠状を加味することで、内乱期における岸和田一族の位置・性格は一層明確になるものと思われる。ただ、岸和田一族が現在の岸和田地域を本領とし、これを名字に名乗ったかどうかについては今なお確証を得ていない。決定的な史料を欠く現状にあっては、状況史料にもとづく検証を通して、『和田文書』に登場する岸和田一族を可能な限り地域史のなかに位置づけてみたい。

なお、岸和田一族の軍忠状とその動向に関する分析はすでに、『岸和田市史　第二巻』（一九九六）第二章で詳述されている。(1) 小論はその成果に多くを学ぶ一方で、今回確認された岸和田古城図や市民シンポジウムの成果を可能な限り織り込み、岸和田の地域史研究の一助になればと考えている。

一　岸和田一族の軍忠状

〈史料1〉岸和田治氏軍忠状写

和泉国岸和田弥五郎治氏申軍忠次第

一延元々年五月廿五日、兵庫湊河合戦之時、楠木一族神宮寺新判官正房幷八木弥太郎入道法達相

共、抽合戦之忠功者也、

一同六月十九日、同晦日、於竹田河原造路六条河原等□□□合戦馳参山門、同八月一日　大塔若
宮自山門御□□□御共仕、於八幡山連日祗候者也、
一同八月廿五日、於木幡山阿弥陀峯、抽軍忠者也、
一同九月一日、足利一族阿房(阿波・畠山)次郎国清已下凶徒等、令蜂起当国之間、致合戦之処、逆徒等猛勢、
而御方軍勢各雖退散仕、楯籠八木城、構要害之処、同七日、国清已下逆類等、率大勢寄来之間、
不惜身命、日夜致合戦之忠者也、爰自天王寺、中院右少将(定平)家幷楠木一族橋本九郎左衛門尉正
茂已下為後縮被発向之刻、自城内打出、凶徒等令追罰者也、其後悪党等楯籠蕎原城之間、即罷
向追落畢、
一同十月四日、楯籠東条、今年正月一日、河州中川次郎兵衛入道父子被召捕之時、属当御手、令
発向彼住所畢、
一同八日、属当御手、令発向若松庄玉井彦四郎入道城幷和田菱木已下凶徒等住所、焼払之、同廿
六日、馳向横山、焼払凶徒住宅畢、

(中略)

以前条々軍忠之次第、支証分明之上者、且為後証、且為成弓箭之勇、欲賜御証判、仍粗言上
如件、

延元二年三月　日

右は、岸和田治氏が延元二年・建武四年（一三三七）三月に作成した軍忠状の一節である。治氏はこれ以降、同年八月と十一月にも軍忠状を作成しており、和泉と南河内を中心に畿内一帯における内乱の地域的展開を理解するうえで、格好の素材を提供している。また、その一族と思われる岸和田定智は同年八月と十一月、岸和田快智も同年八月に軍忠状をそれぞれ作成しているが、八月作成の軍忠状をみる限り三者の戦歴と合戦場は一致し、十一月の軍忠状も治氏と定智の戦歴・合戦場は完全に一致している。同一合戦における軍忠状の表現・表記はほぼ共通しており、軍忠状の作成状況からみて、三者が相互に情報を交換しあう近親関係にあることは確かである。次の表1～3は治氏の三点をはじめ定智二点、快智一点の計六点の軍忠状を、三者それぞれの戦歴として編年整理したものである。

三者の一族関係は史料上まったく不明であるが、実名を名乗って内乱当初から華々しい戦歴を重ねる治氏に対し、現存史料の範囲で合戦場が和泉に限定される定智・快智がそれぞれ入道名を名乗っていること、三者に共通する延元二年四月から七月にかけての横山合戦で、治氏が守護代の大塚惟正（楠木一族）を合戦大将に仰ぐとともに自らの戦功に「被加見知畢」と敬意を示したのに対し、定智・快智が守護代惟正を同所合戦の同輩に位置づけていることから、定智・快智のいずれかが惣領であろう。若輩の治氏は惣領の子息として一族を代表し、畿内各地を転戦していたものと推測される。さらに、定智は同時期の合戦で上郷氏（日根郡賀美郷の国人）の惣領とおぼしき左衛門太郎俊顕を、快智は土生氏（南郡加守郷の国人）の庶流である彦次郎義綱をそれぞれ同所合戦輩とし、通称の上で

表1　岸和田治氏戦歴表

年　代	月／日	合　戦　場	同所合戦輩	宮方大将	戦　功	敵方勢力
延元1 建武3 (1336)	5／25	摂津兵庫・湊川	神宮寺正房 八木法達		忠功	
	6／19 30	山城竹田河原 六条河原				
	8／1 25	山門→山城八幡 木幡・阿弥陀峯		大塔若宮	若宮祇候	
	9／1 7～8	和泉下方 和泉八木城→蕎原城		中院定平 楠本止茂	軍忠 日夜合戦	畠山国清 以下
	10／4	河内東条			東条楯籠	
延元2 建武4 (1337)	1／1	河内中川住所			敵方召取	中川次郎 兵衛
	1／8	和泉若松庄 菱木・和田			凶徒住宅 焼払	玉井彦四郎 菱木・和田
	1／26	和泉横山			住宅焼払	横山凶徒
	3／2	河内古市→野中 寺前→丹下城			構要害 逆徒追籠	丹下西念 以下凶徒
	3／10	野中寺東→藤井 寺西→岡村北	平石源次郎 八木法達	大塚惟正	防戦 散々合戦	細川顕氏・ 同帯刀先 生以下
以上「同年3月軍忠状」						
	4／16 ～26	和泉巻尾寺横山	八木法達 上郷俊康	大塚惟正	要害警固 凶徒住宅 焼払	横山凶徒
	5／14	和泉横山				天王寺和 泉凶徒・
	6/5～6	和泉宮里城			合戦忠節	和泉逆類
	13～14	和泉宮里城			城責追罰	和泉凶徒
	26～28	和泉宮里→唐国			住宅焼払	朝敵与同人
	7/5～6	宮里城→宮尾城			合戦追返	逆類
以上「同年8月軍忠状」						

	8／4	和泉宮里→国分寺	巻尾寺衆徒弁房等		合戦忠節	
	9／26～27夜	和泉宮里城	大塚惟正 上郷俊康		終夜合戦	
	10／13	和泉横山坪井口	大塚正連		散々合戦	凶徒等
	10／15	和泉横山坪井口	大塚正連 八木法達		合戦忠	凶徒等
	10／19	国分寺・宮里・黒石等	大塚正連 八木法達		後詰トシテ敵陣焼払	凶徒等
以上「同年11月軍忠状」						

表2　岸和田定智戦歴表

年　代	月／日	合　戦　場	同所合戦輩	宮方大将	戦　　功	敵方勢力
延元2 建武4 (1337)	4／16 ～26	和泉巻尾寺横山	大塚惟正 八木法達	大塚惟正	要害警固 凶徒住宅焼払	横山凶徒
	5／14	和泉横山	上郷俊顕			天王寺和泉凶徒・
	6/5～6	和泉宮里城			合戦忠節	和泉逆類
	13～14	和泉宮里城			城責追罰	和泉凶徒
	26～28	和泉宮里→唐国			住宅焼払	朝敵与同人
	7/5～6	宮里城→宮尾城			合戦追返	悪党・逆徒
以上「同年8月軍忠状」						
	8／4 夜	和泉宮里城→ 国分寺前	巻尾寺衆徒 弁房		合戦忠節	
	9／26 ～27夜	和泉宮里城	大塚惟正 上神範秀		夜責合戦	
	10／13	横山庄坪井	大塚正連		合戦	凶徒等大勢
	10／15	横山庄坪井	八木法達		合戦忠	
	10／19	国分寺・宮里・黒石等	大塚正連 八木法達		後詰トシテ敵陣焼払	逆徒等・逆類
以上「同年11月軍忠状」						

表3　岸和田快智戦歴表

年　代	月／日	合　戦　場	同所合戦輩	宮方大将	戦　　功	敵方勢力
延元2	4／16	和泉巻尾寺横山	大塚惟正	大塚惟正	要害警固	横山凶徒
建武4	～26		八木法達		凶徒住宅	
(1337)	5／14	和泉横山	土生義綱等		焼払	天王寺和泉逆徒
	6/5～6	和泉宮里城			合戦忠節	和泉逆類
	13～14	和泉宮里城			城責追罰	凶徒逆賊
	26～28	和泉宮里→唐国			住宅焼払	朝敵与同人
	7/5～6	宮里城→宮尾城			合戦追返	逆徒

以上「同年8月軍忠状」

も快智の侍従房に対し定智の大輔房が上位にあることから、定智こそ岸和田一族の惣領と推定される。

ただ、内乱期の軍忠状は概して、郎等や家人とともに舎弟・子息・庶流等の戦歴・勲功は惣領の軍忠状に一括されるのが通例である。ところが、岸和田一族の三者はいずれも個別に軍忠状を作成しており、少なくとも延元二年・建武四年（一三三七）四月から七月において、さらに治氏と定智は同年八月から十月の戦歴において、それぞれ独立した隊伍をなして家人・中間等を率いて参陣していたことになろう。この点は、軍忠を証する同所合戦の輩がそれぞれ微妙に食い違うことからも明らかである。たとえば先の表1～3によると、延元二年・建武四年四月以降の横山合戦において合戦大将に守護代の大塚惟正、同所合戦輩のひとりに八木法達を挙げている点は三者共通するが、同所合戦輩の他のひとりに治氏は上郷俊康、定智は上郷氏の惣領と推定される俊顕、快智は土生氏の庶流にあたる義綱以下を挙げている。これに次いで、九月下旬の宮里城攻撃の同所合戦輩のひとりに治氏は同じ上郷俊康を挙げたのに対し、定智は大鳥郡上神郷の若松庄を本領とする上神範秀を挙げている。三者の間に一族関係は想定されるものの、戦場における機動性と被害の分散、過分の恩賞を期待しての独立編成であったと推測される。

岸和田一族の軍忠状はいずれも、和泉国大鳥郡和田（みきた・にぎた）郷を本拠とする和田氏相伝の『和田文書』として伝わったものであり、軍忠状六点にはそれぞれ冒頭に「中家系図裏書」の注記がみられ、六点の書体はいずれも同筆である。表1によると延元二年・建武四年正月八日の大鳥郡南東部一帯の合戦で、治氏は和田郷に攻め入って和田氏を攻撃しており、和田氏が当時、上神郷の玉井氏や草部郷の菱木氏とともに武家方に属していたことは明らかである。その後、和田氏は延元三年・暦応元年（一三三八）冬までに宮方に転じた模様で、岸和田一族との接点が生じた結果、岸和田一族の軍忠状は和田氏によって転写されたのであろう(2)。おそらくは軍忠状の手本として、華々しい合戦記録を写し取ったものと思われる。が、延元二年・建武四年正月八日の対戦を除けば、いずれの軍忠状にも岸和田氏と和田氏の接点を見出すことはできない。岸和田一族の軍忠状が『和田文書』に含まれていることを以て、岸和田氏を和田氏の庶流とするのは今なお推測の域をでないものといえよう。

二　和田氏と岸和田の地名伝承

『和田文書』には「中家系図」が二本伝世しているが、系図表題にみえる中家は和田氏の本姓大中臣の略称である。系図の下限はいずれも戦国末期、和田氏が薩摩島津氏に仕官したころの「吉左衛門助宗」「六介助兼」兄弟になっており、系図は軍忠状写に裏書きされたものである。和田系図は庶流の大半を省略しているが、記載された範囲で岸和田一族を和田庶流に位置づける根拠は見出せない。

留意すべきは、この和泉国大鳥郡和田郷の和田氏と楠木一族の和田氏とはまったく別の氏族であることである。河内を本拠とする楠木一族の和田氏は本姓橘であり、その実名は『尊卑分脈』第四編にみえる正成の弟「七郎正氏」、『太平記』によると正成・正季と共に湊川で討死にする「五郎正隆」、四条畷で討死にする正行の弟「二郎正時」、正儀の側近「和泉守正武」等々通字の「正」は厳格に世襲されており、強固な一族関係を象徴するものであろう。『太平記』に登場する和田氏はいずれも、楠木一族の和田氏である。一族中の位置づけは楠木物領に近侍し、ときには楠木惣領に代わって合戦大将を担う者さえあった(3)。さらに、正成・正行・正儀等の楠木嫡流が河内や和泉の守護として守護代を任用する場合、その対象は和田・大塚・橋本・済恩寺・河野辺等の楠木一族（何れも実名に「正」の通字）に限られ、和泉和田氏のごとき他氏の国人を任用することはなかった。

これに対し、和泉国大鳥郡の和田氏は本姓大中臣であり、嫡流の通字は鎌倉末期の清遠を唯一の例外として助家・助康・助氏等の「助」である。建久以来の国御家人であるが、鎌倉末以降の内乱期においてその動向は終始一貫せず、元弘三年・正慶二年（一三三三）二月下旬以降の第二次楠木合戦の千早攻城において、惣領助家（正円）は次男助秀とともに幕府軍に参じ、一方では大塔宮の催促に応えて、京都南郊の赤井河原・久我縄手合戦で嫡子助康を倒幕軍に参加させ、建武政権に軍忠状を提出する始末である。(4) その結果、助家所領が一時期、和泉目代の八木法達によって欠所地とされたり、(5) その後なお旗幟を鮮明にしなかったことにより、助康は宮方によって誅殺される悲劇に見舞われる。(6) 現に、表1によると延元二年・建武四年正月八日、治氏を含む宮方軍勢は大鳥郡東南部の上神・和田・草部郷一帯で武家方との合戦を展開しているが、治氏の攻撃対象にさらされた武家方国衆に上神郷若松庄に居城を構える玉井氏、草部郷の菱木氏とともに和田の名字が挙げられている。この三者は相互に隣接しあう位置関係にあって、大鳥郡の一定領域を武家方で固めていたのであろう。いずれにしても、倒幕過程から内乱当初における和泉和田氏の動向は変転きわまりなく、その動向や系譜のなかに楠木一族の片鱗すら見出せない。

この間、南北朝内乱を扱った一般書はもちろんのこと、専門書や『大阪府史　第三巻』をはじめ府下自治体史の多くが河内和田氏（楠木一族・橘姓）と和泉和田氏（大中臣姓）を混同して叙述してきた。十分な検証を経ないまま記述内容を踏襲する自治体史が流布するなかで、畿内とりわけ河内・和泉における南北朝内乱の地域史研究が混迷を来しているのが現状である。(7)

岸和田一族の軍忠状が『和田文書』として伝来したことをもって、和泉国大鳥郡の内陸部に本領を構える和田氏が南郡岸村に庶流を移貫させ、そこに「岸和田」の地名が生まれたとするのはやはり、推測の域をでないものであろう。中世の慣行として、在地領主は開発地や根拠地の地字を名字に名乗るのが通例である。岸和田の地字が歴史的に先行し、そこに移貫して開発を主導ないしは拠点を構えた一族が岸和田を名乗ったとみるのが妥当であろう。

ちなみに、大鳥郡和田村を本領とする和田新兵衛高家とその子和泉守正武が、南郡岸村に城郭を構えて岸和田と称したとする『泉州志』（元禄十三年〈一七〇〇〉刊）の記事は、同志編者の石橋直之が『太平記評判』の記事に推測をくわえて創作したものである。現時点で、岸和田の地名伝承を『泉州志』以前の記事で確認することはできない。その後、寛政八年（一七九六）刊『和泉名所図会』によると、大鳥郡上神郷若松庄の和田村には楠木正成の外戚和田高遠の築城にかかる和田城があり、高遠の曾孫正武が南郡の岸ノ城に居を構えて「岸ノ和田」と称したとある。『泉州志』の記事を上神郷の和田村に引き寄せて創作した伝承であろう。「悪党楠兵衛尉」正成の初見で知られる臨川寺領若松庄は、大鳥庄の悪党勢力と楠木一党を媒介する若松・上神一族の本領であり、湊川で討死にする楠木一族橋本正員の五輪塔が同庄上条の長福寺（現法道寺）墓地に現存することでも知られる。このように、大鳥郡上神郷には楠木一族に関する伝承や岸和田の地名伝承が生まれる素地が醸成されており、内乱期における楠木一族の一時的な築城がその背景にあったとも考えられる。さらに紀泉国境を越えて、紀伊国那賀郡の古和田村（現紀の川市）にも岸和田の地名伝承がみられる。天保十年（一八三九）編『紀伊続風土記』には、楠木正成の外戚和田高遠が大鳥郡和田村に城郭を構えるとともに、その子孫に紀伊国古和田村に城館を構えるものがあり、やがて高遠の曾孫正武に至って泉南郡岸の城に移り、

その地を岸和田と称したとある。(8)

以上、おそらくは岸和田藩の成立と展開を背景に、岸和田の地名伝承は石橋直之によって創作され、『泉州志』を通して周辺地域に伝播していったのであろう。また、一方で『太平記』に取材した楠木伝承も拡大再生産され、河泉地域を中心に多くの楠木系図が流布した結果、今なお楠木研究が混迷に瀕していることは周知の通りである。ただ、『泉州志』をはじめ近世の地誌類は岸和田の地名伝承の前提をなす大鳥郡和田村の所在を和田（みきた・にぎた）郷と明記せず、『和泉名所図会』のごとく上神郷（若松庄）に想定していることは明らかである。ということは、近世の段階で楠木一族の河内和田氏と和泉和田氏の混同は認められず、明治以降に生じた混乱と推測される。

三　湊川合戦から八木合戦へ

このように、岸和田の地名伝承や楠木関係系図に依拠して、内乱期の岸和田一族の動向や性格を分析することは困難である。現存する岸和田治氏・定智・快智の軍忠状こそ同時代の一次史料であり、宮方に敵対する日根郡の日根野氏や淡輪氏の軍忠状を加味することで、内乱当初の和泉の地域史を一層鮮明に描出することが出来そうである。本節では内乱勃発の契機となった湊川とその後の京都南郊、さらには和泉八木城に至る一連の合戦について、その歴史的意味を岸和田一族の動向を通して検討してみたい。

岸和田治氏の軍忠状によると、兵庫湊川合戦に参加した治氏は楠木一族の神宮寺正房及び八木法達を同所合戦輩として「合戦の忠功」を披露している。楠木一党に属しての参陣であったが、神宮寺正房や後述の橋本正茂を治氏は「楠木一族」と明記しており、楠木一族と戦陣を共にすることの名誉とともに、自らは楠木一族でないことを示唆するものといえよう。楠木・新田両党は延元元年・建武三年（一三三六）五月二十五日、水陸両面から攻め上る尊氏・直義の大軍を阻止すべく、兵庫湊川で決戦に臨んだ。治氏の「忠功」の具体的な内容は示されていないが、おそらくは惨敗を目前に神宮寺・八木ともども戦線を離脱し、本領へ帰還したのであろう。合戦前の京都にあって、尊氏を入京させての攻囲・持久戦を奏上して容れられなかった正成は決死の覚悟であったが、つねに尊氏との和議の機会を窺い、一族・与党温存の姿勢は一貫していた。神宮寺や橋本の一族にくわえて八木・岸和田等の与党勢力の戦線離脱はおそらく、捲土重来を期す正成の戦略によるものであろう。元弘元年・元徳三年（一三三一）九月の笠置合戦や同年十月以降の石川東条の楠木合戦でもそうであったが、大軍を敵にまわしての正成の戦術は、敵方勢力の分散を謀る陽動作戦と決戦間際における戦線離脱、与党勢力の温存であった。

『太平記』によると正成に殉じた楠木一族は神宮寺正師・橋本正員・和田正隆等一六名であるが、合戦直後の一次史料に自害した一族は二八名とある(9)。神宮寺正師は治氏とともに合戦に臨んで生還した正房の直系尊属（父か伯叔父）、橋本正員は後述する八木合戦で中院定平とともに後詰を勤めた正茂の兄と推定され、上神・若松一族とともに湊川に臨んだことで、若松庄上条の長福寺（現法道寺）には正員の実名と忌日を記した五輪塔が現存する。正茂の子息が後世、楠木正儀に近侍して和泉守護代を勤めた正督（正高）であり、正儀が武家方に転じた正平二十四年・応安二年（一三六九）春には民部大輔を冠して和泉守護に任用されている(10)。橋本氏は和泉で唯一確証の得られる楠木一族であり、名字の地は熊野大道を扼す日根郡近木郷橋本（現貝塚市）である。

河内国金剛寺の学僧禅恵は聖教奥書に「又同年（建武三年）五月廿五日、兵庫へ責上テ、楠木判官被討了」「足利殿、自五月廿五日兵庫、楠木正成判官殿等被討了、晦日入京籠東寺、至八月七日、無勝負之間、世間動乱無申計」と、尊氏の五月末日の入京と八月に至る合戦を記録し、さらに「六月十九日、晦日、和泉・河内・紀伊国帝ノ御軍勢、東寺・鳥羽合戦、同卅日、和田左衛門、大将シテ合戦、被討了、又同七月二日、山徒京中へ打入合戦」の記録を残している(11)。

表1で明らかなように、治氏が参陣した六月十九日の山城竹田河原の合戦は禅恵奥書にみえる東寺・鳥羽合戦、同三十日の六条河原合戦は宮方大将の和田左衛門尉（実名不明・楠木一族）が討死にした合戦に符合する。治氏をはじめとする岸和田一党は和田左衛門尉の手に属し、鴨川原をはさんで東寺に陣取る尊氏に対抗して竹田・鳥羽合戦に参加していたことになろう。ただ、打ち続く惨敗のなかで戦功を挙げる機会に恵まれず、同所合戦輩を記録することもなかった。かくして、入京を果たした尊氏の武家方軍勢に対し、治氏を含む和泉や河内・紀伊の宮方軍勢は戦線を後退させつつも、八月

末まで南山城から京都南郊に及ぶ一進一退の合戦を繰り広げた。

治氏はその後八月一日、後醍醐天皇の栖籠る山門（比叡山）の本営に馳せ参じ、やがて山門を下って山城八幡山に陣取った大塔若宮（故護良親王の子）に祇候、八月二十五日の山城木幡から阿弥陀峯に至る合戦では若宮に近侍して軍忠を果たした。一方、尊氏の手に属した在京人の田代市若丸（顕綱）は同じ八月二十五日、治氏を含む宮方を圧倒しつつ木幡山から阿弥陀峯に至る合戦の軍忠を披露し、尊氏の袖判感状を得ている(12)。田代氏は和泉国大鳥庄上条の地頭であるが、承久以来の得分権地頭（在京人）として未だ在地領主の境涯に達しておらず、和泉の本領を拠点に畿内各地を転戦する岸和田氏のような国衆、和田氏のような国御家人とは存在形態を異にしていた。

この間八月十五日、尊氏の奏請によって豊仁親王（光明）は践祚し、宮方の劣勢は覆うべくもなかった。後醍醐は十月十日に山門を下ったものの、やがて十二月二十一日には京都を脱して南山吉野へ潜幸したのをうけて、敗退をかさねた宮方軍勢はそれぞれ本国に引き上げ、やがて迫り来る武家方の掃討作戦に備えることになる。ところが、和泉における武家方の掃討作戦はすでに開始されていた。岸和田治氏が京都南郊の合戦に参加していた頃、尊氏によって和泉の国大将（守護）に足利一族の畠山国清が補任され、おそらく大阪湾岸の海路を経て七月上旬、わずかな手兵を率いた国清は日根湊に上陸、樫井城を拠点に武家方を組織し、日根郡から紀北一帯を軍事的に制圧する。

〈史料2〉日根野道悟軍忠状

和泉国日根野左衛門入道道悟申軍忠事
今月十日、於樫井城被上御幡之間、同日最前馳参御方、同十六日・十七日・十九日両三日、捨身命就致合戦之忠、一族兵衛太郎幷若党藤九郎又九郎等被疵畢、且所々軍勢可参御方由、致秘計忠之上者、云彼云是、早為後証賜御判、弥欲致軍忠候、以此旨可有御披露候、恐惶謹言、

沙弥道悟（裏判）

建武三年七月　日

進上　御奉行所　「承了（花押）」

右は、畠山国清の配下にあって日根郡一帯の合戦で戦功をあげた日根野道悟（盛治）の軍忠状である。[13]軍忠状には国清の証判がみえる。国大将の本陣であるとともに政庁でもある奉行所が置かれた樫井城とは、樫井彦五郎入道の居館を城郭に構えたものであろう。日根湊を取り込んで水陸交通の要衝を占めたと推測される。樫井彦五郎は延元元年・建武三年（一三三六）十月二日、信達仏性寺に着到した際は淡輪重氏を配下に、同四年正月十四日の大木合戦では日根野盛治の軍忠を証する立場にあったことから、国清の軍奉行であった可能性が高い。[14]同三年七月十日に樫井城で旗揚げした国清は、同月十六日、十七日、十九日の三日間にわたって宮方国衆に攻撃をしかけ、日根郡一帯の軍事的制圧に成功する。一連の合戦で日根野盛治、淡輪重氏、樫井彦五郎、木嶋兵庫助等が武家方に与したが、国清は紀伊・和泉間に楔を打ち込む形で日根郡樫井に乗り込み、足利一族の権威に依拠して武家方を

組織したのであろう。日根野盛治は家子・若党に負傷者を出す一方で、和泉下方の組織戦に「秘計」すなわち諜略を策したことから、その軍功は抜群であった。すでに延元元年・建武三年五月十九日の段階で、盛治は軍忠を賞されて本領に隣接する長滝庄一円を「預置」かれ、以後の軍忠による恩賞を「尊氏御教書」を以て約束されていた。(15) 御教書を奉じたのが国清であることから、あるいは湊川以前の五月上中旬、尊氏は瀬戸内より国清を和泉日根郡に海路派遣していたとも考えられる。

当時の宮方は、山城八幡山から戦線を後退させて天王寺に本陣を移し、堺から和泉府中、さらには南郡八木城を拠点に和泉上方から下方の北半をほぼ制圧していた。当時、和泉上方の大鳥郷庄は上村基宗（道照）以下の悪党勢力が宮方に与して当知行しており、同庄上条地頭で在京人の田代基綱（了賢・顕綱祖父）は代官が在庄しえない理由を、「建武三年秋比者、不限大鳥郷、泉州太略為敵陣之間」と説明している。(16) 天王寺に陣取る宮方大将は中院右中将定平、軍奉行は楠木一族の橋本正茂であった。この間、上郷一族は本領を追われて宮方支配地に避難し、橋本正茂も天王寺の宮方本陣にあって京都の武家方に対峙するとともに、国清勢との決戦に備えた。延元元年・建武三年七月十日の旗揚げ以降、約二カ月を要して日根郡一帯を制圧した国清は、紀伊及び和泉宮方との一進一退の攻防を経て、ついに九月一日、和泉下方における宮方の前線基地、八木城への進撃を開始した。

〈史料3〉淡輪重氏軍忠状

和泉国淡輪助太郎重氏申、

去九月六日大将軍国中仁御発向之時、代官舎弟大輔房馳向木嶋付御着到、同七日相向八木城、同八日雨日致合戦之忠節候、次於蕎原宮尾城者、若党彦次郎御共仕、今月二日於信達庄仏性寺者、属樫井彦五郎入道着到、罷向所々致忠勤、（中略）

建武三年十月十三日　　　　　　　　　　　　　　　橘　重氏

進上　御奉行所　「承了（花押）」

右は、武家方に属した淡輪重氏の軍忠状であるが、国清が南郡に乗り込んで本陣を樫井から木嶋に進めた結果、重氏の弟大輔房をはじめ木嶋着到の国衆を率いる国清は九月六日、宮方を圧倒しつつ八木城に迫った。武家方の猛勢に宮方は総崩れとなって退散し、岸和田治氏も八木城に楯籠ってここを要害に構えた。武家方の本陣となった木嶋はおそらく、国清に与した木嶋兵庫助の居館であろう。六日の合戦は木嶋・加守・八木郷一帯で展開され、宮方を圧倒した国清は一旦木嶋の本陣に引き上げ、翌日の決戦に備えた。

八木に籠城する治氏は七日から八日にかけての戦功を、「国清已下逆類等、率大勢寄来之間、不惜身命、日夜致合戦之忠者也」と軍忠状にしたためた。雨をついての八日の夜戦と武家方の大軍に宮方は苦戦をしいられたが、やがて、天王寺から府中に本陣を進めていたと思われる宮方大将の中院定平、軍奉行の橋本正茂が大軍を率いて加勢に及び、これに合流すべく城外に打って出た治氏以下の奮戦によって武家方はようやく退散した。その後、紀泉国境にちかい蕎原宮尾城（貝塚市）に逃げ込んだ武家方に対し、宮方はこれをも追撃して日根郡に追い遣った。右の淡輪重氏と宮方の岸和田治氏の軍忠状を対比した場合、国清の樫井蜂起にはじまって八木城の攻防、蕎原宮尾に至る一連の合戦は日付・合戦場とも完全に合致しており、検証に耐えうる合戦記録といえよう。

南郡の八木城はかつて建武政権下、大塔宮及び和泉国主の四条隆貞、和泉守日野朝光の下で和泉目代を勤めた八木法達の居館であろう。岸和田市大町付近にあった城と推定されるが、確証は得ていない。内乱当初におけるその地位は八木城を拠点に、楠木一族の橋本正茂にかわって宮方国衆を率いる下方の旗頭であった。おそらくは元弘以来の目代の手腕を買われ、在庁の統制や合戦時の軍奉行を勤めていたものと推測される。

表1～3でも明らかなように、摂津湊川から横山合戦に至るまで、岸和田一族の三名はいずれも八木法達を同所合戦輩とし、今また法達の居館を要害に構えたことをみれば、岸和田一族の名字の地は八木郷の西に隣接する加守郷岸和田村とするのが妥当であろう。今回新たに確認された「岸和田古城図」の「二之郭」は現地調査の結果、十四世紀に溯る可能性が指摘され、その規模はほぼ一町四方である。[17]とすれば、この「二之郭」を岸和田一族の居館と想定することに無理はないと考える。岸和田快智が横山合戦で同所合戦輩とした土生義綱の本領は岸和田の南に隣接する木嶋郷土生村、元弘の千早籠城の恩賞を求めて南朝に提訴した磯上蔵人が加守郷の北端磯上村を本領とする国人である点を勘案すれば[18]、八木・岸和田・土生に磯上を加えた四氏は終始連携し、海浜に面した南郡の西部一帯を領

域的拠点に和泉宮方の支柱を担ったものと思われる。したがって、八木の籠城戦には城大将の法達に岸和田・土生・磯上、さらには先の日根合戦に敗れた上郷一族を加えて、十月七日から翌日夜にかけて激戦が展開されたことであろう。

四　横山合戦と和泉の国衆

延元元年・建武三年（一三三六）九月七日の八木城合戦を境に、河内・和泉の両軍の主戦場は河内国古市及び石川東条に移った。先の表1によると同年十月四日、治氏は河内東条に楯籠り、翌年元旦には河内の中川次郎兵衛入道父子召捕に功績を挙げ、正月八日は和泉国大鳥郡東部の武家方国衆（玉井・菱木・和田）を攻撃して屋敷・在家を焼き払った。この間、十二月下旬に後醍醐天皇が吉野に潜幸したのをうけて、武家方は吉野包囲網の一環として河泉地域への攻勢を強めた。河内の国大将に補された細川顕氏は同月、田代・二宮・渋谷以下の在京人（多くは河泉両国の地頭）を率いて天王寺に本陣を構え、河内一帯の宮方掃討戦を展開した(19)。一方和泉でも、山間部をのぞく大鳥・北両郡を武家方がほぼ制圧し、天王寺を追われた宮方は河内古市に本陣を移して南河内から和泉山間部に至る防衛線を敷いた。和泉和田氏が前述のごとく、近隣の玉井・菱木両氏に同調して武家方に転じたのは、以上の情勢が背景にあってのことであろう。

表1によると延元二年・建武四年三月二日、治氏をはじめとする宮方が河内古市に要害を構えたこ

とが知られるが、おそらく天王寺を追われた宮方が古市高屋城に本陣を移したのであろう。これに対し、丹下西念（居城は丹北郡丹下郷の大塚山古墳）以下武家方が大挙攻撃をしかけ、野中寺前で双方合戦に及び、宮方はこれを丹下城に追い込んで在家を焼き払った。その後同月十日、国大将の細川顕氏が大軍を率いて古市の宮方本陣に押し寄せ、これを迎え撃つ宮方との間に、野中寺・藤井寺・岡村一帯で激戦が展開された。細川勢は一族の帯刀先生を討死にさせたものの、宮方を再び古市高屋の本陣に追い込んだ。この間の丹下・細川勢との合戦で、岸和田治氏は同所合戦輩に和泉守護代の大塚惟正、楠木一族の平石源次郎、そしてここでも八木法達を挙げている。楠木一族の大塚・平石（本領は現河南町の石川郡東条大ケ塚・平石）にくわえて、和泉南郡の宮方を代表して、八木・岸和田一党の強固な連携が窺える。

ちなみに、延元二年・建武四年四月から六月上旬の間、和泉の国大将は畠山国清から細川顕氏に交替し、顕氏は従前の河内にくわえて和泉を兼務していた。その背景には、宮方攻略に失策を重ねる国清への処遇もさることながら、この間執拗かつ果敢に抵抗する宮方に対抗して、河泉両国に統一した軍令と戦略が緊要であった。河内における武家方の当面の課題は、古市高屋に陣取る楠木一党を石川東条に追い込め、古市に本陣を据えて楠木党の本拠地・石川東条を攻略することである。そのためには、和泉宮方が陣取る北郡横山から河内天野を攻略して、後顧の憂いを払拭することが急務であった。先の古市合戦の直後、宮方の大きな抵抗もないまま細川顕氏は古市に入城し、西琳寺に本陣を据えた。古市陣取りの不利を悟った楠木一党は戦線を後退させ、本領の石川東条に楯籠る戦術に転じたのであろう。一方、顕氏は和泉守護代の都築量空に横山盆地の攻略を命じ、その拠点として池田郷宮里に城を築かせ、巻尾山施福寺に陣取る宮方に対峙する姿勢を固めた。これ以降、半年にわたって展開される和泉横山合戦は、河内石川東条の大手に対して、搦手の合戦を担うことになる。

表1によると一月二十六日、治氏は武家方に与する横山凶徒の住宅を焼打ちしている。横山凶徒とはおそらく、前年冬以前に武家方に転じた横山平三左衛門入道観心とその与党であろう。観心はすでに宮方から本領の当知行分を没官されており、宮方は延元元年・建武三年十一月、この間勲功著しい金剛寺僧実弁に観心跡の当知行を安堵、延元三年・建武五年七月には綸旨を以てこれを宛てがい、宮方守護兼国主と推定される楠木正右が守護代大塚惟正に施行状を発している。(20) 在地系の横山観心の転身を契機に武家方は攻勢を強め、延元二年・建武四年四月下旬、巻尾山に楯籠る宮方との攻防が始まる。

表1によると同年四月十六日、治氏は巻尾山に楯籠って要害の構築及び警固に励み、二十六日には横山に攻め込んで凶徒住宅を焼き払っている。武家方は宮里城を拠点に、横山盆地をほぼ制圧していたのであろう。ついで五月十四日、武家方国衆は本陣天王寺勢の加勢を得て巻尾山城に攻め上り、六月五日には宮方による宮里城攻撃、翌日は武家方による巻尾山への攻城戦が展開された。武家方は蒿原からも巻尾山を攻撃した模様で、治氏はこれに抗して七月六日の宮尾合戦での活躍を披露している。

宮里・蕎原両面からの攻城に、巻尾山の宮方は苦戦を強いられたことであろう。表1・2によるところの間、治氏をはじめ宮方国衆を率いて合戦大将を勤めたのは楠木一族の守護代大塚惟正、治氏と戦陣をともにした同所合戦輩は八木法達と上郷弥次郎俊康であった。四月から七月にかけての横山合戦では、一族の定智も軍忠状を作成しており、同所合戦輩は八木法達と上郷の惣領と推定される左衛門太郎俊顕である。治氏・定智とも同所合戦輩に八木法達を挙げていることから、法達は実戦部隊を統括する軍奉行と推定される。

この間、治氏・定智は武家方を「凶徒」「逆類」「朝敵与同人」等と表記するものの、具体的な氏名は明記していない。かつて延元元年・建武三年九月の八木合戦から翌年三月の古市・丹下合戦にかけて、治氏は敵方大将や国衆の氏名をかなり明確に把握しており、合戦大将等の敵方情報を掌握することも勲功のうちであったが、今次横山合戦においては敵方大将等の氏名は自明のこととして軍忠状に明記しなかったのであろう。

〈史料4〉岸和田治氏軍忠状写

和泉国岸和田弥五郎治氏申軍忠次第

一去八月四日夜宮里城合戦之時、於国分寺前、致合戦之忠節畢、此条巻尾寺衆徒弁房等所令存知也、

一九月廿六日押寄宮里城、同廿七日夜責合戦之時、於東堀際抽軍忠畢、終夜合戦致之条、当国守

護代大塚掃部助惟正幷上郷弥次郎俊康所令存知也、
一十月十三日凶党等引率大勢寄来巻尾寺之間、馳向横山、於坪井口遂散々合戦、即追返畢、此条
大塚新左衛門尉正連已下所令存知也、
一同十五日又寄来之間、於同所不惜身命、致合戦之忠勤、凶徒等数輩令被疵、即追返畢、此条大
塚新左衛門尉正連幷八木弥太郎入道法達所令存知也、
一同十九日逆徒等令発向天野寺之間、為後縮馳向国分寺・宮里幷黒石等、凶徒等陣中悉焼払之処、
逆類等自城郭打出之間、致散々合戦、追籠城中畢、将又自十月十三日至于同十九日、云夜縮云
合戦、抽涯分忠功之条、大塚新左衛門尉正連幷八木弥太郎入道法達同所合戦之間、所令存知也、
所詮度々合戦支証分明之上者、預御証判欲備向後亀鏡、仍粗言上如件、

延元二年十一月　日

〈史料5〉淡輪重氏軍忠状

和泉国淡輪助太郎重氏申軍忠事
一今月十三日横山合戦、都築平三見知候畢、
一同十五日壺井(坪井)合戦、門真兵庫允見知候了、
一同十九日河内国天野合戦、属大将御手、致合戦忠勤畢、
右、度々合戦次第、着到分明之上、云御内方云傍輩、有御尋更不可有御不審者也、此上早申賜

御判、可備後証之由相存候、以此旨可有御披露候哉、恐惶謹言、

建武四年十月廿一日　　橘重氏状

進上　御奉行所　「承候了　邦利（花押）」

〈史料6〉日根野道悟軍忠状

日根野左衛門入道々悟申軍忠事

早欲賜御証判備後亀鏡事

右、今月十三日属当国守護代官（都築量空）御手、馳向槇尾寺之処、於于横山坪井口進一陣、打破三城戸口、追落御敵等、焼払数ヶ所在家等、抽軍忠之条、都築平三同所合戦之間、令見知矣、同十五日於于横山上寺、進元（先カ）追散凶徒等、焼払坊舎之条、斉藤三郎兵衛尉被見知矣、同十九日御向大将河内国天野寺之間、木嶋・吉井相共馳向于最前、打破大手三城戸口、責落数輩凶徒等、焼払数ヶ所坊宇之条、御奉行貴志九郎左衛門尉所被見及也、并家人惣六男令討死之条、同所合戦之間、木嶋兵庫助入道・吉井大膳亮入道等所令見知也、早賜御証判、為備弓箭之家、以此旨可有御披露候、恐惶謹言、

建武四年十月廿二日　　沙弥道悟

進上　御奉行所　「承候了　邦利（花押）」

右の〈史料4〉はその後、八月から十月に至る横山合戦の後半を披露する治氏の軍忠状である。八

月四日と九月二十六日の宮里城合戦はいずれも宮方の夜討であったが、多勢を誇る武家方への正面攻撃を無理とみた宮方の焦りであろう。八月四日の治氏の同所合戦輩に巻尾寺衆徒弁房がみえることから、宮方には先の実弁に代表される金剛寺や巻尾寺の衆徒が大挙与同していたものと思われる。むしろ宮方は両寺に代表される一山寺院に依拠して、寺辺領主層の共同機関としての機能を最大限に駆使して衆徒を軍勢に組み込んでいたのであろう。つづく十月十三日と十五日の合戦は、武家方による巻尾山城への総攻撃である。十九日予定の石川東条合戦に呼応して、横山から河内天野の金剛寺を攻略するには、両日のうちに和泉宮方を壊滅に追い込むことが急務であった。治氏は両日とも大塚正連（守護代惟正の子息か）及び八木法達を同所合戦輩に、巻尾山麓の坪井口の合戦で武家方を宮里城へ追い返した。

〈史料5〉〈史料6〉は武家方の淡輪重氏と日根野盛治の軍忠状である[21]。注目されるのは十三、十五、十九の三日間の合戦が、先の治氏軍忠状と日付・合戦場とも完全に符合することである。宮方の岸和田治氏・巻尾寺僧弁房・大塚正連・八木法達と武家方の淡輪重氏と日根野盛治、それに両者の同所合戦輩をつとめた門真兵庫允・都築平三・斉藤三郎兵衛とが横山坪井口で干戈を交えたことを徴する史料である。治氏軍忠状では武家方の合戦大将は不明であったが、日根野盛治の軍忠状によって合戦大将は細川顕氏の重臣で和泉守護代を勤める都築量空、軍奉行は貴志九郎左衛門尉であることが判明する。横山合戦は双方とも守護代を合戦大将に仰ぎ、宮方は和泉国衆、武家方は周辺国衆をも加えた総力戦として、河内石川東条との連携作戦が展開された。

そして十月十九日、河内の石川東条では武家方による楠木一党との合戦が展開されようとしていた。国人将の細川顕氏は田代・二宮・宇佐美等の在京人を配下に延元二年・建武四年春以降、壺井河原や石川河原、教興寺、片山、駒谷とうち続く合戦を展開してきたが、ついに十月十九日、本陣の古市西琳寺を発して「楠木赤坂」に乗り込み、東条口の「山城」「南城」で激戦が展開された[22]。これに呼応すべく、横山盆地をほぼ制圧していた和泉武家方は都築量空を大将に、河泉国境を越えて宮方の拠点金剛寺（天野寺）への総攻撃を開始した。当日、木嶋兵庫助や吉井大膳亮とともに先鋒を担った日根野盛治は、天野寺に至る「三城戸」を打ち破って坊舎数宇を焼き払ったが、家人惣六男が討死する程の激戦であった。一方、和泉宮方の岸和田治氏は惣領の定智や大塚正連、八木法達とともに後詰めを担い、武家方の天野発向を阻止すべく敵陣を焼き打ち、宮里城内に敵方を追い込むことに成功している。十九日の和泉横山から河内天野に及ぶ合戦は、石川東条の大手に対する搦手の攻防であり、宮方にあっては岸和田一族の活躍が顕著である。天野合戦については、金剛寺に楯籠った宮方の安満了願（芥河信貞）が「凶徒一人生捕」の戦功を披露し[23]、合戦の舞台となった金剛寺の学僧禅恵は「武士乱入」による自坊（文殊院）焼打ちと「心苦悩乱、先世罪業」の心境を聖教奥書に記録している[24]。宮・武家双方の国衆と金剛寺僧の記録相俟って、これまた検証に耐えうる合戦記録といえよう。

次頁の表4は、延元元年・建武三年九月の八木合戦から翌年十月の横山・天野合戦の間、宮方・武

表４　和泉国衆の宮方・武家方対比表

郡	郷	宮　方	武家方
大　鳥	上　神	上神範秀	玉井彦四郎
北	横　山	巻尾寺弁房	横山観心
南	加　守	岸和田治氏 同　定智 同　快智	
	八　木	八木法達	吉井大膳亮
	木　嶋	土生義綱	木嶋兵庫助
日　根	近　木	橋本正茂	
	賀　美	上郷俊顕 同　俊康	日根野盛治 樫井彦五郎
	鳥　取		淡輪重氏

家方それぞれに参陣した和泉国衆の本領（名字の地）を、郡郷ごとの対比表にまとめたものである。半年にわたって展開された横山合戦の場合、戦場と国衆たちの本領・本拠地の間は直線にして一〇から二〇キロメートルの距離である。国衆たちの参陣の理由は知る由もないが、本領における何らかの緊張関係が横山合戦に持ち込まれ、宮・武家の対立関係に反映しているとみるのは穿ちすぎであろうか。和泉の国御家人の多くは平安後期以来の郷司ないしは惣刀禰の系譜を引き、郷ないしは郷内条を単位に任用される傾向にある。(25)譜第の国御家人と新興国人層、あるいは惣領・庶子間に郷内の領域支配や境目をめぐって日常的な競合・対立関係が想定され、内乱期における合戦・抗争はそれらが集約された結果に過ぎず、内乱の内乱たる所以もそこにあったとみられる。

治承・寿永内乱における合戦・抗争のなかに、在地領主間の競合・緊張関係の反映を読み取ろうとする川合康の所説は、この南北朝内乱においても想定可能と考える。(26)南郡八木郷における八木氏と吉井氏、木嶋郷における土生氏と木嶋氏、日根郡賀美郷における上郷氏と日根野・樫井両氏の間にいかなる緊張、利害関係が存在していたのか。具体的な検証を経ない想定・仮説に過ぎないが、宮・武家双方の軍勢催促と圧力、和泉和田氏のごとき一族温存や恩賞への期待があるとはいえ、在地における競合・緊張関係を背景に宮・武家のいずれかを選択し、戦場に臨んだのであろう。

むすびに

以上、内乱当初のわずか一年半であったが、湊川合戦以降の河内・和泉を中心とする畿内各地の合戦に、治氏をはじめとする岸和田一族は宮方に与して確かな足跡を残した。八木法達や土生一族との緊密な連携は、一族の名字の地を南郡加守郷の岸和田村とする状況証拠となろう。ただ、八木法達や磯上蔵人のほか武家方の樫井・淡輪・日根野のごとく、岸和田氏の系譜上の淵源を鎌倉期の国御家人に求めることができない。南郡四郷のうち加守（掃守）郷には海浜にそって北条に磯上氏、南条に沼間氏と加守南条氏の国御家人が知られる(27)。磯上・沼間は戦国期においても名字を残したことから、大鳥郡上神郷の若松氏が上神氏と改称したごとく、加守南条氏が建武政権下に岸和田に名字替えしたか、あるいは加守南条・沼間のいずれかの庶流が岸和田村に分出して名字に名乗ったとも考えられる。いずれにしても、岸和田の地字を名乗る一族が内乱当初の延元元年・建武二年に登場することから、建武政権下に和田高家が南郡岸村に移ってその地を岸和田と称したとする『泉州志』の記事は、やはり史実に基づくものとは言えないであろう。

一方、地字としての岸和田の初見は内乱終結後の応永七年（一四〇〇）九月、安定期をむかえた前将軍足利義満が石清水八幡宮寺に「岸和田庄半分」を寄進したときである[28]。それ以前、岸和田庄は幕府直轄の御料所であったと推測され[29]、立券は応永七年九月以前、したがって岸和田の地字成立はさらに溯ることになろう。岸和田氏との関連はまったく不明だが、岸和田村の立券による庄号であることは明らかであり、岸和田氏と足利幕府との新たな関係を示唆するものといえよう。

最後に、横山・天野合戦以降の岸和田氏の動向や性格を示すものとして、合戦から五年後の興国三年・暦応五年（一三四二）二月、岸和田一族の侍従房快智が旧知の仲である土生一族との関係を維持していたことを示す史料を紹介し、結びとしたい。

〈史料7〉土生度地頭職由来書

和泉国土生度地頭

惣領土生左衛門尉盛実

同雅楽左衛門尉義綱

彼両人者、当所開発本主、於地頭職者、元弘知和屋《（千早）》城籠恩賞、縦彼等雖地頭職相違事出来、本主状為後証亀鏡哉、去状執筆岸和田侍従房快智、

右は、土生一族の惣領盛実と庶家の義綱が、土生度（村）の地頭職にかかわって去状を久米田寺に

提出した際の「地頭職由来書」である。[30] かつて横山合戦時、岸和田快智の同所合戦輩であった義綱は彦次郎と称したが、ここに雅楽左衛門尉の官途を得て恩賞に浴したことが知られる。これに先立って両者は久米田寺宛の去状を提出しているが、その趣旨は土生度所在の同寺免田を往古勅施入と認め、崇敬のため返却するというものである。[31] 地頭職にかかわる「相違事」とはこの間、同寺免田を加徴米の課税対象としてきたことであり、その非を認めたことによる去状であった。また一方で、土生両人の地頭職が前述の磯上蔵人同様、元弘の千早籠城戦の恩賞によるものとの由緒がみえる。鎌倉期の和泉の在地領主や村落上層（村刀禰層）の多くが国御家人や権門寄人の地位に甘んじ、在京人たる東国系地頭の重圧に苦しんできたことを想えば、建武政権及び内乱期に恩賞として獲得した地頭職は変革の象徴的産物であった。かつて鎌倉後期の木嶋庄は得宗領であり、同じ木嶋郷内にあって土生度の地頭職を相伝したのが得宗被官の平左衛門入道（北条泰時の家令盛綱か）の末葉であったことを勘案すれば、六波羅滅亡直後の土生一族による謀反人跡没官を前提に、建武政権は土生両人を地頭職に補任したのであろう。[32]

注目されるのは、去状を久米田寺に「執進」したのが横山合戦で宮方大将を勤めた守護代の大塚惟正であり、惟正は同日付で去状に丁重なる書状を副えていることである。[33] 由来書によると、去状「執筆」は横山合戦で義綱の同所合戦輩を勤めた岸和田快智と明記されており、この由来書も快智の執筆と推測される。ただ、留意すべきは大塚惟正の去状「執進」は執申・執達と同義語であり、守護裁定の執進とも受け取れることであり、岸和田快智の「執筆」とは対をなす表記である。快智の去状執筆は単に近隣国人間の好誼によるものではなく、守護代惟正の執進の前提として、その下命による行政機能の発動である。すなわち、岸和田快智は守護代惟正の下で地域行政の一環として「去状執筆」を担当したのであり、その職権は小守護代ないしは郡代の地位に基づくものであろう。

「岸和田古城図」にみえる「二之郭」はほぼ一町四方の複郭方形居館であり、古城跡の整地土に含まれる十四世紀の瓦器片は「二之郭」からの混入が推定されている。[34] 十四世紀に溯る「二之郭」こそ、小守護代ないしは郡代に想定される岸和田氏にふさわしい居館と言えよう。

注

（1）第一節・第二節（山中吾郎執筆）。

（2）尊経閣文庫所蔵『和田文書』「和田助康軍忠状」延元元年（一三三六）三月日付は、西海へ落ち延びる尊氏・直義軍との打出・豊嶋河原合戦の戦功を披露し、合戦大将の正成が花押を以てこれを証明している。ついで京都大学影写本『和田文書』「大塚惟正書状」同三年十一月十八日付和田助家宛は、守護代惟正が宮方御所たる吉野殿惣門の大番役勤仕を助家に催促する内容である。この間、助家・助康父子が武家方・宮方のそれぞれに与して一族温存を策したか、一族こぞって宮方から武家方、さらに宮方に転身したかの何れかであろう。

（3）同時代の一次史料によると延元三年・建武五年三月と閏七月の丹下攻城の合戦大将に和田正興

（『和田文書』「高木遠盛軍忠状」同年十月日付）、楠木正行の代官に和田左衛門尉（『観心寺文書』「河内国宣」正平二年十二月十五日付）、四条畷合戦で討死にする正行舎弟の和田新発意（『園太暦』貞和四年正月六日条）、正平二十四年・応安二年（一三六九）三月、武家方に転じた楠木正儀に違背して和泉・河内に乱入した楠木一族和田・橋本（『大日本史料』六―三〇所収「寺院細々引付」）等が知られる。いずれも楠木惣領の代官や近親に位置づけられよう。

（4）『和田文書』「和田助秀手負注文」正慶二年四月十四日付、「和田助家手負注文」同年月二十日付、「和田助家言上状」元弘三年五月日付。

（5）佚本『和田文書』「楠木正成書状案」（『大日本史料』六―一）。

（6）『和田文書』「和田助氏言上状」正平七年十二月日付。

（7）たとえば、『大阪狭山市史　第二巻』（二〇〇二年）に収録された建武二年（一三三五）八月十四日付「河内国宣」（楠木正成施行状）は、その充所「和田左衛門尉」に「助氏」の傍注を付している。この国宣は河内守で守護でもある正成の職権を分析する上できわめて貴重な史料であるが、助氏は和泉和田氏の実名でその官途は蔵人ないしは備前守、初見は正平三年（一三四八）七月日付「北畠親房御教書」（『和田文書』）の充所である。さらに、建武年間の和田氏当主はその祖父修理亮助家（正円）でなければ時代は符合せず、助家は正平五年・観応元年（一三五〇）に至るも宮方に目安状を提出している。国宣の充所『和田左衛門尉」は延元元年・建武三年六月、東寺・鳥羽合戦で宮方軍勢を率いて討死にする合戦大将の楠木一族「和田左衛門」（『河内長野市史　第五巻』（一九七六）所収「禅恵筆録聖教奥書」）と推定される。なお、『藤井寺市史　第四巻』（一九八五年）所収の同文書にも同様の傍注が付され、さらに『枚方市史　第六巻』（一九六八年）所収の建武二年八月十四日付「楠木正成遵行状」の充所「和田左衛門尉」にも「助氏」の傍注がみえる。十分な史料批判と検証を経なかったことによる誤認が、府下各地の自治体史に踏襲されてきたものといえよう。

（8）　水島大二氏の教示による。

（9）「大乗院中綱朝舜書状」建武三年六月日付（『大阪狭山市史　第二巻』）。

（10）拙稿「楠木一党と大鳥庄悪党をめぐって」（『ヒストリア』一四六号）。『貝塚市史　第一巻』（一九五八）や『堺市史続編　第一巻』（一九七二）、『岸和田市史　第二巻』等はいずれも正督の父を正員とするが、正督の戦歴・官途歴等を勘案すれば正茂とみるのが至当であろう。正督の初見は、正平十年（一三五五）四月十日付「楠木正儀施行状」二点（『金剛寺文書』）の充所「新判官殿」「橋本新判官殿」である。河泉両国の国主と守護を兼務する正儀に対して、守護代の地位に基づくものであろう。その父と推定される九郎左衛門正茂はすでに延元元年・建武三年（一三三六）九月、和泉八木合戦で宮方大将中院定平の軍奉行の任にあり、同年五月の湊川合戦で討死にする八郎左衛門正員はその通称の対比から正茂の兄であろう。左衛門尉で宮方の使宣旨を蒙っていたと思われる正茂との関係で正督は新判官と称したのであり、すでに湊川合戦で討死にしている正員との関係で、正平十年に新判官を冠して登場する正督をその子息とするには無理があろう。

（11）『河内長野市史　第五巻』「禅恵筆録聖教奥書」。

（12）『田代文書』「田代市若丸軍忠状」建武三年九月日付、「足利尊氏感状」同年月十八日付。

（13）『日根文書』「日根野道悟軍忠状」建武三年七月日付。

（14）『淡輪文書』「淡輪重氏軍忠状」建武三年十月十三日付。『日根文書』「日根野道悟軍忠状」同四年二月三日付。

(15)『日根文書』「足利尊氏御教書」建武三年五月十九日付。
(16)『田代文書』「田代基綱陳状案」貞和三年七月日付。
(17)大阪歴史学会企画委員会「岸和田古城跡の保存問題と現地見学検討会」(『ヒストリア』二〇七号)。
(18)『和田文書』「和田正円(助家)目安案」正平五年十一月日付。
(19)『田代文書』「田代顕綱軍忠状」建武四年九月日付、「田代基綱軍忠状」同年十一月四日付。
(20)『松尾寺文書』「綸旨案等写」延元三年七月二十八日付、拙稿「南北朝内乱と河内国金剛寺の政治的態様」(『ヒストリア』一五五号)参照。
(21)『淡輪文書』「淡輪重氏軍忠状」建武四年十月十一日付、『日根文書』「日根野盛治軍忠状」同年月二十二日付。
(22)前掲注(19)に同じ。
(23)『性応寺文書』(『紀伊続風土記付録六』)。
(24)前掲注(11)に同じ。
(25)『泉大津市史　第一巻上』(二〇〇四)第一章　第三節　表3「和泉国御家人一覧」。
(26)『鎌倉幕府成立史の研究』(校倉書房、二〇〇四年)参照。
(27)前掲注(25)に同じ。
(28)『石清水菊大路文書』「足利尊氏寄進状」同年月二十八日付。
(29)『岸和田市史　第二巻』第二章　第一節参照。
(30)『久米田寺文書』。
(31)『久米田寺文書』「土生盛実・義綱連署去状」興国三年二月二十八日付。

(32) 『久米田寺文書』「木嶋郷土生度田数注文案」建武元年六月二十六日付。『吾妻鏡』文暦元年(一二三四)八月二十一日条。拙稿「和泉の国地頭について」(『日本歴史』五七一号)参照。
(33) 『久米田寺文書』「大塚惟正書状」欠年(追筆「興国三」)二月二十八日付。
(34) 前掲注(17)に同じ。

第二章　戦国期和泉の地域権力と岸和田城

山中吾朗

はじめに

幕藩体制下において、岸和田城は岸和田藩六万石（後、五万三〇〇〇石）の政庁であり、岸和田が、和泉国内最大の政治都市であったことは、ここで改めて言うまでもないであろう。しかし、中央政権による和泉国統治の上で岸和田が重要な位置を占めるに至るまでの歴史的過程については、これまでほとんど分析されていないのが現状である。

その要因としては、まず、戦国期以前の岸和田に関する良質な史料が乏しく、中世の岸和田（または岸和田城）に関する叙述は、近世以後に編纂された二次的史料に多く依存してきたという事情がある。特に元禄十三年（一七〇〇）刊行の石橋直之『泉州志』は、『太平記評判秘伝理尽鈔』の記事を根拠として、この地はもとは岸村であったが、和田高家がここに城郭を構えて住んだために岸和田を名乗り、それが地名となったと説き、その後の岸和田城をめぐる歴史認識に大きな影響を及ぼした。以後の地誌類や郷土史関係書等においては、ほとんど無批判に石橋説を前提に岸和田城と岸和田の由来を説いてきたと言っても過言ではない。かつて筆者は石橋説への疑問について指摘したが[1]、岸和田古城と近世岸和田城[2]との関係をいかに捉えうるかは、現在まで未解明の課題として残されたままである。

第二に、戦国期和泉の地域政治史研究自体が、史料的制約もあって一部の守護論などを除きこれまで概ね低調であったことである。守護論も歴代両守護の人名比定の試み等は見られるものの、権力論や地域社会論と切り結ぶ守護論は未だ提示されていない[3]。ましてや近世史を見通す移行期地域権力論は皆無ともいえ、和泉地域史の中においてさえ、岸和田城の問題が議論される機会はほとんどなかったと言ってもよい。

こうした研究状況の中で、筆者はさきに永禄～天正初年期に岸和田城主であった松浦氏の動向について可能な限り跡付け、松浦氏が荘園領主層や地域社会から社会秩序維持を期待され、守護と認識された地域権力であったこと、家中に「四人之者」と呼ばれる奉行人層や年寄衆・同名衆などを組織する一方、「四人之者」や国衆らが松浦氏の政治意思決定に大きな影響力をもつ存在であったこと、三好政権の後見によってその和泉国支配が保証されたものの、三好政権の動向によっては国衆らの本領安堵を十分に行いえず、国衆の離反をも招いたことなどを指摘した[4]。

本章では、前稿での考証結果を踏まえ、特に松浦氏がいつ岸和田城を本拠としたのかについて検討し、その上位権力である三好政権や織豊政権にとっての岸和田城の意義について考察してみたい。松浦氏が岸和田城を本拠としたことによって、それに続く織豊政権から幕藩体制期に至るまで、岸和田城が中央政治権力による和泉国統治の拠点とされる端緒が開かれたのであり、岸和田の都市的発展の契機がそこにあると考えるからである。

一　天文期の岸和田城

前稿において筆者は、岸和田城の確実な初見史料は、永禄元年（一五五八）頃のものと推定される十二月十二日付「浄心院快栄書状」[5]とした。しかし、その後、次の史料が天文年間に溯る可能性のある史料であることに気付いた。

〈史料1〉局某書状

「（奥切封ウハ書）十一月廿一日　　さかいより
　三ほうゐん殿御うち
　たれにても御ひろう　　つほね」

御ふみ御こま〲と御うれしくおほえさせをはしまし候、うへさまきしのわたの御しろニ御さ候て、一かうつうろも御入候はす候、ねころへの御つかいこゝほとよりは一かうならぬ御事にて候まゝ、まつそなたへのほりの御事にて候、はる〳〵くたされ候に、御せうし候やと中御事にて候、御かもしさまより御返事御申候はんすれとも、そかわとのへ御よう候て御るすの御事にて候まゝ、わか身より中入まいらせ候御事にて候、かしく、そもしへの文やかてとゝけまいらせ候へく候、めてたく又々かしく、(6)

史料1は、三宝院に仕える局某が、根来寺へ使者として派遣されたが、「うへさま」が「きしのわたの御しろ」に滞在していたため、堺で足止めされ、泉州を通過して根来寺へ向かうことができなかったと三宝院に報告した書状である。文中には「そかわ（十河）との」への用事のため、局某に同行していた「御かもしさま」（三宝院門跡義堯の母か）が不在であることも述べており、十河一存が泉州地域への関与を深めた永禄元年以後の史料とも考えられるが、岸和田城に滞在する「うへさま」が誰を指すのかによって、その年代は大きく動く可能性がある。

中世の「上様」は、天皇・皇族・将軍やそれに準じる地位の貴人を指すことが一般的な用法だが、(7)管見の限り、十河一存が畿内で活動していた天文〜永禄初期において、上様の尊称にふさわしい人物で和泉に来たことが確認される人物が一人だけいる。阿波平島に逼塞しつつ上洛の機会を窺っていた、元「堺公方」足利義維である。『天文日記』によれば、義維は、天文十六年（一五四七）十一月三日頃に堺に上陸したが、阿波国守護細川持隆の説得によって同年十二月一日までに淡路へ帰っている。(8)一カ月足らずの堺滞在だが、その間に、何らかの事情で義維が岸和田まで足を伸ばすことも十分考えられるのではないだろうか。十河一存は天文十五年八月の細川氏綱・遊佐長教らの反乱以後、天文十七年五月に細川晴元と遊佐長教の和睦が成立するまで畿内に駐留しており、天文十六年ならば書状中に十河の名が現れることも説明がつく。また書状の日付にも矛盾がない。

右の人物および年代比定が正しいとすれば、岸和田城は天文十六年には存在し、「うへさま」と呼ばれる貴人を迎え入れうる程度に整えられた城郭であったことになる。これまで、『岸城古今記』(9)（文化十年〈一八一三〉頃）など近世に編纂された記録に、文禄〜慶長期の小出秀政による城郭整備以前の岸和田城は、「矢倉・石垣等も無之、屋舗かまえに堀をほりて、麁相なる躰」であったと伝えられてきたが、再考する必要があろう。

天文年間の岸和田に関係する史料として次の史料にも注目したい。

〈史料2〉遊佐長教書状

昨日両三人幷萱振かたより如申越、諸牢人相談、岸和田至当寺可相働旨風聞候、定而不可有差儀候、涯分為寺家可被相拘候、即時差上人数、可相参候、併此節可被抽忠節事、可為御粉骨候、此旨巻尾寺へも申送候、入魂肝要候、猶走井備前守・吉益長門守可申候、恐々謹言、

五月五日　　遊佐
　　長教（花押）

金剛寺

年預坊
進之候⑽

河内国守護代遊佐長教が、金剛寺に対して、岸和田から諸牢人が金剛寺を攻撃する風聞があるが、その時は即時に軍を派遣すると伝えた文書である。文書の年代は、遊佐長教は天文二十年五月に暗殺されるので、天文二十年以前のものであることは確かである。文中の「両三人」とは、遊佐長教の奉行人である吉益匡弼・田川純忠・走井盛秀、「萱振かた」は萱振賢継と考えられるが、彼らが揃って遊佐長教の奉行人または被官として活動が見られるのは、天文十四年五月十五日に畠山稙長が没して以後のことなので、文書の上限は天文十五年である。さらに『細川両家記』天文十八年五月九日条に、「泉州岸和田衆・木沢衆一味して河内へ手遣して境北の庄へ陣取」とあることと関連すると考えられるので、天文十八年の文書と見てよいだろう。

　遊佐長教は、政長系畠山氏の河内国守護代であったが、天文年間前半期には畠山氏を守護に擁立しつつも、義就流畠山氏の河内国守護代木沢長政と河内国支配を二分する権力となった⑾。天文十一年に太平寺合戦で木沢長政を滅ぼし、同十五年には細川氏綱を擁立して幕府＝細川晴元政権に反旗を掲げた。この反乱は翌年七月の舎利寺合戦で氏綱・長教軍が和泉国守護代松浦守らの晴元軍に敗れたことによって終息したが、同十七年に遊佐長教は三好長慶との婚姻関係によって同盟を結び、同年十月、三好長慶の反晴元の挙兵に与同した。結果、同十八年六月の江口合戦で晴元軍を破り、晴元政権は崩壊した。

史料2が天文十八年のものとする先の推定が正しければ、遊佐長教に対抗する岸和田の「諸牢人」とは、晴元方の勢力と考えられる。同年正月十三日、晴元方の近江国守護六角定頼は岸和田兵衛大夫に対して、三好長慶の謀叛に松浦肥前守（守）が一味しているので、根来寺と相談して忠節を尽くすよう求めていることからすれば[12]、史料2の「諸牢人」には岸和田兵衛大夫が含まれていたと見てよいだろう。

和泉国守護細川元常は一貫して晴元と行動を共にしており、岸和田氏は元常に従っていた[13]。一方、守護代松浦守は、享禄年間頃に守護から「自立」して独自に判物を発給する地域権力となり、天文年間には、和泉国人たちは、守護細川氏被官と、松浦氏被官に分かれていたことが、矢田俊文によって指摘されている[14]。矢田は、守護細川氏と松浦氏は泉州の特定地域を拠点として互いに対立していたわけではないとも指摘している。たとえば、天文五年一月、本願寺の証如から堺の細川五郎（和泉守護細川元常の子、晴貞）[15]のもとへ使者が遣わされたが、五郎は松浦に会いに行って留守であったので、松浦の所へ行って五郎と対面している[16]。また、天文十六年七月の舎利寺合戦では、松浦守は、晴元軍の主力として細川氏綱・遊佐長教軍と戦い、勝利を収めている[17]。松浦守は、「自立」後も和泉守護細川氏が従う晴元方の武将として行動していたのであり、天文十六年頃までは、守護細川氏と対立的な様相は全く認められない。

しかし、天文十七年になると細川晴元と三好長慶の対立が顕在化しはじめ、十月に三好長慶が遊佐長教とともに挙兵すると、松浦守も三好方に与して、守護細川氏と袂を分かつに至った。これによって和泉国人たちもいずれに与するかの選択を迫られたであろうが、岸和田氏は晴元＝守護細川氏方に属した。この時岸和田は、三好長慶・遊佐長教・松浦守軍に対抗する晴元方の和泉国内における一拠点であった。史料2には「岸和田」とのみあるだけで、「岸和田城」とは書かれていないが、軍勢の拠点としての岸和田には、必然的に城郭が存在したと見てよいであろう。すなわち、反晴元の松浦守の拠点は岸和田ではなかったのであり、この段階で岸和田城はまだ松浦氏の居城ではなかったと考えられる。

二　岸和田氏と岸和田城

岸和田城の問題を考える場合、南北朝～戦国期に岸和田地域を支配したと考えられる国人岸和田氏と岸和田城との関係を抜きに論じることはできない。次に、史料上確認できる中世の岸和田氏を列挙してみる。

①岸和田治氏・快智・定智

延元二年（建武四・一三三七）三月、同年八月、同年十一月の軍忠状案計六通が知られる[18]。三月の「岸和田治氏軍忠状案」が、人名としてではあるが「岸和田」の初見史料である（本書堀内論文参照)。

②岸和田兵庫助元氏・豊前守某・源三頼氏

いずれも『板原家文書』に登場する名である。板原氏は、和泉国下守護被官で佐野に本拠をもつ多賀氏の内者で、『板原家文書』の多くは多賀氏関係の文書である。(19)明応元年(一四九二)九月岸和田元氏は、佐野荘内井原の段銭の取次を、多賀楠鶴丸が取沙汰すべきことを佐野荘内井原御百姓中に宛てて遵行している。

岸和田豊前守は、上守護代松浦守から、御料所加守郷の公物が減少しているので、所務を堅く申し付けるよう命じられている。文中に「内々被仰出候」の文言があることから、上守護細川元常の意を奉じて発給された文書で、松浦守が守護から「自立」する以前、文亀~享禄年間(一五〇一~三二)頃のものである。

岸和田源三頼氏は、長久寺屋敷の預かりについて太郎衛門なる人物に伝えているが、年代など具体的なことは不明である。他に、年月日未詳「六日番交名」に「岸和田代」が現れる。この史料を分析した古野貢は、「「六日番交名」は、十五世紀末、下守護細川基経期に作成された下守護方被官人の勤番記録である。(20)」と述べている。

③岸和田左馬允

永正~天文期に和泉国内に多くの浄土宗寺院を建立・中興した燈誉良然の歌集『朽木集』に現

れる(21)。左馬允は天文十七年五月二十七日に、「池水ニ入て死去也」と記し、その池畔で燈誉は挽歌を詠じた。同史料には左馬允を「彼聖君」とも記し、左馬允がある程度の領域を支配した領主であったことを窺わせる。

④岸和田兵衛大夫

岸和田兵衛大夫が天文十八年正月、三好長慶・松浦守の反乱に際して六角定頼から軍勢催促を受けていたことは前節で述べた。他に、慶長年間（一五九六～一六一五）頃の史料であるが、「御覚(22)」には、和泉国貝塚寺内が天文二十四年、「岸和田兵衛大夫存知之時」に取り立てられたと記す。事実であれば、岸和田兵衛大夫の支配領域が貝塚付近まで及んでいたことになる。

⑤岸和田可也将監

『厳助往年記』天文二十年七月十四日条に、近江から洛中に攻め入った細川晴元軍に加わった武将の一人としてその名が見える。天文十八年六月の江口での敗戦以後も、岸和田氏は、細川元常が生涯仕えた細川晴元の軍勢に加わっていたことがわかる。

⑥岸和田周防守

永禄元年～同三年頃の『九条家文書』『法隆寺文書』に登場する。筆者は前稿で岸和田周防守が、三好長慶から泉州支配を承認された松浦万満の養父であり、守護代と認識されていたことを指摘した。これ以後、一次史料では岸和田氏の存在を確認することができなくなる。

このように見てくると、南北朝期はともかくとして、戦国期の史料に現れる岸和田氏は、守護細川氏の被官として守護段銭徴収に関わり、松浦守が三好長慶と共に晴元政権と対立した後も、天文末期までは細川元常に従っていた。しかし、永禄期に入ると、松浦万満の養父となり、その重臣としての活動が見られるようになる。万満は守の後継者と考えられるが、三好政権の後見を受けつつ、和泉国の地域社会秩序を維持する守護公権の体現者として荘園領主層や地域社会から認識されていた[23]。岸和田周防守は、その下に仕え「守護代」とも呼ばれた。

ここで前節での検討結果もあわせて考えるならば、岸和田古城段階も含めて、天文末期頃まで岸和田地域を支配した岸和田城主は岸和田氏と考えるのが自然であろう。もっともこの推測は史料的裏付けが不十分であることは承知しているが、唯一、近世史料ではあるが、『佐藤文書』に、「(沼間―引用者注)伊賀殿ハ岸和田豊前殿子也、きしのわたの城ヲ取たて被申候御人也」との記載がある[24]。右の「きしのわたの城ヲ取たて被申候御人」を沼間伊賀のこととする解釈も可能だが、沼間伊賀の本知は木積・馬場村と伝えられ[25]、岸和田に築城する必然性に乏しいため、ここでは岸和田豊前を指すと解釈すべきと考える。前述したように、文亀〜享禄年間頃に岸和田豊前守の存在が一次史料で確認され、天文年間には岸和田氏の在城が推定されたこととも整合するので、岸和田豊前守が築城者である可能性は、十分にありうると考えられる。なお、ここでの「きしのわたの城」は、近世岸和田城の起源という意味であろうから、この史料を信頼するならば、岸和田古城から岸和田城への「移転」は十六世紀前半頃ということになろう。

三　松浦氏と岸和田城

松浦氏が岸和田城にいたことを明確に示す史料は、近世史料を除けば意外に少ない。管見の限りでは、『尋憲記』元亀四年（一五七三）正月一日条に、「天下近国軍之事」として、「一、和泉松浦、岸和田城在之、信長衆」とあるのが唯一かと思われる。また、天正三年（一五七五）二月～四月に、松浦肥前守光が岸和田池水利に関する掟を下し、松浦家中の寺田又右衛門尉生家が光の意を受けて池の番頭給に関する文書を下したが[26]、岸和田池は岸和田城周辺地域を灌漑するため池であり、これらは松浦光が岸和田城主として発した文書に違いない。それでは松浦氏の岸和田在城はいつ頃まで遡りうるであろうか。

永禄元年頃、三好長慶の弟十河一存が岸和田へ入城した。これは、年欠十二月十二日付「浄心院快栄書状[27]」に、「一存岸和田入城旁御大慶候」とあることから、一存の岸和田入城は紛れもない事実である。近世の史料では十河一存を岸和田城主であったように記すものもあるが、次の史料から一存を岸和田城主とみなすことはできないと考える。

〈史料3〉三好長慶書状

泉州事、従養父周防代幷一存被申付、以前自無相違、可有存知候、為其以一札申候、恐々謹言、

卯月廿三日　　　　長慶（花押）

松浦万満殿[28]

史料3は、三好長慶が松浦万満の泉州支配を承認するとともに、国支配の実際は、養父岸和田周防守と十河一存より申し付けるよう命じた書状である。三好政権の地方支配の一環として、長慶が和泉国の統治者として承認したのは松浦万満であって、決して十河一存ではなかった。しかし、万満が若年であったため、岸和田周防守と一存が万満を後見するようにしたのである。

永禄二〜三年頃、十河一存が法隆寺領珍南荘を押領する事件があった。この時、法隆寺から現地に派遣されていた乗源印清は、一存の押領停止を松浦氏へ働きかけるため、「登城」して申し分を述べたが、不調におわり、寺家に対して松浦家中の寺田氏や岸和田周防守らへの「馳走」を頼んだ[29]。ここで印清が赴いた城は岸和田城以外には考えにくく、永禄初年頃には松浦氏が岸和田城に在城していたことは明らかである。それでは永禄初年期における十河一存と松浦氏との関係をどのように理解すればよいのであろうか。

天野忠幸は、この時期の十河一存と松浦氏との関係について、和泉国支配は松浦氏が一次的に管掌したとしつつ、その上位権力としての一存の和泉国支配を強調し、岸和田城は和泉の地域支配の政庁であるとともに、紀州方面に対する軍事的拠点としての性格もあわせもったとする。また、堺の支配は一存の和泉支配から切り離し、三好長慶が自ら掌握しようとしたとして、大阪湾岸港湾都市ネットワークの要としての堺支配を重視した[30]。

史料解釈の面で筆者と見解の異なる点もあるが、[31]松浦氏が和泉国支配を「一次的に管掌した」とする点は筆者も同意見である。しかし、天野は同時にその上位権力としての一存の和泉国支配をも強調するために、和泉国支配における両者の関係が不明確なものになっているように思われる。前稿でも指摘したように、一存が和泉国内で発給した文書として現在確認できるものは、南郡尾生の地侍福田氏に宛てた感状の写し一通のみであり、一存の和泉国支配を具体的に示す文書は現在まで知られていない。

一存による珍南荘押領事件の際、印清は押領停止のために一存に対して多額の礼銭を支払ったが、一存への礼は堺で行われた。一存の堺滞在は一時的なものなのか、あるいは和泉国内における一存の拠点が堺にあったということなのか、これだけでは判別し難いが、堺の支配は、和泉一国の支配に留まらず、三好政権そのものにとっての重要課題であることを考えれば、いわば三好政権の堺支配の「くさび」として一存が常駐したことは十分にありえたと思う。たとえば、一存が、堺に着く塩合物（塩・塩魚）の過料銭を徴収する権益を有していたことは、[32]堺において一存が流通支配に積極的に関与していたことを示すとともに、堺に一存の拠点があったことの一証左となろう。一存の役割は、堺にあって和泉一国支配に留まらない、三好政権全体に関わる軍事編成や流通支配であったと見るべきではないだろうか。それでは、三好政権にとっての岸和田城の意義は何であろうか。

永禄五年三月、畠山高政・根来寺などの紀州勢力と、三好実休を総大将とする三好軍が、岸和田近郊の久米田で激突した。実体は流れ矢（鉄砲とする史料もある）に当たって戦死し、合戦は紀州軍の勝利となったが、これを聞いた醍醐寺の厳助は、「岸和田城ハ未落」と記している(33)。このことは、岸和田城が三好政権の和泉国支配の拠点として認識される城郭であったことを示している。当時の和泉国をめぐる政治情勢から判断するならば、岸和田城は、三好政権にとっては、特に紀州の畠山氏・根来寺・雑賀一揆などの勢力に対する防衛拠点であったと考えられる。また、大阪湾岸に存立し、室町期の岸和田はある程度の港湾機能を有したことも考慮するならば(34)、三好氏の本拠である四国・淡路方面からの兵站上陸拠点としての役割も兼ね備えていたと見るべきかもしれない。

すでに一節で天文末年頃には松浦氏はまだ岸和田に在城していないと述べ、二節では岸和田豊前守を築城者と伝える近世史料を紹介したが、永禄初年頃には松浦氏が在城していたとするならば、天文末～弘治年間頃に松浦氏が入城したことになる。この間の具体的な経緯は不明だが、岸和田周防守が松浦万満の養父であったことからすれば、岸和田氏が松浦氏に従属しつつ、松浦家中内での重臣としての地位を保証された上で、岸和田城が松浦氏の居城となったと考えざるを得ない。一代で守護から自立し和泉国の地域権力へと成長した松浦守は、天文末～弘治年間頃に没したと考えられるが、その晩年期かあるいはその没後間もなくに松浦氏が岸和田城主となったことになる。

四　信長政権期の岸和田城

松浦万満（後、孫八郎）は、三好政権の保護の下で和泉国を統治したが、国内統治のために松浦氏が在地へ発する文書は、松浦家中を構成する「四人之者」と称される宿老または奉行人層の連署形式がとられた。松浦守段階では、在地へ発給する文書は直状形式であったが、三好・畠山・根来寺等の抗争が続き、難しい政治的判断を迫られる中で、「四人之者」や和泉国衆らの松浦家中内における立場が上昇した結果と考えられる(35)。

たとえば、松浦氏は永禄八年末〜九年初め頃に畠山方に転じ、同九年二月、堺近郊の家原合戦では畠山氏に味方して三好三人衆と戦ったが、敗北に終わった。『細川両家記』によれば、家原での敗戦後、和泉国衆たちは岸和田城に籠ってその後も三人衆と抗戦し、同年八月中頃に三人衆に帰参したという。この間の松浦氏の動向をよく伝える永禄九年七月九日付の「松浦氏起請文案(36)」では、家原合戦後、三人衆に「可散遺恨」と主張する孫八郎に対し、「国衆幷四人之者等」は、三人衆との和睦を勧めたが、孫八郎は「不能分別」として判断を下さず、根来寺の「覚悟次第」と他律的判断に委ねるしかなかった。

一方、松浦孫五郎虎は永禄年間には孫八郎と対立的関係にあり、和泉国内において独自の行動を展開していた。孫五郎は永禄六〜八年頃には孫八郎の下から離散した日根野氏に本領を安堵し(37)、永禄九年八月には肥前守を名乗って南郡天下谷の極楽寺に禁制を発した[38]。馬部隆弘の研究によれば、永禄九年八月頃に三好・畠山両氏の畿内全域を巻き込んだ大規模和平が成立し、それによって三人衆方であった孫五郎は和泉国内支配を認められ、孫八郎は一時和泉国内の支配権を失ったという。その後、孫五郎が盟主と仰いだ三好義継の三人衆からの離反など中央情勢の変化によって和泉国支配をめぐる孫八郎・孫五郎の関係は転変するが、永禄十一年末の家原合戦の際、三人衆方として松永久秀方の守る家原城を攻めた孫五郎は戦死した可能性があることを指摘している[39]。

永禄十一年九月、足利義昭を擁して織田信長が上洛すると、間もなく松浦孫八郎も信長に属したらしく、翌十二年には今井宗久が、「古肥州」(故松浦肥前守)が押領した万代荘内の地を、野原宗恵に返付せよとの信長の命を松浦氏に伝えた[40]。この信長の命を伝えた文書の宛所は、「寺田越中入道」と「長曾根安芸守」であり、孫八郎配下の「四人之者」を構成する人物である[41]。信長上洛当初にも「四人之者」が孫八郎を支える松浦氏の国内支配体制は継続していた。

その後、天正三年に松浦肥前守光(孫八郎か)が岸和田池に関する文書を発し、同年十二月には信長に伊予産の鷂などを贈っているが[42]、それ以後、松浦氏の消息は不明となる。かわって、寺田又右衛門・松浦安大夫が信長政権下の和泉国支配に関わって登場する。近世の記録によれば、安大夫は又右衛門の弟で、ある時、主君松浦氏を謀殺して松浦氏を名乗るようになったという[43]。松浦氏謀殺が事実か否かは不明だが、松浦肥前守にかわり、又右衛門・安大夫兄弟や沼間任世らが信長政権下において共同で和泉国支配を担ったことは次の史料から確実である。

〈史料4〉沼間任世等連署状

追而、来廿日より内ニ、さかいてさいけにてくわはり、やとへ相と丶けへく候、ゆたんあるましく候、已上、

今度大坂御両三人より、国中へ御上使罷越、すてに万代庄たうき上神へうち入らんはう候、にわへこし候て、種々相ことハり候、在々へ入りわたり可申由候つる条、国領之ふんよりひた三百貫文にて相すまし候、然者一郡より七十五貫文つ丶いたしをくへく候也、仍如件、

十月九日　又右衛門尉《（寺田）》　生家（花押）

安大夫《（松浦）》　家（花押）

越後入道《（沼間）》　任世（花押）

南郡中(44)

右の史料は、石山合戦中のものと推定されるが、大坂に在陣する信長軍から和泉国内に派遣された上使の乱妨を停止するため、「国領之ふん」より三〇〇貫文を支払うので、南郡の負担分として七五

貫文を届けるように命じた文書である。南郡の負担分は三〇〇貫文の四分の一にあたるので、恐らく大鳥・和泉・日根三郡も均等に負担したのであろう。史料4からは、寺田氏らの支配領域が和泉国全域に及んでいたことや、「国領」と呼ばれる所領が存在したことが知られる。「国領」の内容は不明だが、旧松浦氏直轄領であろうか(45)。ともあれ、史料4は寺田・松浦・沼間氏連署の直状形式で南郡中に発せられ、彼らがこの時、和泉国を統治する地域権力であったことを示している。なお、沼間氏は、『寛政重修諸家譜』によれば、元は岸和田に隣接する沼・野・別所村を本拠としたが、清成（任世）の時に綾井城（現、高石市）に住したという。永禄期以前の沼間氏については、良質の史料には現れず、信長政権期に台頭する新興勢力である。

永禄期の松浦氏を国衆らが補佐しつつ国内統治を行う支配体制は、天正四年以後には旧松浦家重臣の寺田氏（又右衛門・安大夫）と、新興勢力の沼間氏が共同で統治する体制へと変容した。安大夫が松浦姓を名乗るものの、松浦肥前守家は事実上滅亡したのである。寺田氏が松浦氏なきあとの岸和田城を本拠としたことは、近世の諸記録が伝える通りであろう。一方、沼間氏は綾井城を本拠としつつ、寺田氏と共に国内支配に重きをなした。権力の所在地で言えば、岸和田・綾井二元支配体制とでも言うべきであろうか。

しかし、信長政権の和泉国内支配はこの二城で完結していたわけではなかった。天正五年、雑賀攻めを終えて信長が築かせた佐野城の存在である。佐野城には織田一族の津田信張と根来寺杉之坊が定番として配置された[46]。雑賀攻めは一応終えたものの、本願寺との戦争は継続中であり、信長にとって雑賀一揆が再び脅威となる場合も想定されたため、佐野城を紀州勢力への押さえとしたのである。津田信張が佐野城に入ると、近在の地侍たちが信張への仕官のため、多賀氏に仲介を求めるなど[47]、和泉国内に新たな求心的権力が生まれた。

この時期の佐野城・岸和田城・綾井城の関係は明確ではないが、それぞれが信長政権の和泉国支配を現地で担っていた。天正八年に石山合戦が終結し、翌九年三月、信長は和泉国の指出を実施し、これに従わなかった施福寺を焼き払った。信長は指出に続いて和泉国衆らの知行替えを行い、岸和田城周辺に本領五五二石余を持っていた真鍋貞成は、他所に替えられた[48]。佐野の多賀氏も知行を替えられるなど[49]、信長政権は本格的な和泉国支配に取り掛かり、同年七月頃には佐野城定番であった津田信張が蜂屋頼隆とともに岸和田城に入った[50]。ここに、中央政権による和泉国統治の拠点城郭としての岸和田城の歴史的起点があった。

ところで、信長政権としては、たとえば佐野城を拠点城郭とする選択肢もあったはずであるが、ここで岸和田城を選択したのはなぜだろうか。これについては、佐野城の不適格性と、岸和田城の適格性の両側面からの説明が可能であろう。

天正九年当時、石山合戦は一応終結したものの、根来寺の勢力は依然として泉南地域に根強く、おおよそ現在の貝塚市域付近まで根来寺の勢力圏内であった。すなわち、佐野城を拠点城郭とした場合、信長軍は根来寺勢力の只中に孤立する危険性があり、永続的な国内統治拠点とするには不適当だったと思われる。

この点、岸和田城は対根来寺勢力という意味では後方拠点であり、より拠点城郭に適当な立地であったといえるが、さらに拠点城郭とする上で有利な面があった。それは、岸和田城が天文年間には存在し、永禄年間以後は松浦氏や寺田氏ら地域権力による国統治の本城として機能してきた実績である。戦国期岸和田城の規模や構造などは全く不明であるが、これまで述べてきたように、天文期には「上様」を迎える程度に整備され、また少なくとも二〇年以上の間、国内統治の拠点であった岸和田城は、国内の他の城郭に比べ規模や施設、軍事的機能などいずれにおいても優越的な城郭であったはずである。こうした事情が、信長政権が、佐野城その他の諸城郭ではなく、岸和田城を選択した理由だったのではないだろうか(51)。

むすびにかえて——岸和田城天守閣の築造——

岸和田城は信長政権が本格的な和泉国支配に乗り出した時、拠点城郭に選ばれた。以後、秀吉政権期を経て明治維新期まで、岸和田城は中央政権が和泉国内を統治する拠点城郭として存続した。すなわち、以後の岸和田城は軍事施設であるとともに、地方統治の政庁としての機能をあわせ持つこととなった。

城郭の政庁としての性格を対外的に表徴する構造物の一つに天守閣がある。軍事的機能だけを問題にすれば、天守閣は望楼としての高層建築物以上の意味を持たないはずだからである。従来、岸和田城天守閣は『岸城古今記』の記事によって小出秀政が文禄四年（一五九五）に築造開始し、慶長二年（一五九七）に竣工したと考えられてきた。しかし、天正十一～十二年、秀吉から岸和田城主に任じられた中村一氏が家臣河毛氏に与えた十二月十九日付の感状によれば、根来寺勢との鳥羽（現、貝塚市）での合戦の様子を、一氏が「天主」から見て感じ入ったと記している。(52)鳥羽での合戦の様子が見える「天主」とは岸和田城以外には考えにくく、この史料によって天正十二年以前の岸和田城に「天主」と呼ばれる施設が存在していたことが明らかとなった。安土城天守閣完成から遅くとも五年以内に、岸和田城に天守閣が築かれていたのである。もちろんその築造は秀吉段階であった可能性もあるが、いずれにせよ、織豊政権が岸和田城に天守閣を築いた事実はかわらない。藤田達生が、「安土城以降の織豊系城郭には、城下町からの天守への見通し―ヴィスタ―が明確に意識されている。(53)」と述べたように、天守閣は軍事的要塞としてのみならず、政庁として権力の威容を領民や他者に誇示した。天守閣築造は、岸和田城が織豊政権の和泉国支配の政庁であることを象徴的に示していたのである。

注

（1）拙稿「建武新政期の岸和田」（『岸和田市史　第二巻』一九九六年）。なお、石橋が根拠とした『太平記評判秘伝理尽鈔』について、樋口大祐「『太平記評判秘伝理尽鈔』とキリシタン―池田教正をめぐって―」（『国語と国文学』七七巻三号、二〇〇〇年）は、十六世紀後半に実在した河内のキリシタン武将池田教正が同書に登場することを指摘しており、同書の成立が十六世紀末以後であることは明らかである。
（2）以後の叙述では、近世岸和田城とほぼ同位置に所在したと考えられる戦国期岸和田城を岸和田城と呼び、現在の野田町付近に十五世紀頃に存在したことが発掘調査によって確認された城郭を岸和田古城と呼ぶ。
（3）そのような中で、廣田浩治「戦国期和泉国の基本構造」（小山靖憲編『戦国期畿内の政治社会構造』和泉書院、二〇〇六年）は、守護・惣国一揆・根来寺・松浦氏など戦国期和泉の地域権力と地域社会との相克関係を描き出し、畿内政治史における和泉地域政治史の位置づけを試みている。
（4）拙稿「和泉国松浦氏小考―永禄年間を中心に―」（前掲注（3）書）。以後、前稿とはこれを指すものとする。
（5）『板原家文書』（『資料館紀要』一六号、京都府立総合資料館、一九八八年）。
（6）『醍醐寺文書』。
（7）『国史大辞典　第二巻』（吉川弘文館、一九八〇年）「上様」の項（進士慶幹執筆）。
（8）『天文日記』天文十六年十一月三日条、および同年十二月一日条。
（9）寺田兵次郎編『泉州史料』（大正三～六年）。
（10）『金剛寺文書』。
（11）弓倉弘年「天文期の政長流畠山氏」、同「天文年間河内半国体制考」（いずれも『中世後期畿内近国守護の研究』清文堂、二〇〇六年)。
(12)『足利季世記』「六角定頼書状写」(天文十八年)正月十三日付。
(13)矢田俊文「戦国時代の岸和田」(『岸和田市史　第二巻』前掲注(1)書)。
(14)矢田俊文「戦国期の守護代家　2. 和泉国松浦氏の場合」(『日本中世戦国期権力構造の研究』塙書房、一九九八年、初出一九八九年)。
(15)細川元常の子五郎の実名が晴貞であることは、岡田謙一「細川澄元(晴元)派の和泉守護細川元常父子について」(前掲注(3)書)参照。
(16)『天文日記』天文十五年正月二十日条。
(17)『足利季世記』。
(18)『和田文書』(『岸和田市史　第六巻』一九七六年)。
(19)前掲注(5)「解説」。
(20)古野貢「細川氏庶流守護家の権力構造」(前掲注(3)書)四六頁。
(21)拙稿「岸和田市西福寺所蔵『朽木集』」(『ヒストリア』一五七号、一九九七年)。
(22)『願泉寺文書』(『貝塚市史　第三巻』一九五八年)。
(23)松浦氏が、将軍家から補任された守護であったか否かは不明だが、筆者は公式の手続きを経た守護であったかどうかよりも、地域社会から守護とみなされうる実質を有した権力であったことを重視したい。それは、守護細川氏から「自立」した地域権力となったと評価されている享禄・天文期の松浦守の段階においても同様で、幕府から補任された守護細川元常・晴貞は健在でありながら、自ら地域社会に対して判物を発給し、地域社会秩序維持を担う権力として臨んでいた。かかる権力こそが、地域社会にとっての「守護」だったのであり、幕府の承認の有無は副次的問題であったと考えている。
(24) お茶の水図書館所蔵『成簣堂文庫古文書』(『和泉市史　第二巻』一九六八年)。
(25)「泉邦四県石高寺社旧跡幷地侍伝」(前掲注 (24) 書)。
(26)『松浦文書類』(『岸和田市史　第七巻』一九七九年)。
(27) 前掲注 (5) 史料。
(28)『九条家文書』。
(29)『法隆寺文書』「乗源印清書状」年欠九月二十九日付および年欠十月十三日付 (『泉大津市史　第一巻上』二〇〇四年)。
(30) 天野忠幸「十河一存と三好氏の和泉支配」(前掲注 (3) 書)。
(31) たとえば、天野は十河一存が日根荘に進出し、根来寺勢力に対抗すべく泉南地域を実効支配したとする。一存が日根荘へ進出したとする根拠は、前述の九月二十九日付「乗源印清書状」に、十河方が珍南荘の納所を差し押さえたことについて、「九条殿法隆寺分知行可有子細在之」とある箇所である。天野は「九条殿」を九条家領日根荘のことと解釈するが、ここは、「九条殿が法隆寺分を知行する子細がある」との理由で十河方が珍南荘を押領したと解釈すべきであり、日根荘は無関係だと思う。十河が九条家を持ち出すのは、一存は九条稙通の女婿と伝えられ (松永貞徳『戴恩記』)、九条家と縁戚関係にあったためではないだろうか。
(32)『今井宗久書札留』(『堺市史続編　第五巻』一九七四年)。
(33)『厳助往年記』永禄五年三月六日条。
(34) 本書所収大澤研一論文参照。

（35）前掲注（4）拙稿参照。

（36）『九条家文書』。なお、『図書寮叢刊　九条家文書』では「松浦孫八郎起請文案」とし、前稿で筆者もやや疑問を呈しながらもそれに従ったが、馬部隆弘「永禄九年の畿内和平と信長の上洛―和泉国松浦氏の動向から―」（『史敏』四号、二〇〇七年）は、馬部らの調査で新たに紹介された『三浦家文書』（『三浦家文書の調査と研究―近世後期北河内の医師三浦蘭阪蒐集史料―』大阪大学大学院日本史研究室・枚方市教育委員会、二〇〇七年）によって、起請文の発給者を孫八郎を補佐する僧某とすべきと指摘している。僧某かどうかはともかく、発給者を松浦家中の重要な地位にある者と見ることは妥当と考える。しかし、孫八郎の意思を表明した文書であることにかわりはないので、ここでは文書名を「松浦氏起請文案」としておく。なお、この史料の解釈について同論文で前掲注（4）拙稿への批判を頂いた。詳しい反論は別の機会に譲るが、やや拙稿への誤解があるようなのでそれについての み付言しておきたい。馬部は筆者が孫八郎＝親三好（反畠山）、孫五郎＝反三好としたことに対し、同じ「松浦氏起請文案」の分析を通じて、逆に孫八郎＝反三好、孫五郎＝親三好との見解を示した。馬部は筆者が同史料から「今回の合戦（家原合戦―筆者注）に限ってやむを得ず反三人衆方についた」（五三頁）とみなしたとして批判する。しかし、拙稿では、永禄九年初め以前に孫八郎は三好方にあって畠山氏と対立していたことを指摘したまでで、「今回の合戦に限ってやむを得ず反三人衆方についた」とは述べていない。さらに馬部が孫八郎＝反三好（親畠山）としたのは、家原合戦以後の情勢についてであり、あたかも筆者と正反対の結論を導いたかのように述べられるが、対象時期が全く異なるために、拙稿への批判にはあたらないと考える。

（37）『日根文書』「松浦虎書状」年欠十二月二十一日付（『新修泉佐野市史　第四巻』二〇〇四年）。

(38)『吉野保氏所蔵文書』「松浦肥前守禁制」永禄九年八月日付（前掲注（26）書）。
(39)前掲注（36）論文。
(40)『今井宗久書札留』「今井宗久書状案」（永禄十二年）八月十七日付（前掲注（32）書）。
(41)前掲注（4）拙稿。なお、拙稿で「四人之者」が発給した文書として、『伊藤磯十郎氏所蔵文書』「富上宗俊等連署状」年欠八月十三日付（永島福太郎編『大和古文書聚英』奈良県図書館協会、一九四二年）に署判する四人の一人「長隼貞」を「全く不明」としたが、前掲注（40）史料によって長曾根氏とみてよいだろう。
(42)『松浦文書類』「織田信長書状写」（天正三年）十二月十三日付（奥野高廣『増訂織田信長文書の研究　上』吉川弘文館、一九六九年）。
(43)前掲注（25）史料。
(44)真田宝物館所蔵「古文書鑑」（利根川淳子「古文書鑑について」、真田宝物館編『松代』一六号、長野市教育委員会松代藩文化施設管理事務所、二〇〇三年）。なお、本史料の存在については、矢田俊文氏よりご教示を得た。
(45)廣田浩治は前掲注（3）論文において、十六世紀後半の和泉国は堺・松浦領・根来領に区分され、松浦領を「国」とする意識が支配層内に生まれていたことを指摘している。廣田の言う根来領はおおよそ日根郡を指すようで、廣田は令制国の枠組とは異なった「国」意識が現れていることに注目している。しかし、廣田も注目した史料だが、『藤田家文書』「佐野上方給人衆連署上方開納所売券」永禄十年十二月十八日付（前掲注（37）書）で佐野上方の新開分の納所は、「寺・国互為相対可知行」とされたように、日根郡を根来領と割り切ることは疑問である。

（46）『信長公記』巻十。
（47）『板原家文書』「鳥隼（鳥取隼人）行忠書状」（天正五年頃）七月十七日付など。
（48）国立史料館所蔵『藩中古文書』「織田信長朱印状写」天正九年六月二十八日付。なお、藤田達生「渡り歩く武士」（『日本近世国家成立史の研究』校倉書房、二〇〇一年、初出二〇〇〇年）参照。
（49）『板原家文書』に「沼間任世書状」（天正九年）七月二十二日付などこの時の知行替えに関わる沼間任世書状が数点伝わる。
（50）「顕如書状」（天正九年）七月五日付（岸和田市教育委員会所蔵。なお、岸和田市立郷土資料館特別展図録『戦乱の中の岸和田城—石山合戦から大坂の陣まで—』〈二〇〇四年〉には栄照寺所蔵資料として掲載）。
（51）織豊政権による拠点城郭の選択という観点は、二〇〇七年一月に開催された一六一七会岸和田例会での中西裕樹報告「織豊期の岸和田城をめぐる城郭史」より示唆を得た。本書中西論文参照。
（52）鳥取県立博物館所蔵『秋田政蔵文庫文書』（前掲注（50）書）。
（53）藤田達生「戦争と城」（歴史学研究会・日本史研究会編『日本史講座　第五巻　近世の形成』東京大学出版会、二〇〇四年）二七一頁。

第三章　発掘調査からみた中世後期の岸和田

――岸和田古城跡の発掘調査――

山岡　邦章

はじめに

「にいちゃん、この山、ほんまに潰してしまうんか？」この問いかけは岸和田古城跡の発掘調査をしていた期間、常に周辺の住民から投げかけられた疑問である。この言葉の裏側にある複雑な感情を考えると、私にはこの問いかけに対する適切な返答をすることができなかった。

日本の町や村には、それぞれに町のおこりについての伝説・伝承がある。住人と地域の関係が希薄化し、人の流入流出が恒常化した現代でも、やはり地域に根ざす伝説・伝承として各地に伝わるものであり、大切にしてゆかなければならないものであろう。

そして今回、発掘調査が行われた岸和田古城跡もそういった伝説の舞台である。

岸和田古城跡は現在の南海本線岸和田駅から南へ一〇〇メートル程度歩いたところに位置する。約

写真１　「和田氏居城伝説地」銘石柱

三〇メートル四方の方形土壇状の高台があり、その周囲には堀跡と推測される耕作地がめぐり、およそ六〇メートル×七〇メートルの範囲が遺跡として周知されていた。数年前までは松や楠などの高木が樹立し下草で覆われた茂みとなっており、一見したところでは方墳のような印象さえ受ける状況であった。

　地元では通称「照日山」と呼ばれ、大正十年に大阪府により「和田氏居城伝説地」銘の石柱が建てられているが、城跡といえども従前より個人所有の土地であり、石柱もあくまでも楠公顕彰が広く行われたという時代背景に伴い、一族ゆかりの地として建てられたものであって、岸和田古城跡自体は大阪府の史跡はもとより岸和田市の史跡にも指定されてはいなかったのである。

　この、駅近く、個人所有、史跡未指定という条件が、この遺跡が開発を受ける重要な要素になり、後に本市では未曾有ともいえる遺跡保存運動へと展開した。この運動については本章の主旨ではないため、ここでは特に紹介はしないが、詳細は大阪歴史学会『ヒストリア』二〇七号に報告されているため、そちらをご覧いただきたいと思う。

　筆者は岸和田市教育委員会の埋蔵文化財調査技師として、この岸和田古城跡における宅地造成工事に伴い、平成十八年、二度にわたり行われた試掘・確認調査、平成十九年四月からの全面的な発掘調査と、継続して岸和田古城跡の発掘調査を担当した。

また、岸和田古城に続く、もしくは併存関係にあった可能性も推測される岸和田城の発掘調査についても担当した経緯がある。その経験から、今回発掘調査が行われた岸和田古城跡の調査成果の紹介と、それらから窺い知られる中世後期の岸和田について、若干の考察を行いたい。

一　岸和田古城の調査の概要について

1　平成十八年度の調査【第一次調査】

最初に、遺跡の範囲確認および史跡保存活用の方策を探るため、試掘・確認調査が行われることになった。土地所有者の承諾を得てトレンチによる確認調査が行われた。

調査はまず遺跡の性格を確認することを主眼とし、堀推定地〜高台部分〜堀跡推定地にあたる、北東から南西方向に長さ約四五メートルのトレンチを設定し、掘削が行われた（図1）。

これは、古城の高台部分についてはこれまで発掘調査が実施されておらず、岸和田古城跡という名称の遺跡として周知はされていたものの、城跡としての確証は得られていなかったからである。実際、調査前には古墳の可能性及び、古墳を再利用した中世城郭の可能性も視野に入れていた。

調査の結果、高台の中心部において三方向に土塁の構築が確認され、中央部には平坦面があり、そ

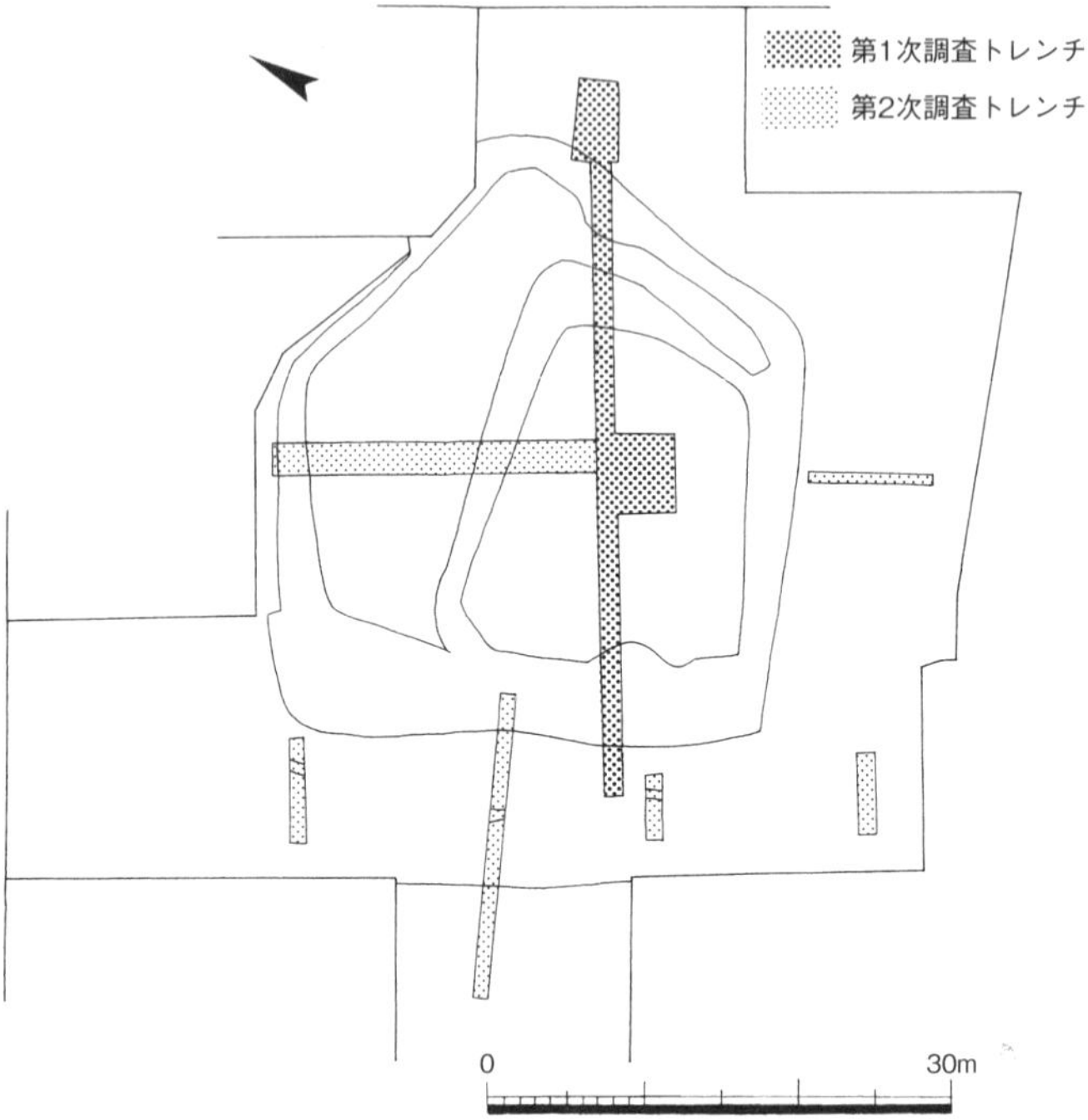

図１　トレンチ全体配置図（縮尺 1/800）

の直上埋土中にはスサを多く含む焼土塊が多量に含まれることが判明、何らかの建築物の残骸の可能性も考えられる状況であった（写真2）。また、高台北東側と南西側窪地にて滞水域が確認でき、周囲に回る窪地は堀跡であることが確認できた。

さらに、トレンチ調査のため一部の土塁に断ち割りを入れたところ、土塁を構築する盛り土などから十四世紀から十五世紀代の瓦器片が検出された。これらより判断してこの高台が古城の名の通り中世の城郭跡であることが確定した。

写真2　土塁および焼土検出状況

また、土塁直下で薄い整地層があり、その下で地山が確認できるため、古墳の再利用を行った中世城郭という可能性も無いことがわかった。出土遺物からも埴輪片など古墳を推測させるものは確認されていない。

2　平成十八年度の調査【第二次調査】

第一次調査の成果をふまえた上で開発原因者との協議を重ね、第二次の確認調査を行うこととなった。これは史跡としての保存の可能性を視野に入れた調査でもあった。

調査は第一次の調査結果をふまえ、未確認の部分を補足し全体の様相を把握することを主としたトレンチ設定が行われた。すなわち、第一次調査でトレンチの及ばなかった未確認の北西側平坦部および南側の空余地部分の確認である。

北西側平坦部に設定したトレンチからは、前回検出した土塁よりも、小振りな幅の土塁が検出できた。盛られた土も他の箇所の土塁との比較では、締めたような固さも無く、パサパサと軟らかい印象を持つものであった。これにより土塁は土壇上面周囲を囲繞する形で構築されていることが明らかになった。また、帯郭ではないかと推定される北西側の平坦面は、現地表面層の直下が地山面であり、その面において遺物を含まない不定形な土坑状の遺構が検出されたが、帰属する年代、性格の特定には至らなかった。

転じて堀側に設定したトレンチでは、南側空余地に向かい幅約六メートル、深さ四〇～五〇センチメートル程度の浅い堀と、それに伴う地山を削り残した土手、その先で土塁に並行する川の跡（旧古城川か）が検出された（写真3・4）。

この川の深さは確認できた部分で検出面より約一・六メートルを測り、その埋土中には近代の遺物が入ることが確認できている。また同様の土手は南側の堀の中ではその他二カ所のトレンチで確認されている。

これらより、堀に伴う低く幅の狭い堤帯ともいうべきものが存在し、並行して川が流れていたことが想定された。

3　平成十九年度の調査【第三次調査】

第一次・第二次の確認調査結果に基づき、ここからは土塁で囲まれた箇所をⅠ郭、西側から東側に廻る一段低い平坦地をⅡ郭として説明したい。

調査は対象地全体を被う表土を重機で除去し、さらにⅠ郭内部に堆積している埋土を平均五〇センチメートル程度重機で除去した。一回の確認調査からⅠ郭内部には近代（大正時代か）の埋土が入り、かなりの盛り土が行われていることが確認されたからである。また、土塁上の表土も比較的浅く、一〇～一五センチメートル程度の掘削ですぐに土塁の盛土に達する状況であった。さらにⅡ郭の上も表土のみであり、遺物包含層は無く、表土を掘削すると一〇～二〇センチメートル程度ですぐに遺構検出面と目される地山面が確認できる状況であった。

写真３　堀側土手検出状況

写真４　古城川検出状況

写真5　土塁土層断面

○土塁

Ⅰ郭を囲む土塁は、検出状況からは二通りの構築方法が確認できた。土塁の土層断面観察では東側〜南東側〜西側にかけての土塁は、地山を整形し低いところには土を盛り平坦面を造成した上で、粘質系の土を盛った小振りな土塁を二つ並行して築き、その内部を埋める形で大きな土塁を構築していることが窺えた（写真5）。検出できた基底部幅は約五・六メートルを測り、内部平坦面からの残存比高は約八〇センチメートルを測る。

特筆される点は、この部分では平坦部と土塁内側の境界で溝を浅く掘り粘質土を積んだ痕跡が確認されたことであろう。これにより、土塁内部の平坦面と土塁内側の形状をある程度特定することができ、土塁内部は一〇メートル×六メートル程度の平坦面しかない非常に狭い郭であることが明確になった。ただし、この溝については調査段階でも土塁構築に伴うものなのか、構築後の壁溝のようなものなのかは意見が分かれ、確定をみていない。類例の検討を行い、総合的な判断を行いたいと考えている。

西側から北側にかけての土塁はやや小規模で、検出された幅は約三・五メートルを測り、内部平坦面からの残存高は約七〇センチメートルであった。第二次調査でも小規模であることは確認できており、今回の調査ではそれを念頭にⅡ郭部分での削平の可能性を含め検討したが、現状よりも外側に張り出す形の基底部痕跡などは確認できず、土層断面の観察でも大幅な削平を示す層の乱れなどは確認できなかった。従って当初から小振りな土塁を構築していたものと判断した。

また、土塁西側でⅡ郭からⅠ郭へ入る虎口ではないかと思われる土塁が途切れる箇所が検出され、周辺を精査したが伴う建築物の痕跡等は確認できなかった。加えて全体的に土塁の上面にて遺構の検出に努めたが、クイ列などの痕跡は確認できず、断面観察からも上部を削平された様相が窺えるものであった。

○土塁内部の遺構

第三次調査においても、土塁に囲まれたⅠ郭内部平坦面上では建築物を構成する柱穴跡などは検出されなかった。しかし特筆すべき遺構として、土塁裾部で二カ所、竈跡を検出した（図2）。一基は南西部の土塁内側で検出し、平面規模は約三メートル×一・三メートルを測る長方形を呈する（写真6）。検出状況からは土塁裾の一部を掘り窪めて整地し、黄褐色の粘質土をもって壁体を構築し、奥壁部に拳大の礫を積んで内壁としていたと推測できる。また、竈の東側で被熱痕が著しく、一部で焚き口跡も確認されている。出土遺物としては廃絶時に崩壊した礫に混ざって土師質化した羽釜片が出土した。また竈構築に伴う整地と考えられる層から黄瀬戸平碗片が出土している。また、竈内部および周辺からは藁などのスサ入りの焼土塊を多数検出した。

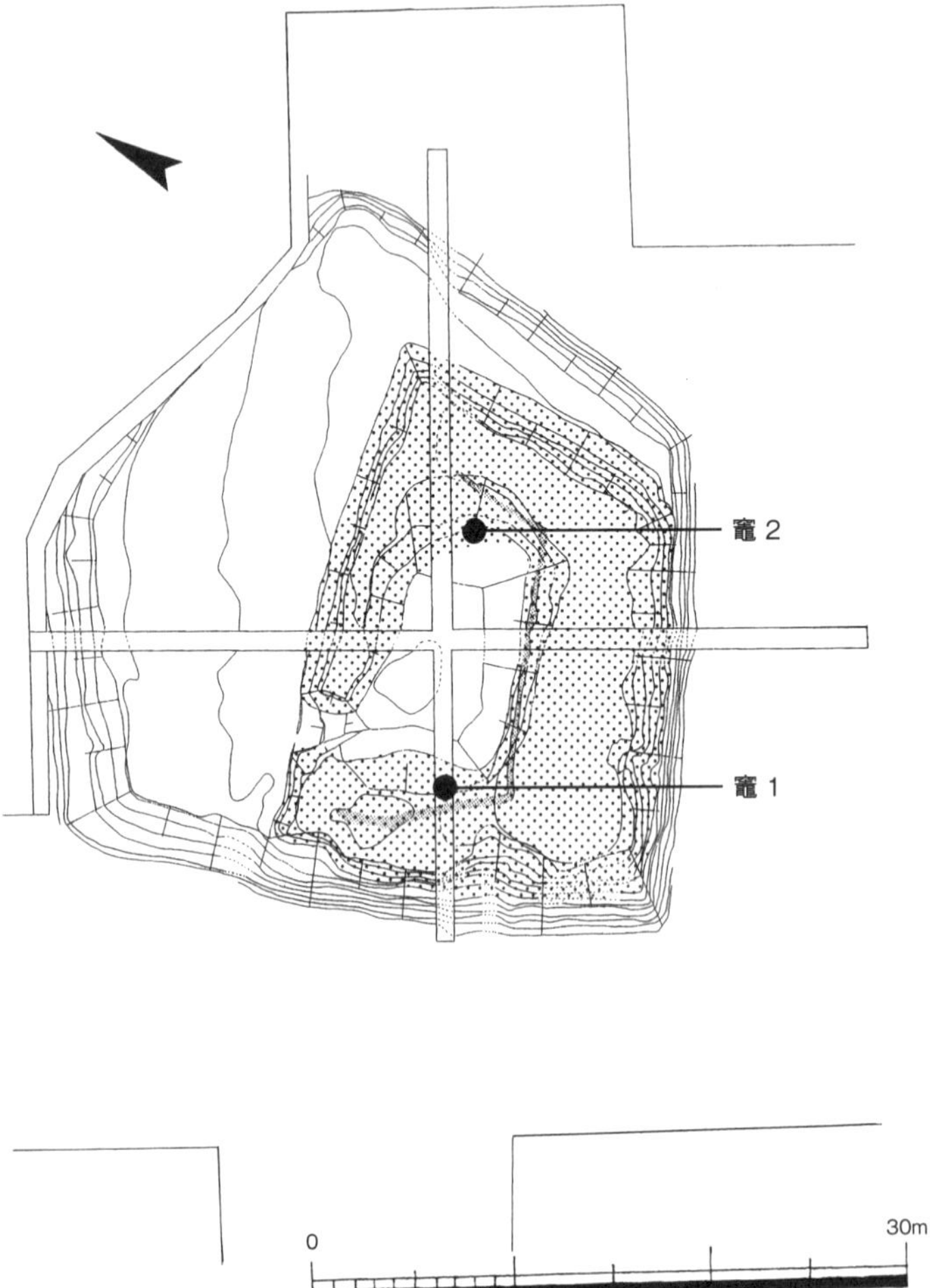

図 2　岸和田古城跡遺構全体図（縮尺 1/500）
スクリーントーンは検出された土塁

もう一基は東側土塁内側にて撹乱を受け崩壊した状況で検出され、集石遺構状で検出されたものである。しかし前述例から推測して竈の痕跡と判断した。調査では明確な壁体の検出はみられなかったが、出土遺物としては拳大の礫に混ざって完全体の真蛸壺と、いくつかの鉄滓が出土した。

これら二カ所での竈跡の検出状況より、第一次調査時点で多量に検出した焼土塊は、当初推定した建物などの建築物の焼け落ちたものではなく、これらの竈構築物の残骸であった可能性が高いと判断している。

写真6　竈検出状況（上）・完掘状況（下）

○Ⅱ郭遺構検出状況

第二次調査ではⅡ郭部分にも試掘トレンチを伸ばした。それに伴いⅡ郭平坦面で、遺物が全く含まれない、不定型を呈する土坑状の遺構が多数検出された。しかし今回の調査で、全体の土層断面の観察を行い検討を加えた結果、それらは遺構ではなく地山の質の違いや、後世の耕作に伴うものや、一部では築城時の地山への整地行為によるものであることが確認できた。全体的には地山を整形した後、窪んでいる部分、傾斜している部分に土を盛り、平坦面を形成していたことが推測できるものである。

また、Ⅱ郭地山面において遺構の検出に努めたが、明確な遺構は確認できなかった。これは当初から何も構築されていなかった可能性もあるが、現状のⅡ郭は南東～北西間で端々の比高が約八〇センチメートルを測る上、現表土層の直下で地山面となり、遺物包含層もみられないことから、後世に大幅な削平を受けている可能性も否定はできないだろう。

○地山面検出の遺構

最終的に土塁の構築時期について確認をするために、土塁の東・西・南・北方向に幅二メートルのトレンチを入れ確認を行った。その結果、北側と西側では土塁構築面（地山面＝旧の自然面）で明確な遺構は確認されなかったが、東側では地山面上にて浅い窪みを確認した。この窪みから弥生時代後期の甕の底部片が出土している。

しかしこれ以上に特筆すべきは、南側トレンチにて一部に土坑状の遺構が確認でき、それはトレンチ外へと続くため、トレンチ部分を拡大し、南東側の土塁を除去する形で確認したところ、その土坑状と考えられた遺構は古墳時代初頭の竪穴式住居跡であることが確認されたことである。検出状況は、地山面を掘り窪め、一辺約四メートルの隅丸方形を呈する状況が確認できた（写真7）。この遺構の検出により、築城前の地表面を確認でき、地山面を確定できた。そして重要なことは現状の遺構に先行する城郭の遺構は確認できず、現状で検出できた遺構が、「岸和田古城跡」としての遺構となることが確定した。

○堀

堀の全体的な調査は制約がありできなかったが、南側で堀の一部は確認することができた。また、第二次調査で確認された堀と近代に埋められた川とを分ける土手状の高まりも連続した状態で検出できている。これにより、この部分に関しては、堀の幅が約六メートル、深さが約四〇センチメートル程度であることが判明した。

また、堀の底は粘質土であり、上の礫質の地山を除去し粘質の層で掘削を止めたあと、堀底に利用したという、地山の質の違いを巧みに利用した堀であることがみてとれる。

写真７　古墳時代竪穴住居検出状況

４　発掘調査成果のまとめ

これまで三次にわたって実施してきた岸和田古城跡の発掘調査の成果を、以下にまとめてみたい。

1.　周知の遺跡、岸和田古城跡が、中世の城郭跡であることが確認できた。調査開始当初、可能性の一つとして予測していた、古墳を再利用した可能性は、全く無いことがわかった。出土遺物でも埴輪などの検出は全く無く、構造的にも古墳ではないことが明らかとなった。

2. 土塁を構築する前に、二メートル以上地山を掘削整形し、郭の平面形態を整え、水平な構築面を形成するため低い箇所には盛り土を施し、整地を行っていることが確認された。従って現在の地形は、土を大規模に盛り上げたのではなく、尾根の緩い南斜面の周囲を掘りくぼめ、形成されていることが明らかとなった。

3. 整地土および土塁の構築土には、十四世紀代から十五世紀代の遺物が含まれていることを確認した。さらに土塁直下の地山面から古墳時代初頭の住居跡を確認した。これにより、この高さ付近が当時の地表面であることが確定し、古城は地山を整形し、そのすぐ上に土塁が構築されていたことがわかった。また土塁に含まれる十四世紀代の遺物については、当該期の遺構を検出することはできず、築造時期を示すものではないことが明確となったが、土塁を構築する際に、周辺地域にはそれらの遺物の供給源となった当該期の遺跡が存在した可能性がある。

4. 調査成果から遺構として残っていた岸和田古城跡は、大阪歴史博物館所蔵『和泉国南日根郡城跡図』のうち一帖「岸和田古城図」（以下、古城図　註＊）に描かれた「本城」部分の形状や間尺関係、そして堀や古城川の描写と符合する点が多く、「岸和田古城図」の「本城」に該当する可

写真８　岸和田古城跡発掘調査全景

能性が非常に高いことが確認できた。

古城図自体は従来からその存在は知られていたが、その描写精度や信憑性については現地の解明が進んでいなかったことから、疑問視されていた。皮肉にも発掘調査によりその信憑性が高まったということになる。

5．土塁で囲まれたⅠ郭の生活面（当時の地表面）から出土した遺物から、十五世紀末から十六世紀初頭頃に廃絶したと考えられる。また、Ⅰ郭内の二カ所で竈を検出、Ⅰ郭内や周辺部から鉄滓を多数検出したことから、鍛冶を行っていた可能性も指摘できる。竈内で検出した遺物から、この遺構は十五世紀後半から十六世紀の初頭頃に使用されていたと考えられる。また、竈構築時の地層からも、十五世紀後半から十六世紀初頭頃の遺物を検出した。

しかし、竈が城郭としての機能を有している時代の遺構であるかどうかについては、検出状況および遺物からは推測できない。断面の観察では竈は土塁の構築土を削って設置されており、防御機能を持つ施設の一部を削って作らなければならない竈とはどういうものなのかという疑問は残るのも事実である。竈の構築は城の機能を失った後に二次的な利用として設置された可能性もある。

第一次調査の現地説明会において、トレンチ全体から出土した遺物から推定し、築造時期を十四世紀後半から十五世紀前半としたが、上記の調査から得られた資料を総合的に分析すると、現存する遺構としての「岸和田古城跡」は、十五世紀後半に築造され十六世紀初頭頃には廃絶していたことが明らかとなった。

二　発掘調査からみた十五世紀後半から十六世紀初頭にかけての「岸和田城」界隈

ここでは前節で確認した岸和田古城跡の存続した年代である十五世紀後半から十六世紀初頭にかけての「岸和田城」界隈について、岸和田城がその時点で存在したのかどうか、現状での発掘調査成果とその限界から見えてくることについて紹介したい。

岸和田城については、平成四年度に初めて城下町部分での発掘調査が行われ、瓦溜まりなどの遺構と、近世陶磁器が検出され、それ以降小面積ながら調査事例の蓄積が行われてきている。

岸和田城下町はその成立年代については諸説があるが、概ね十七世紀の前半には紀州街道が整備され、町屋としての機能を有していたと考えられている。

紀州街道筋の本町界隈で出土する唐津系陶器からみて、いくらか古く遡る可能性があるが、それでも十六世紀の終わり頃には紀州街道の前身的な街道が存在し、ある程度の町屋が形成されていた可能性が高い。こういった城下町の年代感からは、中世後期に成立したと考えられる岸和田城の痕跡は読みとれない。また、現在の調査事例からは、明確に中世後期の築城を示す遺構や遺物の検出は無いのが現実である。では、考古学から中世後期の岸和田城の成立に迫る手がかりはないのであろうか。

現在、岸和田城にはいくつかの古絵図の存在が知られている。なかでも正保の城絵図は有名なものであろう。それらの絵図が描く岸和田城は海側から描いたものが多い。近世の岸和田城の「正面」は紀州街道の通る海側であり、それらは先述したとおり近世に入ってからの成立である。我々の岸和田城の認識もどうしてもその印象に引きずられることになる。しかし、岸和田城が中世後期に築かれたと仮定すると、その防御の主眼は本来どちらの方向にあったのかが問題になる。軍勢が移動するとなると、紀州街道の無い時代では主要街道である熊野街道（小栗街道）が主な移動経路となる。当然、城の防御正面としては、時代によって大阪寄りか和歌山寄りかの変遷はあると思われるが、山手側、

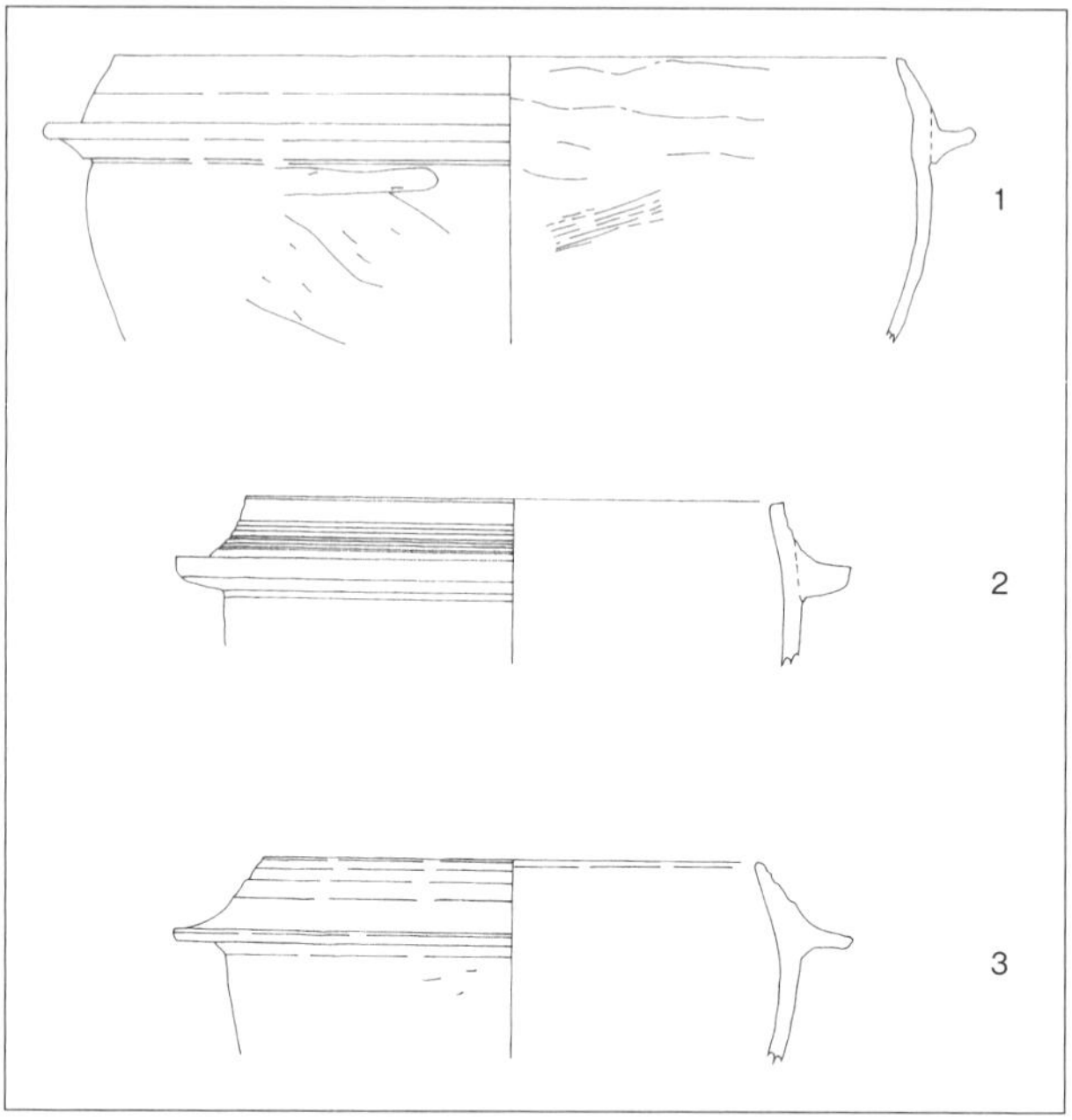

図３　出土遺物１、２（岸和田城跡）
出土遺物３（岸和田古城跡）

熊野街道側が正面となるのは必然であろう。

では岸和田城の熊野街道側には何があったのだろうか。この数年で蓄積されてきた発掘調査の成果からは、現状とは異なる面が見え隠れする。

一例を挙げれば、図3の1、2は現在の岸和田城の南東側で出土した羽釜片である。この三点には時期差がみられるが、それだけの期間、付近で人の活動があった証拠でもある。

また、近年、岸城神社社殿の建て替えに伴い社殿跡地を調査した際、驚くことに奈良時代から室町時代にかけての瓦片が多数出土している。出土状況は該当する時期の遺構からの出土ではなく、近世の連房式竈の廃絶に際し、一括で投棄されたような状況で検出されている。詳細は二〇〇八年三月刊行の概要報告書を参照していただきたいが、この一括投棄は付近に奈良時代から中世にかけての瓦を有する寺院などが過去に存在したことを示している。つまり、発掘調査に限って言えば岸和田城周辺での中世の遺物は、おおむね現天守閣の南東側地域で見つかっているのである。

ただし、見つかっているものが羽釜や瓦片であり、中世城郭の存在を明確に示すものではない。しかし現岸和田城南東側に古城と並行、もしくは先行する時期に人の居住の痕跡がみとめられることは重要であるといえよう。この南東側地域は先の岸和田古城と古城川を挟んで呼応するような位置関係にあり、両者は同時併存していても何ら不思議ではなさそうである。今後、中世の中〜後期の遺物が出土する地域として認識しておく必要があるだろう。

また、岸和田古城の土塁の構築状況からは、東側から南東側、南西側に土塁が厚く、堀底からの比高も残存する土塁高からみて四メートル以上あり、防御意識は南東側から南側にかけての方向に強く現れる。

調査中、土塁の上に立つと海側に現在の岸和田城天守閣がよく見える位置関係にあることが実感された。ここから先は全くの想像となることを前置きする必要があるが、あえて誤解を恐れずに言えば、現存する岸和田古城跡とは、現岸和田城の前身となる城と連携して南東側から南側にかけての方面の敵、つまりこの時代擡頭してくる紀州勢、根来勢を意識し、古城川を挟んで右左に翼を広げたような「連郭構造」的な城として拡大した城、もしくはその一部であったのではないかと想像している。

そして岸和田古城に人為的所作がみられなくなる十六世紀の初頭頃に、現岸和田城へと城の機能の中心が「移転」していったのではないだろうか。それには移転先が新規の築城である必要はなく、むしろ移転を受け入れるだけの先行する城郭的なものが存在したと考える方がより自然な状況であると考える。

この考えに至るにはいくつかの理由がある。一つは先述したが、現岸和田城南東側に人の活動が見られること、さらに本書の山中論文からも窺えるように文献上、書き示されている城が岸和田城なのか岸和田古城なのか、検討を加えない限り、はっきりしないという現状がある。これはもともと「連郭構造」的な一つの大きな城であり、分けて表記できる状況ではなかった可能性も否定できない。また、調査の成果からみた古城の内郭の狭さもあげられる。古城図からは南東側に広い郭を有する城郭であるのは確実だが、最も堅固なはずの部分が狭すぎるのである。これを補うには十五世紀後半の時期、古城を補完する形で現岸和田城南東側に何らかの中世城郭的な施設が存在したのではないだろうか。そしてそれが現在の岸和田城につながってゆくという仮説は現状では大胆すぎるだろうか。

まとめにかえて――発掘調査は何を教えてくれたのか――

基本的に私がその職務上のスタンスとして発言できるのは、発掘調査から物証と状況証拠を得た上で導き出せる話でしかない。それらからは、遺構として残っていた岸和田古城跡は、伝説にある和田高家の居城であった可能性は無いと言える。しかし、発掘調査結果が絶対ではない。この部分で見つからなかったから、岸和田の地名の起こりではないと単純に断じてよいものだろうか。

岸和田古城跡は調査の結果、非常に狭く、構造的にみても南北朝期の中世城館などとは全く異なり、防御機能を特化させた城郭と考えて良いであろう。遺物の出土状況を見ても大変少なく、「生活」を窺わせるものも少ないことから、ごく短期間に時の情勢を受けて築造された可能性が高い。

しかし逆に言えば居住性もなく防御のみに機能特化した城の存在は、この郭部分単独では城として成り立たないということであり、むしろ積極的に周辺地域を検討するための有力な物証なのではないだろうか。

確かに今回の発掘調査からは、より古い時代の城郭跡は見つからなかった。だが、十五世紀の末に、異常に狭い、防御に特化した城が成立するという状況とは、必ず周辺にその狭さを補完するだけの郭が先行して存在し、居住域と防御域という領域を有する一つの機能的な城郭を形成していたという有力な状況証拠である。従って、この部分でこれしか見つからなかったから「違う」のではなく、これしか見つからなかったから、中世後期の城郭として考えたとき「周りに必ずある」と考えるべきなのである。

私たちの仕事は、こういった発掘調査に基づく新しい事実を提供することであり、それは地域に根ざした歴史遺産としての岸和田古城を考えてゆくきっかけとなる。今回の発掘調査結果はそれを果たすべく、私たちに送られた過去からのメッセージなのである。

註＊　古城図の詳細については本書福島克彦論文などを参照のこと。

附記

本章に使用した写真・図等は岸和田市教育委員会より提供を受け、必要に応じ加筆したものである。

第四章　『和泉国城館跡絵図』と城館研究

——鬼洞文庫旧蔵絵図を中心に——

福島　克彦

はじめに

近年、戦国期畿内・近国における地域権力に関する研究の進展は著しい[1]。これらに合わせて、寺内町や守護所などの研究も進み[2]、守護分国における結節点の様相が次第に明らかになってきた。

こうしたなか、拠点的城郭に対置される村落、あるいは国人、土豪の城館が改めて注目されつつある[3]。問題は、分国を支えた彼らが、どのような存在形態で村落に在住していたか（あるいはしていなかったのか）、という点である。これについては、大阪府、京都府、奈良県において中世城館悉皆調査が未実施であるため、基礎資料が共有化されておらず、分布や傾向が不明確な状態が続いている。

本章では、その欠を埋める基礎的作業として、近世末期に描かれた『和泉国城館絵図』を紹介したい。本図は文政元～二年（一八一八～一九）頃、岸和田藩士浅野秀肥が現地調査して作成した図面類で、後に鬼洞文庫旧蔵の一括資料のひとつとして残されてきた。すでに類似図面が一部紹介されており、一部既存の研究にも寄与している(4)。本来はこうした類似図面の系統性を充分検討する必要があるが、本章では、まずは網羅的に残されている鬼洞文庫旧蔵図をトレースし、文字情報を紹介していきたい。さらに、一部については現地遺構や他の絵図、地図資料と照合し、遺構図として蓋然性を持ち得るかを検討したい。

一　近世における城館跡絵図

まず、簡潔ではあるが、近世期における城館跡図面の問題点について要約しておきたい。

一般に知られるように、徳川幕府は大名居城の掌握のため、その絵図面の提出を義務づけていた。これによって、堀や曲輪など、平面構造（縄張り）を意識した図面が統一基準のもとで作成されるようになった(5)。正保元年（一六四四）に提出が命じられた「正保城絵図」では、同時期に調進された国絵図と比較すると画一性が強く、武家社会のなかで、城の平面構造に対する関心を喚起したものと思われる。以後、大名のなかには、廃されていた古城跡にも関心を拡げ、同じような平面図を作成するようになった。十七世紀に記された『浅野文庫諸国古城之図』や『蓬左文庫所蔵尾張国古城絵図』などは、そうした事例の現れである(6)。こうした城跡調査やそれに伴う作図は、藩内における城や城跡の情報の掌握という政策的色彩が濃かったものと考えられる。

その一方で、十八世紀頃から各地で地誌が編纂され、その項目に城跡も積極的に記されるようになった。これらの記述は、おもに城主譚や由緒が基本であったが、次第に現地踏査の成果が反映され、城跡の構造的な図示も試みられた。たとえば文化五〜天保十五年（一八〇八〜四四）に編纂された丹波桑田郡（京都府亀岡市ほか）の地誌『桑下漫録』には、一四カ所の城跡の平面図が曲輪や土手、空堀などの情報とともに掲載された。現在の地表面観察とも合致しており、現地調査に基づいていたことがわかる(7)。

また、近世期には、村落境界争論などを要因として、多くの図面が作成されたが、なかには境界や領域を示す際、城跡の堀切、曲輪配置が基準になったものが見られる。丹後国大島村（京都府宮津市）、日出村（京都府伊根町）の間で起こった文政九年（一八二六）の魚場争論、さらに嘉永元年（一八四八）の山野争論では、大島城跡の竪堀の延長が魚場ならびに山野の境界として位置づけられている。その際、嘉永元年の「大嶋村御林地境争論絵図」には曲輪配置が詳細に明示されている(8)。つまり、城跡を漠然と点景として示すだけでなく、曲輪や竪堀といった城跡の構造を把握し、どの竪堀で境界を示すかといった詳細な情報の把握が必要になってきた。村落の領域を示すため、住民も城跡の平面構造に関心を拡げてきたのである。

さらに、近年注目された『椿井文書』をめぐる近世偽文書創作の問題でも、城跡を筆写した図面が一部見られる。その際、創作者は史資料の捏造にあたって、遺構調査を積極的に取り入れ、その成果を部分的に反映させていた。たとえば、山城国普賢寺谷（京都府京田辺市）の「興福寺別院山城国綴喜郡観心寺普賢教法寺四至内之図」では、作図にあたり城跡の調査を行った可能性が高い(9)。また『椿井文書』との関わりが推定される『淡海温古録』の「近江佐久良城跡図面」（滋賀県日野町）では、主郭部分など、現地調査の成果が一部取り入れられている。つまり、村落やイエの由緒の蓋然性を高めるために、現地調査による作図の正当性が求められるようになった。すなわち、現地における遺構調査は、こうした創作行為の補強要因になり始めていた。したがって、たとえ捏造が目的にせよ、曲輪配置の確認など、現地の詳細調査に基づく成果が、普遍的価値として定着しつつあったことになる。今後、こうした城跡絵図と現況の比較検討から、近世中後期における踏査状況や遺構認識の度合などを検証し得ると思われる。換言すれば、絵図の蓋然性がある程度確保できれば、現代において破壊遺構を復元的に考察する一資料たり得るだろう。

二　『和泉国城館跡絵図』について

本章で紹介する大阪歴史博物館所蔵の『和泉国城館跡絵図』は、江戸後期に作成された城郭図面集である。これは、大阪の蒐書家にして郷土史家の出口神暁（一九〇七～八五）が集めた鬼洞文庫絵図のひとつである(10)。岸和田市出身の出口は、和泉の近世資料にも関心が高く、同時期の地図資料も多数蒐集していた。

本図は、現状において二部の折本と、同じく二部の掛軸によって構成、整理されている。前述したように、岸和田藩士浅野秀肥が作成したものである。ただ、本図には作成過程をめぐる注記や添書がないため、作図をめぐる歴史的背景は不明である。

同絵図類は、以下のような構成となっている。

A　和泉国大鳥郡城跡図

B　和泉国南日根郡城跡図

C　南郡麻生荘根福寺城跡（掛軸）

D　南郡阿間荘落合城趾（掛軸）

構図やタッチの相違は個別論で触れるが、表1で示したように、斜面・切岸を緑、曲輪を黄色、石垣等を灰色としている点で、ほぼ共通している。田や村落の景観については、菱形の墨線による畦表示、あるいは簡単な茅葺建物で描くなど、記号化に近い表現にしている。したがって、城跡以外の情報（たとえば条里型地割や村落景観など）については、関心が薄い。また、村の境界や領主名などの記述も、ほとんど見られない。

各図には、右上に表題が付き、国名、郡名、郷名（荘名）、城名の順で記される。表題名は「〜図」が付くものと付かないものがあり、比較的アバウトに記載される。ただ、この表示によって、作図者による図の上下（天地）の認識が一応明確となる。本文も基本的に、表題の向きを基準に、上下を設定しておく。一方、本図中の注記文字の向きは、場所によって異なり、四方対置型の図面構成となる。これは、作図様式にこだわったというよりも、図面余白の都合上生じた特徴といえよう。

全体として曲輪の縦、横をおおまかに測量し、一部曲輪の段差を表記する。なかには、四角形や三角形の記号を用いて、測量定点や点的な遺構痕跡を記す場合もある。こうした統一した描写方法から、同一時期、集団による作成、編集を想定し得る。

法量としては、折本A、Bの各図の大半が縦二八センチメートル代、横四〇センチメートル代と近似値を示している。したがって、規格化された紙の大きさで、清書されていたことになる。換言すれば、城域の規模に関わらず、この図面の範囲で情報を縮小して記載させていた。後述するが、本図は一／六三〇という大縮尺を基準に作成されていたが、図によっては圧縮がなされた。

なお、B⑽の「高井堡」、B⑿の「蛇谷城跡」ように縦、横とも大きく相違する図面も散見される。後述するように、秀肥本人の印が押されたもので、描写方法も相違する。これに対して、C・Dのように大規模な城域については大型の用紙が使われているが、描写方法については、ほぼ類似している。現状では紙の規格と描写方法の相関は薄いと思われる。

三　各図面の考察

以下、A〜Dの各資料の順に図面を紹介したい。現在の和泉国における城跡の沿革については『大阪府史蹟名勝天然記念物　四』（以下『史蹟』と省略[11]）、『日本城郭大系　一二』（以下『大系』と省略[12]）が詳しく、これらを参考する。また、各城跡図面の名称は、図の表記に従った。章末には図面のトレースと文字情報をまとめた。図中のアルファベットは欄外に表示した注記に対応する。

A　和泉国大鳥郡城跡図

本折本には最初に各図の索引が付されている。

〈史料1〉

「

大鳥郡城跡図

田園古塁　文政二己卯年七月二十二日遊于
当山以一分一間之矩図之

西村城址　文政二己卯歳八月二十有六日
遊歴于此地一分一間曲尺製図

北村古塁　文政二己卯年七月二十有三日来于
此以一分一間矩図之

綾井城跡　文政元戊寅年十月四日遊于
此地而製図一分曲尺輿之

家原城跡　文政二己卯年八月二十有六日

表		現			法　量	城　名
谷	道	村　　名	方　角	注記指示線		
	黄土色	田園村、辻村	東西		28.3×40.5	田園城跡
	黄土色	高田村、新家村	東西	朱色線 赤点	28.3×40.6	西村城跡
	黄土色	北村、北村、北村	東西南北	朱色線　△	28.2×40.5	陶器城跡
	黄土色	高石村	東西	朱色線	28.4×40.5	綾井城跡
	黄土色	家原村、踞尾村			28.3×40.5	家原城跡
	黄土色	深井安村			20.3×40.5	深井城跡
	黄土色	稲葉村			28.3×40.4	稲葉城跡
茶色	黄土色	摩湯村、摩湯村			28.4×40.4	(摩湯山古墳)
	黄土色	今木村、東大路村、西大路村、大町村、池尻村			28.5×40.4	今木城跡
	黄土色		東西南北		28.3×40.3	岸和田古城跡
	黄土色			朱色線	28.5×40.2	今城跡
	黄土色		東西南北		28.0×40.0	鎗谷城跡
	黄土色	河合村、河合ノ属邑葛上		朱色線	28.5×40.4	三箇山城跡
	黄土色	三ヶ山村	東西南北		28.3×40.4	
	黄土色	名越村、清児村	東西		28.2×40.5	高井城跡
	黄土色	名越村、清児村	東西	赤点､秀肥印	24.5×34.0	高井城跡
白色	黄土色		東西		27.7×40.0	蛇谷城跡
	黄土色		東西	赤点､秀肥印	24.5×34.2	蛇谷城跡
	黄土色	河合属邑船戸、河合属邑九頭上、神於寺村	東西南北		28.5×45.0	河合城跡
	黄土色				23.5×33.0	樫井城跡
	無色	大苗代村	東西南北		24.5×51.2	
	黄土色	大川村	東西	朱色線	39.8×82.4	根福寺城跡
茶色	黄土色		東西南北		54.8×78.4	落合城跡

表１

	古城絵図名	絵					図
		基本線	曲輪	堀	土塁	石垣	切岸･斜面
A	**和泉国大鳥郡城跡図**						
(1)	大鳥郡陶器荘田園村古塁図	墨線書	黄色	水色			緑色
(2)	大鳥郡毛受荘［旧名土師郷］西村城跡	墨線書	茶色	水色、茶色	緑色		緑色
(3)	大鳥郡陶器荘北村古塁之図	墨線書	黄色	水色、茶色			緑色
(4)	大鳥郡綾井荘城跡山専称寺之図	墨線書	黄色	水色	黄色、緑色	灰色	緑色
(5)	大鳥郡半陀郡家原城	墨線書	黄色	水色	黄土色		緑色
(6)	大鳥郡深井郷深井塁跡	墨線書	白色	(水色)			緑色
B	**和泉国南日根郡城跡図**						
(1)	南郡山直郷稲葉塁址	墨線書	黄色、緑色	水色、茶色	緑色	灰色	緑色
(2)	泉南郡山直郷摩湯墓地	墨線書	黄色	水色			緑色
(3)	南郡八木郷今木塁跡	墨線書	黄色	水色			緑色
(4)	南郡加守郷岸和田古城図	墨線書	黄色	水色			緑色
(5)	泉州南郡加守郷土生今城古跡図	墨線書	黄色	水色			緑色
(6)	南郡阿間河荘鎗谷塁址	墨線書	黄色				緑色
(7)	南郡麻生荘三箇山城跡	墨線書	黄色、茶色				緑色
(8)	南郡麻生荘三箇山塁	墨線書	黄色				緑色
(9)	南郡木嶋郷清児村高井城跡図	墨線書	白色				緑色
(10)	高井堡	墨線書	白色				緑色
(11)	南郡五箇荘木積蛇谷城趾	墨線書	黄色				緑色
(12)	蛇谷城跡	墨線書	白色				緑色
(13)	南郡五箇荘河合城山	墨線書	黄色	無色			緑色
(14)	樫井村城蹟	墨線書	黄色	水色			緑色
(15)	元和元年四月浅野長晟屯此逆撃塙直之･淡輪重政敗之俗呼曰城山	墨線書	白色				無色
C	**南郡麻生荘根福寺城跡**						
	南郡麻生荘根福寺城跡	墨線書	黄色			灰色	緑色
D	**南郡阿間荘落合城趾**						
	南郡阿間荘落合城趾	墨線書	黄色				緑色

来于此以一分一間曲尺図之
深井塁蹟　文政二己卯年七月二十有四日
遊歴于此地以一分一間矩図之
浅野秀肥録」

これによれば文政元〜二年（一八一八〜一九）の間に描かれたことがわかる。綾井城跡以外は七、八月に調査されている。「一分一間曲尺」とあるように一／六三〇の縮尺が作成の基準であった。各図の右上に城跡図の表題が示されている。以下、その表題ごとに紹介する。

(1) 大鳥郡陶器荘田園村古塁図（図1、122頁）

田園村の南に位置する。図面によれば、中央に正方形の「本丸」があり、急峻な岸が強調されている。周囲には「松樹繁茂」と植生の情報が掲載されている。北と東には幅二間の堀がある。西側に道が走る谷線をはさんで、段丘上に長方形の曲輪があり、破壊された小祠の存在を記す。

当地周辺には小出藩の代官所があり、小出大隅守の屋敷が三町東に位置していた。図面にも「家居城山ヨリ続キタルト云」と記し、城跡ともつながっていたという。なお「天明ノ比迄ハ芝原タリシカ開発シテ田畠トス」とあるように、屋敷跡の変遷も記録する。

(2) 大鳥郡毛受荘［旧名土師郷］西村城跡（図2、123頁）

『大系』では城の山古墳を利用した城としている。『史蹟』では、西村の北方にある城跡として「いば城山」と称している。

本図では集落の北に隣接して、段丘の先端に城跡が位置する景観である。敷地内部は、南側に「東丸山」「西丸山」という小規模な丘陵、北側に「二番城」という空間に分かれていた。個々の間には谷が走り、名称の如く各々独立していたものと思われる。さらに、この二つの空間の外縁を「堀幅五間」の堀が囲繞している。

北側の「二番城」には、西辺に「土居」が細長く記され、明確な土塁があった。隣接して「番屋」の建物が描かれ、南西の堀の接続部分には「新井也、山番人此水ヲ用」とあるごとく、調査当時も「番人」が生活する場面がみられた。東の段丘の縁には「来光院趾」「山寺」などの表記がある。北西には万代荘八幡宮（百舌鳥神社）、門構えと塀を強調した名主屋敷、陵（伝仁徳陵）が描写されている。なお、本図でも△などの記号が用いられ、曲輪の縁を丈量した様子がわかる。

本図と類似した図面が『もずの梅町のふるさと話』[13]の「城ノ山古墳」の図面として掲載されている。ほぼ同じ構図であり、こちらには図面左下に浅野秀肥の署名と印が見える。いずれが底本になったかは不明だが、本図では万代荘八幡宮を写実的に描くのに対して、類似図面は記号的に表記する。また、西の平坦地を「平城」と記すなど、一部本図に掲載されていない注記がある。

周囲の景観の変化が著しいため、西村城跡の位置は、研究者によっても評価が分かれていた。地籍図（大阪府地方法務局堺支所所蔵、明治二十一年）によると、遺構主要部にあたる百舌鳥西村北側の山林に小字「城ノ山」が残っていた（図24、146頁）。土地台帳の照合による地名の検証では、「城ノ山」東側の敷地に小字「東光寺」「山寺」などの地名が看取できた。敷地内部の堀跡の地割は看取できないが、堀に見立てた、細かい谷は地割からもうかがえる。したがって、城跡は現在の堺市百舌鳥西町の丘陵先端に残存したとみるべきである。なお、これらの地形は昭和十四年（一九三九）の『堺市制施行五十年誌』付図（堺市中央図書館所蔵）や昭和二十三年（一九四八）米軍撮影航空写真（国土地理院所蔵、USA-M18-1-37）などでも看取できる。昭和三十年後半頃から周辺の開発が進展し、現況は残存していない。その意味でも遺構を記した本図は貴重な情報を伝えている。特に段丘上を縦横に堀を築き、人工的に段丘から画定している点は、大規模な普請を想定させる。

(3) 大鳥郡陶器荘北村古塁之図（図3、124頁）

これは『大系』などで、陶器城跡と呼ばれている遺構である。図によれば、やや狭い「本丸跡」を中核に、南東と北西に長方形の区画が接続する。ともに「土居」と「堀田」が囲繞しており、外部の区画を明確にしている。中心に正方形を呈した「本丸跡」が記され「宇賀御魂明神」が祭られている。作図段階から本丸は「荒境」と推定されている。南東の曲輪は土塁の内側に「武者走」がめぐり、全域が「出升形」と呼ばれていたと記す。作図当時、北西の曲輪には「村長　村田満兵衛宅」のほか

「民家六軒」が林立していた。各々の長方形の曲輪の間には、比高差がほとんど見られないが、前述の高地にあたる「本丸跡」に遮られて、分離されている。一般的な城郭の平面構造からすれば異例の形態である。なお、この城跡図では△などの記号を用いて、実測地点を明確に示そうとしている。

いわゆる「本丸跡」は、独立した高地として現在も残存している。本遺構は、昭和六十三年度（一九八八）、平成四年度（一九九二）に立会調査が行われ、面積は小規模ながらも、南東隅の堀などが検出された。(14) その上で、本図に描写された構造との比較検討がなされ、現段階では図の情報の確かさが首肯されつつある。今後は、遺物等による時期の推定が求められる。

(4) 大鳥郡綾井荘城跡山専称寺之図（図4、125頁）

一般に綾井城跡と呼称されている高石市の城館跡である。延文五年（正平十五年〈五・一三六〇〉）に足利幕府方の田代顕綱が綾井城を警備した。その後綾井氏の城となったが、十六世紀中葉に守護代松浦氏のもと、沼間氏が入った。文禄二年（一五九三）に助松（泉大津市）の専称寺が当城跡に移転し現在に至っている。(15) 昭和六十二年（一九八七）に発掘調査が実施され、掘立柱建物、井戸、西縁の土塁痕が検出された。十三〜十六世紀の遺物が出土するが、うち盛期は十五〜十六世紀前半で、備前ならびに瓦質の擂鉢、青磁・白磁・染付の碗などが確認された。(16)

本図面は、基本的に寺院の現況図であり、内部に本堂や鐘撞堂、南東・南西に門が描かれている。ただし、周囲には幅三間の水堀が見られ、明らかに防御施設である。南東辺の外壁には石垣が描かれ、現存する水堀が付随する。西縁には、土塁が描写されており、発掘調査の成果と合致している。北西に長方形の出っ張りが見られ、方形区画の外側にも敷地が広がっていた可能性がある。

(5)大鳥郡半陀郷家原城（図5、126頁）

一般に家原城跡と称する遺構である。家原寺村（現、堺市）の西に位置し、段丘の先端に設けられている。本図でも南の石津川に接する段丘の様子が描写されている。中心部に楕円形の「本丸」があり、内壁に「土居」が見られる。また本丸東に「此間出張」とあり、突起部＝横矢があった可能性がある。また敷地内には「山番小屋」があり、描写当時も何らかの管理がなされていた。この本丸から尾根上の南東に小曲輪が見られる。同じく南西側には「此丸本城ゟ二間許」低い曲輪がある。これは高低差の表記から段丘の外に位置するものと思われるが、南東の小曲輪とともに周囲に堀を巡らせており、虎口空間（馬出）と想定できる。ただし、本図には「馬出」などの軍学用語による表記は見られない。

今回取り上げる城跡のなかでは、虎口空間や横矢といった規格性のある防御施設が看取でき、構造的な機能分化がもっともよく読み取れる遺構である。残念ながら地籍図（大阪府地方法務局堺支所所蔵）や現存する測量図では、小曲輪などの明確な輪郭は追求できない。ただ、昭和二十三年（一九四八）米軍航空写真（国土地理院所蔵、USA–M18–1–4）によると、少なくとも堀などの輪郭は看取できる。これによれば、昭和三十五年頃、開発が進み、遺構は全壊した模様である。なお、破壊前に撮影された遠望写真が残されている[17]。現段階で平面構造のなかに位置づけることはできないが、台地を遮断する堀の存在は充分看取できる。今後、さらに写真等の資料の読解が必要であるが、基本的に本図面は現況に即して描写しており、情報として首肯し得ると思われる。

こうした突出した遺構状況と関連するように、本遺構は戦国期の合戦の舞台として、史料上多く現れる。以下、本図の注記とも関連するので考察したい。

十六世紀初頭、細川政元の暗殺を契機に、細川京兆家は澄元方と高国方に分裂した。一時、阿波に後退した澄元方は、永正八年（一五一一）に畿内に上陸し、各地で高国方と戦闘を続けた。その当時のものと推定される森本新五郎宛の七月二十四日付「細川高国感状」（『北河原氏家蔵文書』）には「於泉州家原口、合戦之時」に森本新左衛門、新次郎の討死が記され、激しい合戦であったことが推定される。

次に、家原城は十六世紀中葉の松永久秀と三好三人衆との対立の舞台となった。本図の記述とも関連するので、以下引用も交えてみたい。

永禄八年（一五六五）五月、一三代将軍義輝を殺害した松永久秀と三好三人衆は、同年十一月には両者の対立が決定的となった。三人衆は飯盛城へ入って三好長慶の後継義継と結んだ。これに対して畠山高政、泉州衆、根来寺衆は翌九年二月に「相談」し、「多門（聞）城と一味して」松永久秀方についた（『細川両家記』）。彼らは堺南北荘と遠里小野（大阪市）に陣取ったが、一方で「根来衆出家原城相構之云々」とあるように（『永禄九年記』二月六日）、堺の南東に位置する家原城にも詰めていた。

こうした堺周辺に軍勢を集めたことに対して、三好三人衆方も高屋城（羽曳野市）より軍勢を発した。『細川両家記』には、以下のようにある。

〈史料2〉『細川両家記』永禄九年二月十七日

「三好方高屋城より左京大夫殿始て、御同名衆其外諸勢壹万三千斗打出、堺際へ押よせられければ、高政、安見、堺より打出、泉州衆は家原より取出、上芝と云所にて合戦有、何れの口々も畠山方負て、三好方打取首数三百六と注文有、然ば畠山殿も安見美作守も境《（堺）》中へ忍入なり」

この二点の記録から、堺と家原の中間にある上芝周辺で戦闘が展開し、結果的に松永方に与同した畠山高政、泉州衆、根来寺衆は敗北したことがわかる。畠山方は出撃した堺に後退した。

この合戦の影響によって、敗れた畠山高政は松永方を離脱し、六月末から七月にかけて三好三人衆と和平交渉を行ったと推定されている。家原合戦で利を失った泉州衆の松浦氏や根来衆も、これの和平の傘下に入ることを意識していた。当時三人衆は将軍義栄も擁立しており、一時的に畿内全域をめぐる覇権を握ったことになる。[18]

しかし、当主三好義継が永禄十年二月、松永方に走ったため、抗争が再開された。翌十一年九月織田信長が足利義昭を奉じて入洛した際、いったん三人衆方は阿波に後退したが、十二月には再び畿内へ入った。同月二十八日、三人衆は松永方によって入れ置かれた池田丹後守、寺町氏百余人が詰める家原城を攻撃した。

〈史料3〉『多聞院日記』永禄十二年正月五日条

「去廿八日歟、泉州江（家）原ノ城松永ヨリ池田丹後・寺町以下百余入置之処、三人衆ヨリセメ、八十余討死落居了、則池田丹後・寺町死了、寄衆ニモ十川ノ嶋介・松浦・篠原玄蕃討死了ト云々」

この戦いで松永方が敗れたが、三人衆方の十河、松浦、篠原氏も討死したという。一方『細川両家記』では三好義継の「人数」として「城主寺町左衛門大夫、雀部治兵衛尉」の名前をあげる。

〈史料4〉『細川両家記』永禄十一年十二月二十八日

「同年十二月廿八日に諸勢催出張也、先々爰に和泉の家原と云城に、三好左京大夫殿の人数楯籠条、軍の首途に此城を可攻とて則取巻、其日の晩に責落シ百計首討取と云、城主寺町左衛門大夫、雀部治兵衛尉両人は腹切て此城落居候也」

さらに『足利季世記』では「三好義次（継）ノ内衆寺町左近大夫、雀部治兵衛カ籠リシ和泉国家原城」とする。ちなみに本図の注記にある維持主体の表記は、この『細川両家記』『足利季世記』と一致する。城の合戦では「寺町・雀部両人切テ出テ爰ヲ最後ト防戦ヒケレトモ多勢ニ無勢ナレハ無力百余人死シテ寺町モ雀部モ城へ入テ腹切テ城ニ火ヲカケケレハ、三好三人衆ハ首途ヨシト悦ヒ、則堺へ打入テ勢ソロヘシテ其勢一万余人」とする。さらに『享禄以来年代記』では、翌十二年正月二日「家原城」は落とされ「城主寺町左近己下十六人生害」と記した。

この家原城合戦は、東国にも伝えられ「諸牢人出張候而、泉州之内家原之地、三好左京兆《(義継)》拘候ヲ主衆責崩、正月四日京表へ相働、公方様御座所六条へ責入候」と報じられた（『上杉文書』「三木良頼書状」二月十七日付、上杉輝虎宛）。この家原落城が永禄十一年の十二月二十八日か、翌年正月二日か、意見が分かれるが、勝利した三人衆の軍勢が、数日後に六条本国寺の将軍義昭を襲撃したことになる。

このように、家原城周辺は永禄九年と十一〜十二年に松永久秀、畠山高政、三好三人衆らの攻防が繰り広げられた場所である。また、これらの戦いで敵対する両軍のうち、片方は堺を基地としていた。そのため、軍勢が堺を確保する際、重要な軍事的拠点になったことが理解できよう。

一般に家原城跡にあるような虎口空間の発達は、畿内近国では天正四年（一五七六）まで下るとされている。(19) 永禄十一年段階において松永方が築造したとすれば、畿内における虎口技術の到達点の議論に一石を投ずる遺構となるだろう。

こうした虎口空間の形成を可能にしたのが、段丘の縁辺部をめぐる水堀の発達と、南、西にある最外縁部の土塁である。こうした段丘を囲繞する堀と土塁は松永久秀の多聞城跡（奈良市）にも見られ、当該期の城の発展を考える材料になるだろう。

(6) 大鳥郡深井郷深井塁跡（図6、127頁）

扇形に区画された水田が周囲をめぐるなか、台形状の区画が城跡として認定されている。この部分は青く塗ってあり、水があることを強調している。城跡には「土居高サ」とあるが、図面を見る限り、塁線が看取できず、切岸壁面の高さを示しているものと思われる。対岸に接続して、城尾山観音寺が描写されている。なお現段階では方角が不明である。

以上、『和泉国大鳥郡城跡図』の城図面六点を紹介してきた。基本的にすべて台地、あるいは平地の城館であり、真上から見た平面図で作成されている。描写、色彩の使い方も、ほぼ統一されており、索引にもあったごとく文政元～一年（一八一八～一九）頃、一体的に作成されたものであろう。

B　和泉国南日根郡城跡図

『和泉国大鳥郡城跡図』には索引が記されていたが、本図には付されていない。以下、順に城跡図を紹介する。

(1) 南郡山直郷稲葉塁址（図7、128頁）

岸和田市稲葉町字上ノ垣外にある城跡である。牛滝川と支流の合流地点に位置する。『大阪府全志』には「稲葉弥治郎の拠りし所なり」とあり、天正八年（一五八〇）八月、弥治郎が本願寺方についたため、信長の紀州攻めの際、落とされたという。『史蹟』には三好長慶の部将十河一存の「七月八日付感状」を引用し「於山直郷内稲葉合戦」について、福田九郎左衛門尉の忠節を賞したことを示す（史料名不明）。

本図には方角を記さないが、上が北である。城は、おおまかに三つの空間で構成されている。「本丸」は河岸段丘の先端にあり、円形を呈する。東側に「隍」からのルートが記されている。北縁の河川については「川瀬変リ山根ヲ廻ル故ニ本城形ヲ損フト云」と記し、河川の浸食による地形の変化が想定されている。

東側に「天満宮」の平坦地がみられるが、これは現在菅原神社と称され、稲葉城主が勧請したと伝えられる。東端にある二つの「寺」が並んだ方形状の空間がある。北、東は石垣で補強した崖であり、西側は空堀、南側は水堀と区別している。西側には「六間余」の土橋が見える。

この城は、段丘先端の地形を活かし、深い堀で遮断する構造をとる。その意味で前述した堺市の西村城跡と類似した立地を持つ。

(2) 泉南郡山直郷摩湯墓地（図8、129頁）

岸和田市摩湯町にある前方後円墳、摩湯山古墳のことである。本図の注記には、『和泉記』の記載として延暦十四年（七九五）十二月に淡路国に流された不破内親王が和泉に移された地としている。しかし、一方で「俗呼曰城跡」として、本図集に掲載され、前近代でも城跡と意識されていたことがわかる。ただし、本図では、あくまでも「追而可考」とあるとして、城跡と断定しない姿勢を維持し、表題も「摩湯墓地」としている。

図面では主要部が記され、堀を巡る前方後円墳の景観が描写されている。段丘が左手の方向（南東）へ続き、低地に挟まれた尾根上に三つの削平地を描く。「墓山少高シ悉皆畑広シトイヘトモ間数不量」とあるように、城跡の評価に慎重な姿勢を取っている。このことから、調査者の目的は、あくまでも城跡調査であり、墓地（古墳）の調査は関心外であったことを示す。

(3)南郡八木郷今木塁跡（図9、130頁）

岸和田市今木村の城跡である。方角表記がないが、図の上が南西にあたる。

西大路村、東大路村、大町村、今木村の四村の間に方形の区画が描写されている。区画は「俗呼曰古城」とあり、三方に水堀が廻っている。水堀の内縁にも細い緑色の枠が見えるが、これは堀の岸と考えられる。

東大路村から大町村へ向かう直線状に描かれた道があり、堀の外縁と接している。本図から、平地の方形館跡が想定できるが、大町村と東大路村の中間に位置しており、当時の集落域とは隣接していない様子がわかる。

(4)南郡加守郷岸和田古城図（図10、131頁）

本図の蓋然性とおおまかな構造については、すでに仁木宏が詳細に紹介しているため[20]、ここでは、本図における遺構的特徴に限って考察する。まず、本図の名称は「岸和田古城図」であるが、この名称は、やはり近世岸和田城跡の前身的存在として、少なくとも近世後期は意識されていたことを示す。

西側には朱線を引き、水路、小河川を塞き止めて「城ノ堀ト成リ要害ト成ベシ」と表記する。また、曲輪跡ごとの段差の高さなどを記している点も特徴となる。

本図には作成注記もあり、元禄七年（一六九四）の古図を、文政九年（一八二六）に浅野秀肥が筆写したとある。別図を参考にしたという注記は、本図のみである。

(5)泉州南郡加守郷土生今城古跡図（図11、132頁）

岸和田市土生にある城跡で、小栗街道と津田川のクロス地点の北に立地する。方角表記はないが、上が北東である。『史蹟』では「今城」の地名が残っていたという。秀吉による根来攻めの際「小栗街道を扼する為」築かれたと伝える。

本図の「小栗街道」の脇にみえる長方形の区画が城跡である。朱線を引き、長さを「凡一町」と記す。津田川の存在から河岸段丘の縁辺に立地していたものと考えられる。ただ、段丘と城域の間には区画はあるものの、堀らしいものが描写されていない。したがって城域の画定という点は弱い。もっとも段丘縁辺には水堀が巡らされている。堀の東端は一部水田化されていた。

本城跡は小栗街道沿いに築かれた点に特徴がある。また、城館に隣接して集落は見られない。

(6)南郡阿間河荘鎗谷塁址（図12、133頁）

岸和田市流木にあり「城ノ下」（ジョウノシタ）という小字名を残す。秀吉の根来攻めの際「清児の高井城の押へ」としたものと伝える（『史蹟』）。『大阪府全志』にも落合城（後述）と本城跡が「豊臣秀吉の築きて、根来寺の僧徒に備へたるものなり」と記す。

小丘陵上の「城山」に位置する。「城山」の北裾には細長い区画が続き、南側には方形状の「ニタ池」が見える。調査者は現地を訪れ、南西方向を眺望し「千斛（石）堀ノ城址」（千石堀城跡　貝塚市）ほかに、二つの城跡、清児村、名越村などを記している。南西方向を強く意識しているが、これはやはり秀吉の根来攻めを調査段階で意識した表記といえよう。

(7)南郡麻生荘三箇山城跡（図13、134頁）

貝塚市にある城跡で、築城主体は日瀧殿としている。「山崩多ク形ヲ損スル所アリ、今地形ヲ輔ヒ」描写したと記す。これらは、本図のうち規格性をもって描いた山頂の中枢部のことを指すと思われる。実際、この箇所のみ曲輪が俯瞰的に描写されている。一般に地表面観察によって曲輪の輪郭を作図する場合、土砂移動や崩落を充分認識した上で、一定の復元的考察をせざるを得ない。本図では、これをわざわざ注記している点に意義があり、抑制的に遺構を捉えようとする姿勢が見える。

この主郭の脇には「虎口」が表記されている。また、中枢部の南東には「松樹茂密」とあり、植生の情報が表記されている。

(8)南郡麻生荘三箇山塁（図14、135頁）

三箇山塁の図面で、前出の三箇山城跡とは別個の遺構と思われる。T字状の形を呈している。最高所の山頂は円形をしている。南西の斜面に「松樹」が繁茂し、麓には三箇山村が広がる。

⑼南郡木嶋郷清児村高井城跡図（図15、136頁）
『史蹟』によれば「高井天神」と称された境内にあり、秀吉の根来攻めの「紀州根来寺の防禦陣地」の一つだったという。
本図では、水間川と「往還」の間に描かれた楕円形の空間が城跡として認識されている。ただし、楕円形の空間には灯籠や建物が描かれ、高井天神が祭られている。そのため、堀や土塁などの表記は見られない。名越村と清児村の中間に立地し、近隣に字「城ノ前」を表記する。

⑽高井堡（図16、137頁）
前図の「南郡木嶋郷清児村高井城跡図」のうち城跡部分のみを拡大したものである。ただし、描写方法や絵柄のタッチは相違し、左下に秀肥の印が押されている。絵柄のタッチは、後述する⑿「蛇谷城跡」図と酷似している。
やはり、楕円形の区画に鳥居、灯籠、本殿建物などが描かれ、高井天神社と想定される。敷地内の東西南北の長さは欄外にも記され、注記のあり方も相違する。なお、欄外に「在清児村根来寺僧徒所築」とあり、やはり天正十三年（一五八五）の秀吉による根来寺攻めが意識されている。

⑾南郡五箇荘木積蛇谷城趾（図17、138頁）
貝塚市木積に位置する。『史蹟』には三好長慶方の南侵を食い止めるため、根来方が「松浦孫五郎」に築かせたという。

本図の注記によれば、戦国期和泉国で勢力を振るった松浦氏の城跡とある。山頂部に楕円形を中央で二分した曲輪の形状を呈する。西側の段には「長二十間幅五間」とあり、東側には「腰曲輪幅二間」と表記する。曲輪が南の尾根上に連続して配置されており、すべて幅を記す。曲輪の注記には「小屋跡有リト云伝」とあり、建物が意識されている。また、曲輪間の尾根上も実測している。南と西の山麓に葛籠折の道が続き、西麓には道祖神がみえる。ちなみに注記には「松柏繁」とあり、植生の情報も意識されている。

⑿蛇谷城跡（図18、139頁）

前図⑾と同じ蛇谷城跡の図面である。⑾「南郡五箇荘木積蛇谷城趾」で「別帋有之」とあるのは、本図のことであろうか。曲輪や山麓など、図示された情報は、ほぼ前図と一致するが、比較すると曲輪との接続部分の境界が明確でないこと、やや俯瞰の度合が高いことなどが指摘できる。

本図には「秀肥図」として、彼の朱印が押されている。図柄や描写のタッチは、やはり秀肥の印が押された⑽「高井堡」の図面と合致する。また右上の注記にも赤く塗った三角形の下に題名の城跡名を掲載することも共通点である。前述したように⑽「高井堡」図も、⑿「蛇谷城跡」図も、各々が⑼「南郡木嶋郷清児村高井城跡図」、⑾「南郡五箇荘木積蛇谷城趾」と構図は相違するものの、注記内容はほぼ同じである。基本的に本図集は、すべて秀肥が作成したものとされるが、秀肥の印の有無が何に起因するか、ここでは明確にできない。

⒀南郡五箇荘河合城山（図19、140頁）

岸和田市にある城跡である。『史蹟』では河合集落の南方の高地上とし「城山」（シロヤマ）と呼んだという。『史蹟』が編纂された「四十年許前之を開墾して、柑橘栽培地となしたる時、馬具、其の他の埋蔵物現はれたり」という。地元の河合氏の城と伝える。

やはり山城を現地踏査した図面で、東方面から鳥瞰的に描写する。山頂の中枢部は「下ノ丸」と「上丸」に分かれている。「下ノ丸」の内部に井戸の痕跡を指摘しているが「定メカタシ」と慎重である。北側に隣接して「腰曲輪」がある。ほかに北の中腹には「番所屋敷」などが表記されている。曲輪の段差を示すことも本図の特徴で、「段滑也」などと記載する。一方「上丸」の背後の尾根にも曲輪が続いているが、途中で「堀切」の表示と描写が見える。一般に遺構としての堀切は、山城においては普遍的に見られるが、本絵図集では唯一の表記である。

なお、北麓の集落には船戸集落や「木積道」などの描写があり、背後の「熊鷹城山」は「松樹茂密」と表記する。また、山城の真下まで、谷田の開発が進んでいたことがわかる。

⒁樫井村城蹟（図20、141頁）

樫井城は泉佐野市の樫井川下流に位置する。『大阪府全志』によれば「（樫井）部落の中央にありて、広さ参反歩ばかり、水田となれるも四囲に堀の址存す」とある。なお『大阪府全志』では籾井城跡、本山城跡があったとしているが、本図には見えない。一方『史蹟』では、籾井から樫井への転訛と断定し、一致性を意識する。十六世紀初頭には機能していたらしく、文亀二年（一五〇二）九月、日根荘が戦場になった際「櫟《（樫）》之井館」から逃げ出した「妻女」が根来寺衆の足軽に補えられている（『政基公旅引付』九月一日条）。

方角表記がないが、上が北西である。図によれば「往還」（紀州街道）に接して方形区画が描写されている。周囲には水堀が巡っており、その内縁には低い崖面と竹藪が回る。本図では区画内部にも建物が複数記されており、調査当時から敷地の一部が集落化されていたことがわかる。

この地は元和元年（慶長二十年〈一六一五〉）大坂夏の陣の際、樫井合戦の場所である。豊臣方だった塙団右衛門直政、淡輪六郎兵衛重政が当地で討死した。本図の「往還」沿いに、塙団右衛門の五輪塔、淡輪六郎兵衛の宝篋印塔が描かれ、両者の間に城跡が残っていた。

宝暦八年（一七五八）作成の「樫井村絵図」[21]（関西大学図書館所蔵）によれば、樫井村は紀州街道沿いの一本街村状の集落であった。本図の城跡の比定地周辺は、街道が若干屈曲する地点で、「樫井村絵図」には「ほりはた耕地」の地名が記されている。

⒂元和元年四月浅野長晟屯此逆撃塙直之・淡輪重政敗之俗呼曰城山（図21、142頁）

これは、大坂夏の陣時において、浅野長晟が豊臣方の塙直之らを樫井合戦で破った際、駐屯した場所とされている。本図は彩色が施されておらず、他図面との相違が際立つ。ただし、輪郭や斜面部分のタッチは他図面と酷似し、おそらく製作途上の図面と思われる。

泉南市信達大苗代にあった独立丘陵のことを指し、樫井城跡から樫井川を挟んで南西一・五キロメートルの場所に立地する。ただし、現在は破壊されて残存しない。

調査当時「城山」と呼ぶ独立丘陵になっており、山頂に「稲荷」が鎮座し、鳥居や手水鉢が描写されている。南北に平坦地が続き、縦、横が略測される。浅野長晟軍が駐屯したことから、一過性の陣城の可能性がある。ただ本図で見る限り、土塁や堀がみられず、規格性は乏しかったと判断したい。

南側に大苗代村、北側に樫井川が描写されている。実際には大苗代村のあたりを紀州街道が通過しているが、本図には表記がない。一方で丘陵の北西麓に「東の王子」の表記があり、樫井川の段丘から道が南下している。「王子」という表記から熊野参拝路を意識した痕跡の可能性がある。樫井川を挟んだ北の延長には紀州街道と接続しており、その旧道を意識したものかもしれない。

ちなみに、江戸時代中期に描かれた「樫井合戦絵図」(上田流和風堂所蔵)には、その陣跡を記しているが、浅野本隊は信達町周辺に布陣し、本図に描写された西の山手に陣取った様子は見られない。[22]

以上、『和泉国南日根郡城跡図』を紹介してきたが、前述の『和泉国大鳥郡城跡図』と比較すると、本図集では、⑺、⑾、⑿、⒀の山城が、一定の方角から鳥瞰的に描写されている。また、秀肥の印を記した⑽の「高井堡」と⑿の「蛇谷城跡」が、他図面と描写の相違が際立っている。この二点については、右上の題名部分の上に赤色の三角形の印が示されていること、地名などの注記に赤色の○点が記されていることが共通する。ともに別図(9)と(11)に書き直されており、作成過程のなかの図面であると思われる。

C　南郡麻生荘根福寺城跡（掛軸）（図22、143頁）

次に軸装されている根福寺城跡図を見る。本城は貝塚市秬谷にある山城遺構で、南北三八〇メートル、東西五二〇メートルに及び、和泉国でも最大級である。東西二つの峰に、数多くの曲輪が占地しているが一九八〇年代中葉に南西斜面に深さ三～四メートルの巨大な畝状空堀群が確認され注目された(22)。城の沿革は不明だが、三好長慶方に対して根来方が「根福寺を取り立てて、伝法院の末寺となし、木嶋衆に命じて、之を守らしめ」たという（『史蹟』）。

さて、本図でも「俗呼曰東丸」「俗曰西丸」と、東西の峰を中心に構成されていることがわかる。尾根上の曲輪は縦と横を実測し、東側では曲輪間の距離も朱線を補って記す。

また、東西の尾根の間にある鞍部には「此石壁土門址ナルベシ」「櫓台成ルベシ」などの表記があり、遺構面からも重要な場所であったことが認識されている。現在の地表面観察でも、鞍部に虎口状の遺構が確認でき（図25a）、この箇所が曲輪群に通じる重要な関門であったことが推定される。

概要図（図25、147頁）と比較すると、谷部分の曲輪は省略されているが、尾根上は大体城郭遺構として評価されている。前述したように、東西の頂に大別される様相も、ほぼ現況と合致している。本図は、やはり現地踏査の成果を反映しているといってよいだろう。

ただ、全体として堀の描写が少ない。特に南西斜面の畝状空堀群（図25ｂ）は坂道の表記となり、遺構として意識されていない。畝状空堀群は、一九八〇年代に研究用語として定着したが、近世期でも山麓に連続する竪堀の存在は意識され、『浅野文庫諸国古城之図』の播磨国長福寺城跡図には縦に連続する「ホリ」が詳細に図示されている。当時の調査者は遺構として評価しなかったことになるだろう。

D　南郡阿間荘落合城趾（掛軸）（図23、144—145頁）

岸和田市流木町にある城跡。「落合城の址は今の城山是れなり。城は鎗屋《(谷)》城と共に豊臣秀吉の築きて、根来寺の僧徒に備へたるものなり」（『大阪府全志』）と記述され、天正十三年（一五八五）の秀吉の根来攻めが意識されている。『史蹟』には「城山」（ジョウヤマ）の地名が残っていたと記す。

実際、本図にも「天正十三年伐根来僧徒」つための「太閤秀吉公陣営之跡也」とある。陣跡を意識して、中枢部の曲輪を「本営」と表記する。やはり「千斛《(石)》堀ヲ遥ニ臨」と記され、根来寺衆が籠城した千石堀城跡を意識している。また「本営」から西へ続く尾根線上に、細かく曲輪が配置され、城の平面構造としては、ややまとまりに欠けている。駐屯区域を広く配置したと評価するならば、陣城の一形態として注目されよう。また、南側の尾根や頂の曲輪は、鳥瞰的に描写しており、同一図面のなかに曲輪を平面図と鳥瞰図で併記している点も特徴である。

おわりに

本章では『和泉国城館跡絵図』を紹介し、その作図内容について考察してきた。最後に感想に近いが、若干の成果を五点、箇条書きでまとめておきたい。

第一に、本図は遺構状況をできるだけ克明に描写しており、近世後期の現地調査の成果を反映したものと認め得る。今回、現代の地形図、地籍図などから西村城跡を、概要図（縄張り図）から根福寺城跡を照合したが、これらから、おおむね現地調査に基づくことを確認した。現在の縄張り研究と比較すると、自明ながら、精度は落ちるものの、これは当時の遺構認識を知り得る貴重な成果といえる。

第二に、第一点とも関連するが、作成者浅野秀肥に、遺構を客観的に把握しようとする認識が芽生えている点である。一般に言われるように、近世期の古戦場や城跡における史跡顕彰は大名家や村の由緒と深い関係にあった(23)。特に城跡の場合、家の由緒や軍学の知識に引きずられ、遺構解釈が誇張される場合も見られた。これに対して本図では、河川による地形侵食の可能性（稲葉塁址）、城跡の判別を「追而可考」と保留（摩湯墓地＝摩湯山古墳）、崩落のため「地形ヲ輔ヒ」て復元的に考察（三箇山城跡）、井戸跡評価を「定メカタシ」と保留（河合城山）など、作図をめぐる条件や環境を逐一明示し、慎重に遺構を捉えようとしている。作成意図を示す添書や関連史料がないため、断定は困難だが、少なくとも現況図を客観的に書こうとする姿勢を強く意識していた。換言すれば、本図を批判的に活用することで、残存しない城館遺構の把握に資する可能性が強いといえよう。

第三に、本図は文政二、三年（一八一九、二〇）および九年に描写されているが、近世期城跡から当時の村落史にも充分資する。前述したように、本図は村落や田畑の景観を記号的に描いており、相対的に関心は低い。しかし、西村城跡や家原城跡には、番屋が描かれ、番人が居住していたことが確認できる。本章では、その存在形態を検討し得ていないが、当時城跡に、何らかの形で居住者が交代で詰めていた点は注目される。また、山城については松、笹など、具体的植生も記しており、当時の山林景観を示す意味でも重要である。

第四に、平地の城館跡の存在が見出せる点である。特に綾井城、今木塁、土生今城、樫井城などは、平地や段丘縁の単郭城館として注目される。これらは地域の幹線路に隣接して築かれているが、特に土生今城と樫井城は各々小栗街道、紀州街道に接して築かれており、流通路と城館の立地を考える上でも注目されよう。前述したように、和泉国人衆（たとえば「和泉三十六人之郷侍衆」）の拠点（城館跡）は不明であり、ここで取り上げたような単郭城館が該当するかの是非は、中間層の位置づけの意味でも重要と思われる。

第五に、本図中技巧的な平面構造として家原城が注目される。本遺構は現存していないが、本図によって、二つの虎口空間を配することが確認できる。基本的に畿内近国を含む西日本では上位の曲輪と堀で区画された虎口空間（馬出）はきわめて少なく、その位置づけは城郭史上重要な意味を持つ。やはり織豊権力下の改修も意識せざるを得ないが、現段階の文献史料からは永禄九〜一一年（一五六六〜六八）頃という三好三人衆・松永久秀抗争期を推定しておきたい。堺に隣接した軍事的拠点という点も含めて、改めて考察が求められる城跡である。

今回は地籍図や踏査との検証を試みていない城跡も数多く残している。今後の課題としたい。

注

（1）和泉周辺については、小山靖憲編『戦国期畿内の政治社会構造』（和泉書院、二〇〇六年）が最近の到達点を示す。

（2）仁木宏「室町・戦国時代の社会構造と守護所・城下町」、拙稿「戦国期畿内近国の都市と守護所」、（内堀信雄・鈴木正貴・仁木宏・三宅唯美編『守護所と戦国城下町』高志書院　二〇〇六年）。

（3）中西裕樹「戦国期における地域の城館と守護公権」（『新視点中世城郭研究論集』新人物往来社、二〇〇二年）。

（4）『堺市史続編　二』（堺市役所、一九七一年）には、本図に酷似した北村（陶器）城跡、家原城跡の図面が掲載されている。

（5）川村博志『国絵図』（吉川弘文館、一九九〇年）、白峰旬『近世城郭史の研究』（校倉書房、一九九八年）。

（6）矢守一彦編『浅野文庫諸国古城之図』（新人物往来社、一九八一年）、遠藤才文・川井啓介・鈴木正貴「尾張国古城絵図考」（『愛知県中世城館跡調査報告』Ⅰ、愛知県、一九九一年）。
(7) 拙稿「亀岡市域の中世城館研究について」（『亀岡市史編さんだより』七、一九九七年）。
(8) 『宮津市史　絵図編』（宮津市役所、二〇〇五年）。
(9) 馬部隆弘「偽文書からみる畿内国境地域史」（『史敏』二、史敏刊行会、二〇〇五年）。
(10) 山本卓「鬼洞文庫」『文学』二―三（岩波書店、二〇〇一年）。
(11) 『大阪府史蹟名勝天然記念物　四』（大阪府学務部、一九三一年）。
(12) 『日本城郭大系　十二』（新人物往来社、一九八〇年）。
(13) 辻要子編『もずの梅町のふるさと話』（百舌鳥梅町出版局、二〇〇五年）。なお、本図は『堺市・美原町合併記念秋季特別展示図録　百舌鳥古墳群と黒姫山古墳』（堺市博物館、二〇〇六年）にもカラー図版で掲載されている。
(14) 「陶器城跡」（『堺市文化財調査概要報告』一〇七、堺市埋蔵文化財センター、二〇〇五年）。
(15) 廣田浩治「綾井城」（『守護所・戦国城下町を考える』資料集弐、第一二回東海考古学フォーラム岐阜大会、二〇〇四年）。
(16) 『綾井城と専称寺』（高石市教育委員会、一九九二年）。
(17) 藤井太一『踞尾と家原』（私家版、一九八六年）。
(18) 馬部隆弘「永禄九年の畿内和平と信長の上洛」（『史敏』四、史敏刊行会、二〇〇七年）。
(19) 千田嘉博「織豊系城郭の構造」（『史林』七〇―二、史学研究会、一九八七年）。
(20) 仁木宏「岸和田古城の歴史的評価をめぐって」（『中・近世における都市空間の景観復原に関する学際的アプローチ』科学研究費補助金成果報告書、藤田裕嗣、二〇〇七年）。

(21)『新修泉佐野市史　一三』（泉佐野市史編さん委員会、一九九九年）。
(22) 前掲注（21）。
(23) 村田修三「根福寺城」『図説中世城郭事典　三』（新人物往来社、一九八六年）。
(24) 羽賀祥二『史蹟論』（名古屋大学出版会、一九九八年）。

付記

執筆にあたっては、左記の方々の協力を得た。末筆ながら感謝申し上げる。なお、本章は中西裕樹との共同調査の成果である。

遠藤啓輔　大澤研一　竹田芳則　山中吾朗　吉田豊　大阪歴史博物館

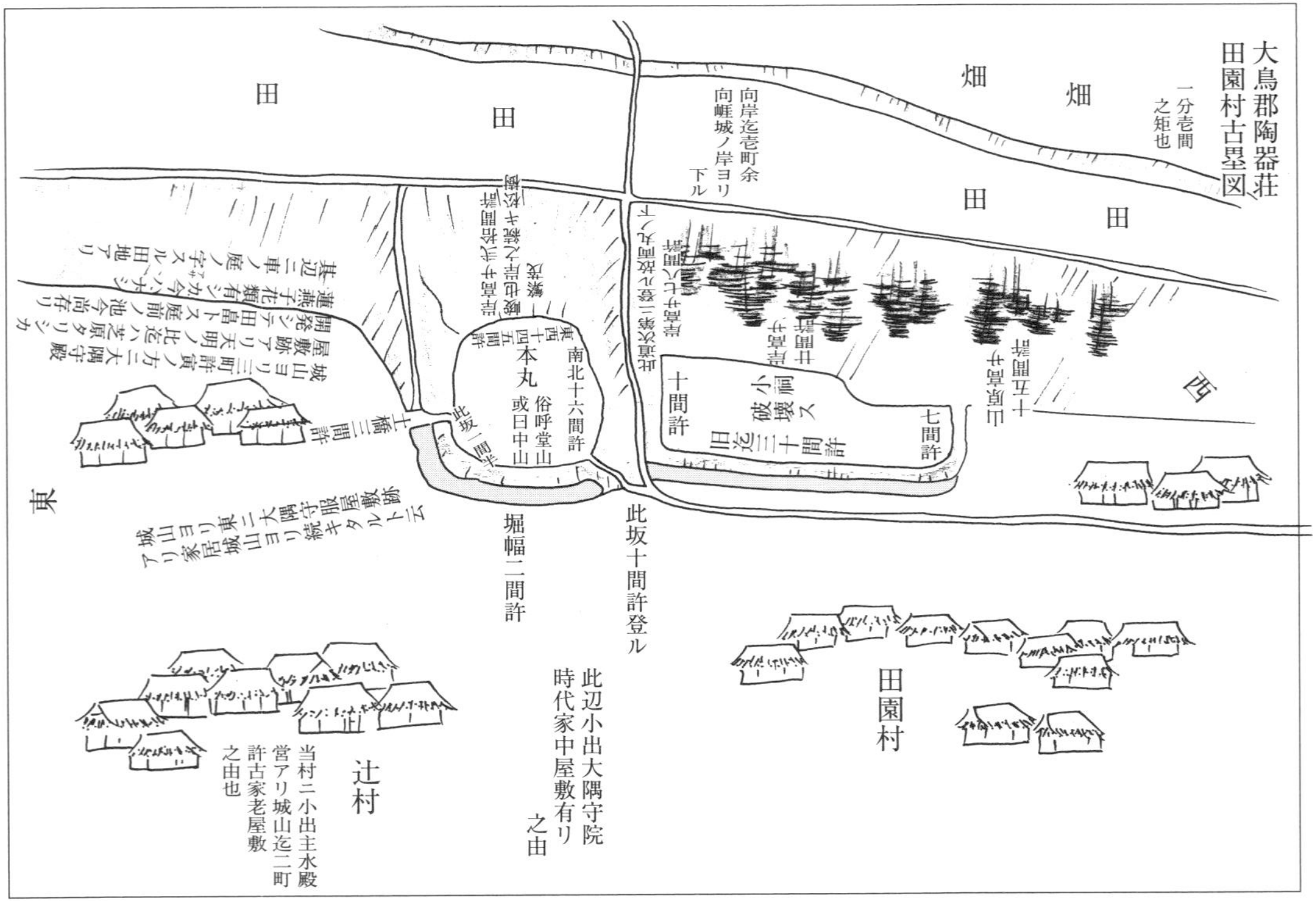

図1　大鳥郡陶器荘田園村古塁図

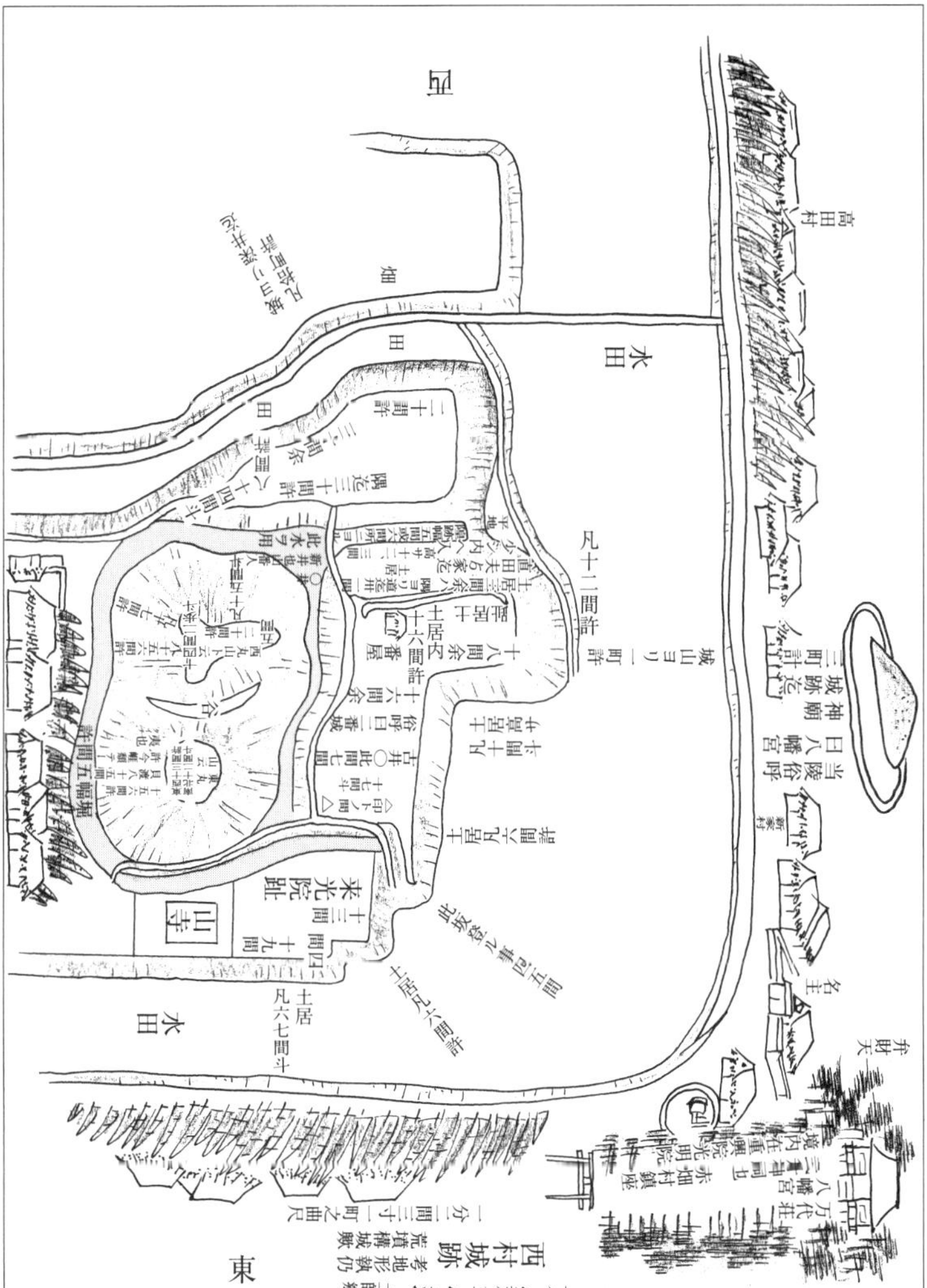

図2　大鳥郡毛受荘［旧名土師郷］西村城跡

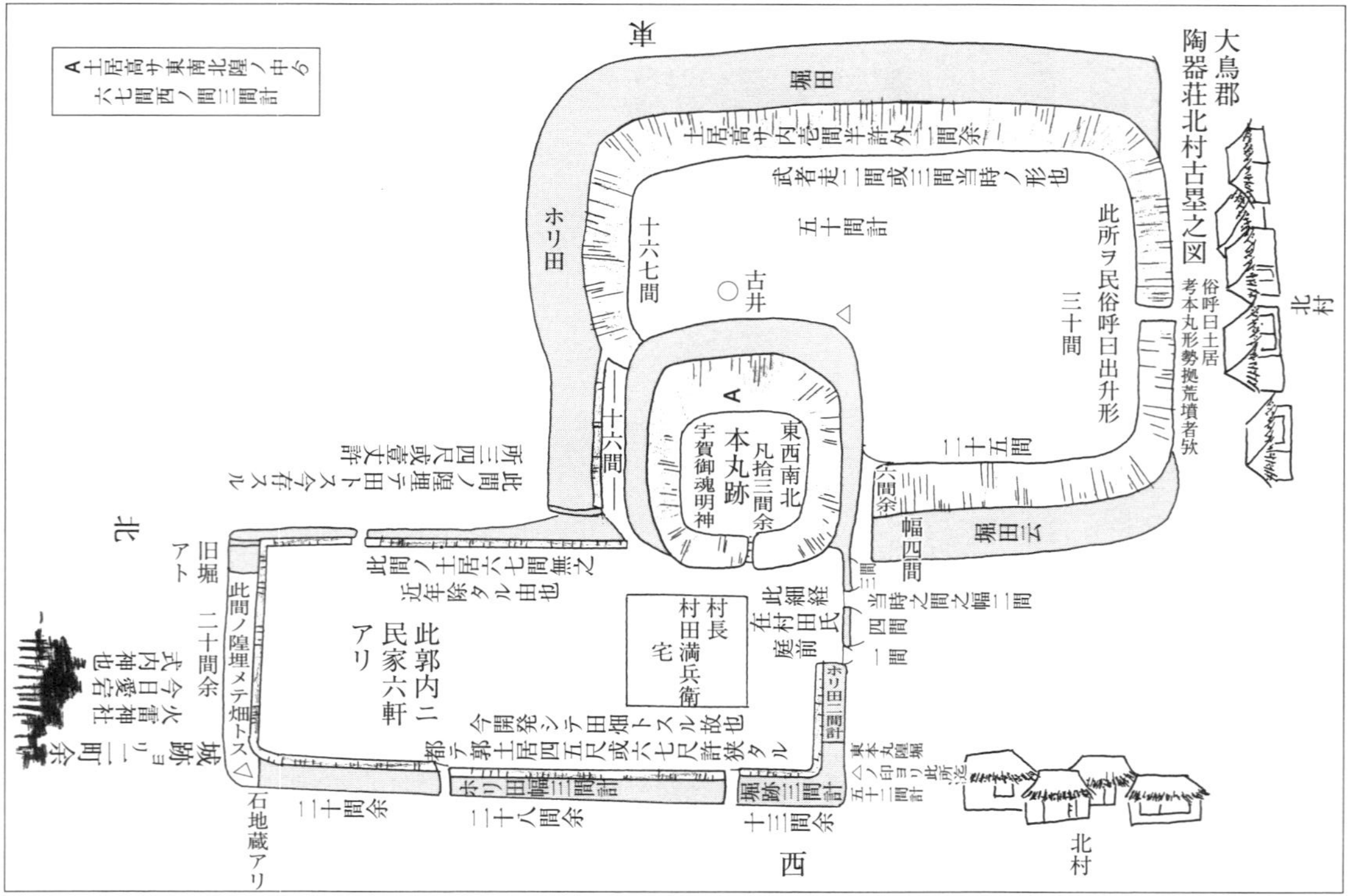

図３　大鳥郡陶器荘北村古塁之図

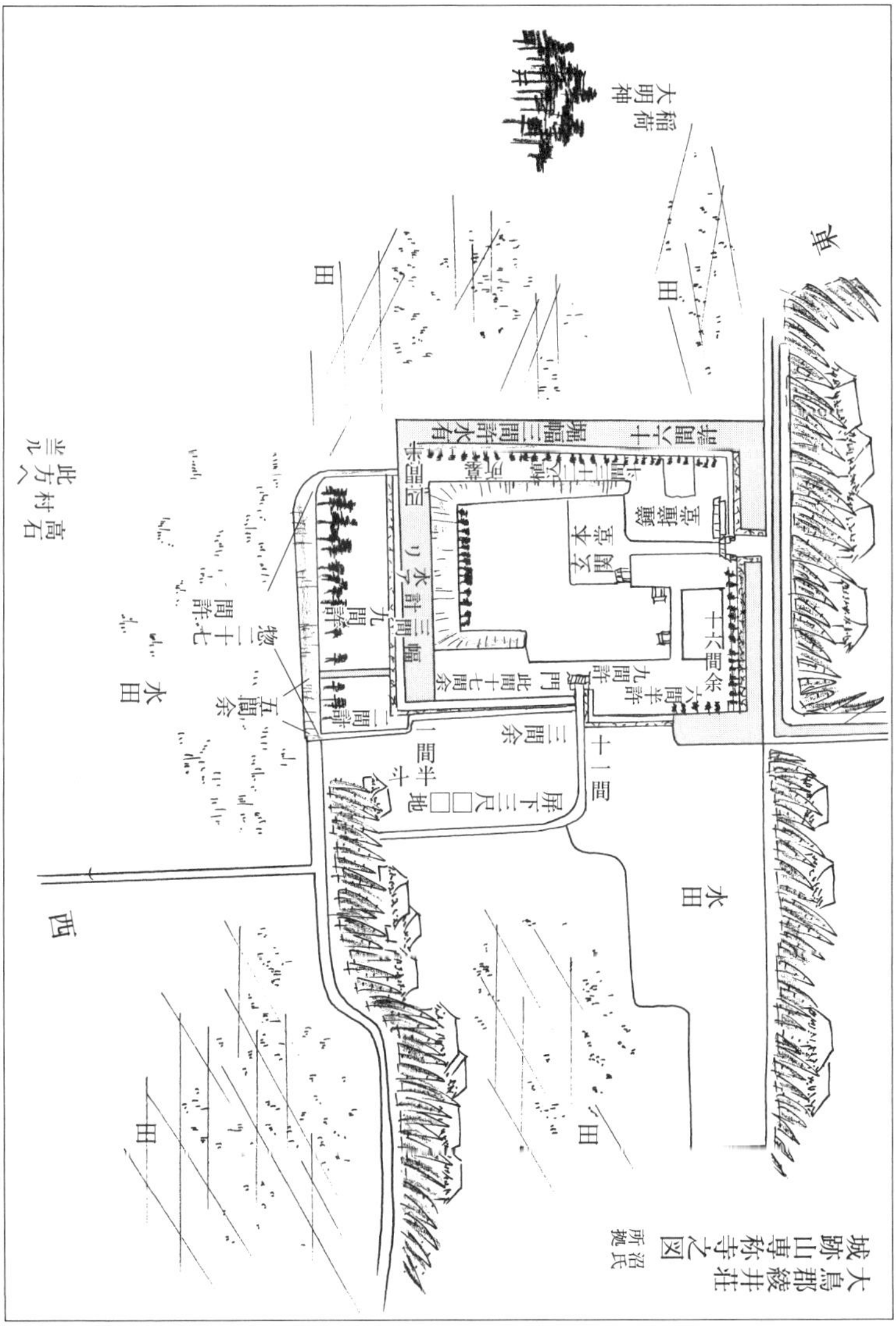

図4　大鳥郡綾井荘城跡山専称寺之図

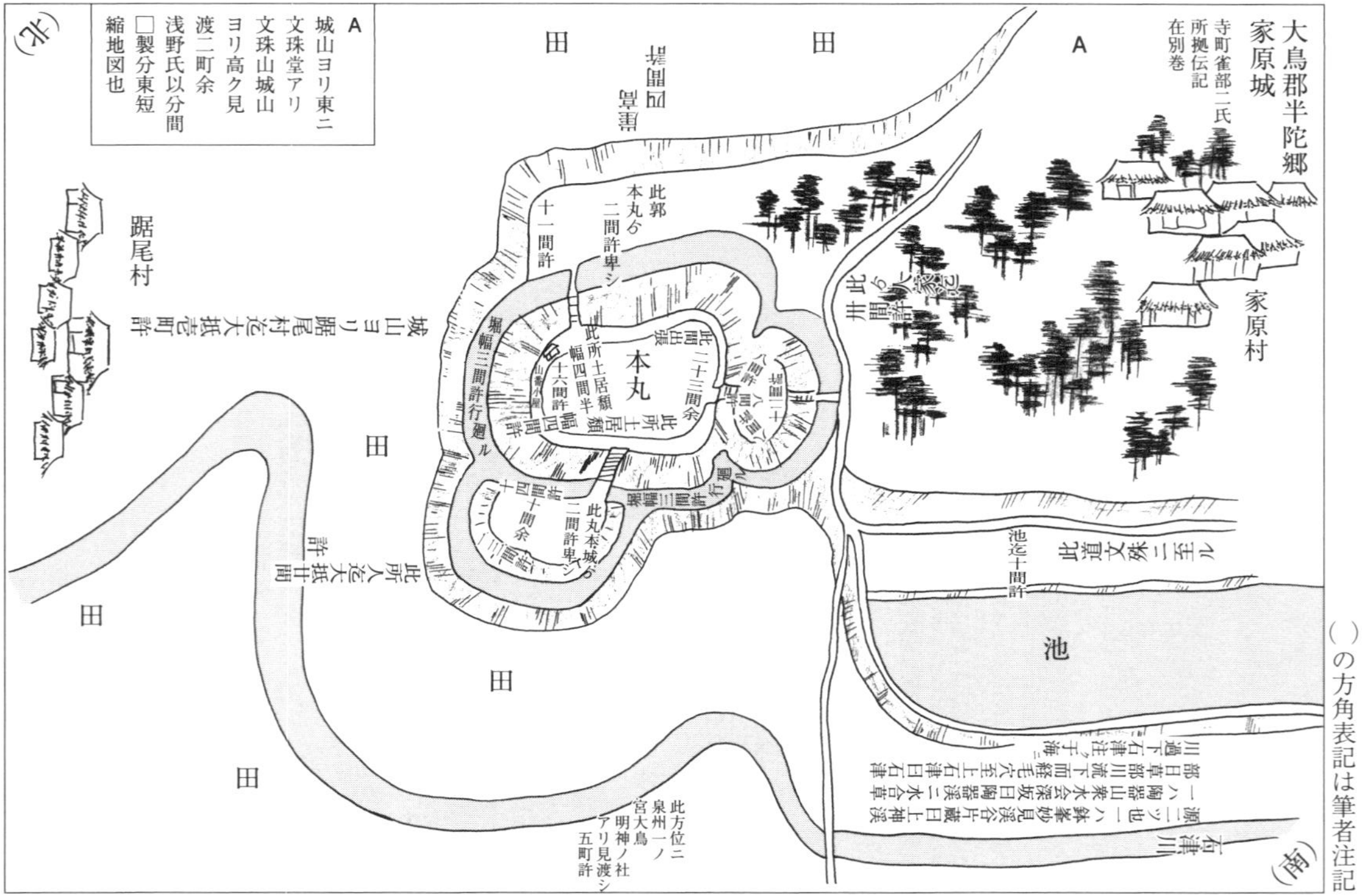

図5　大鳥郡半陀郷家原城

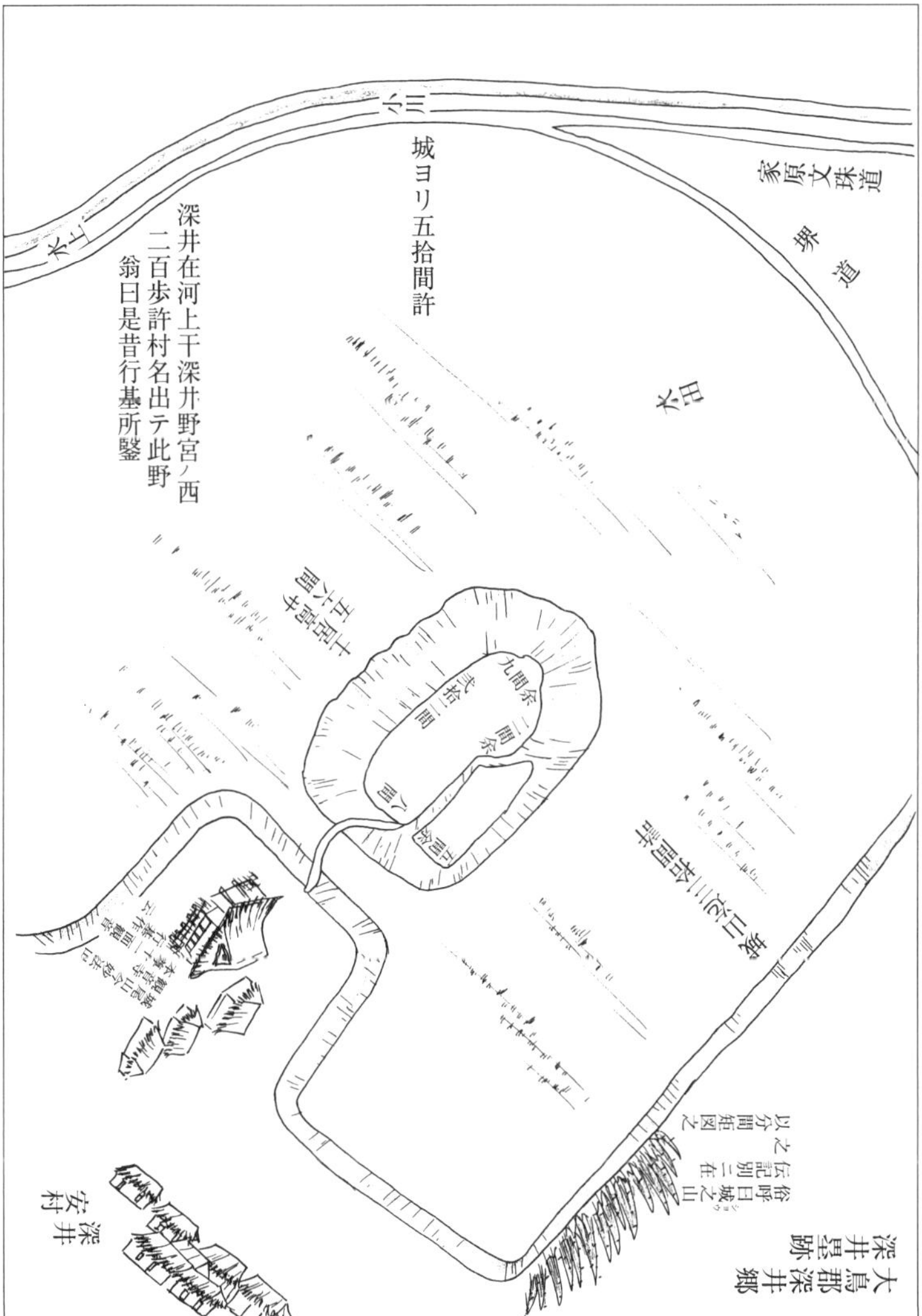

図6　大鳥郡深井郷深井塁跡

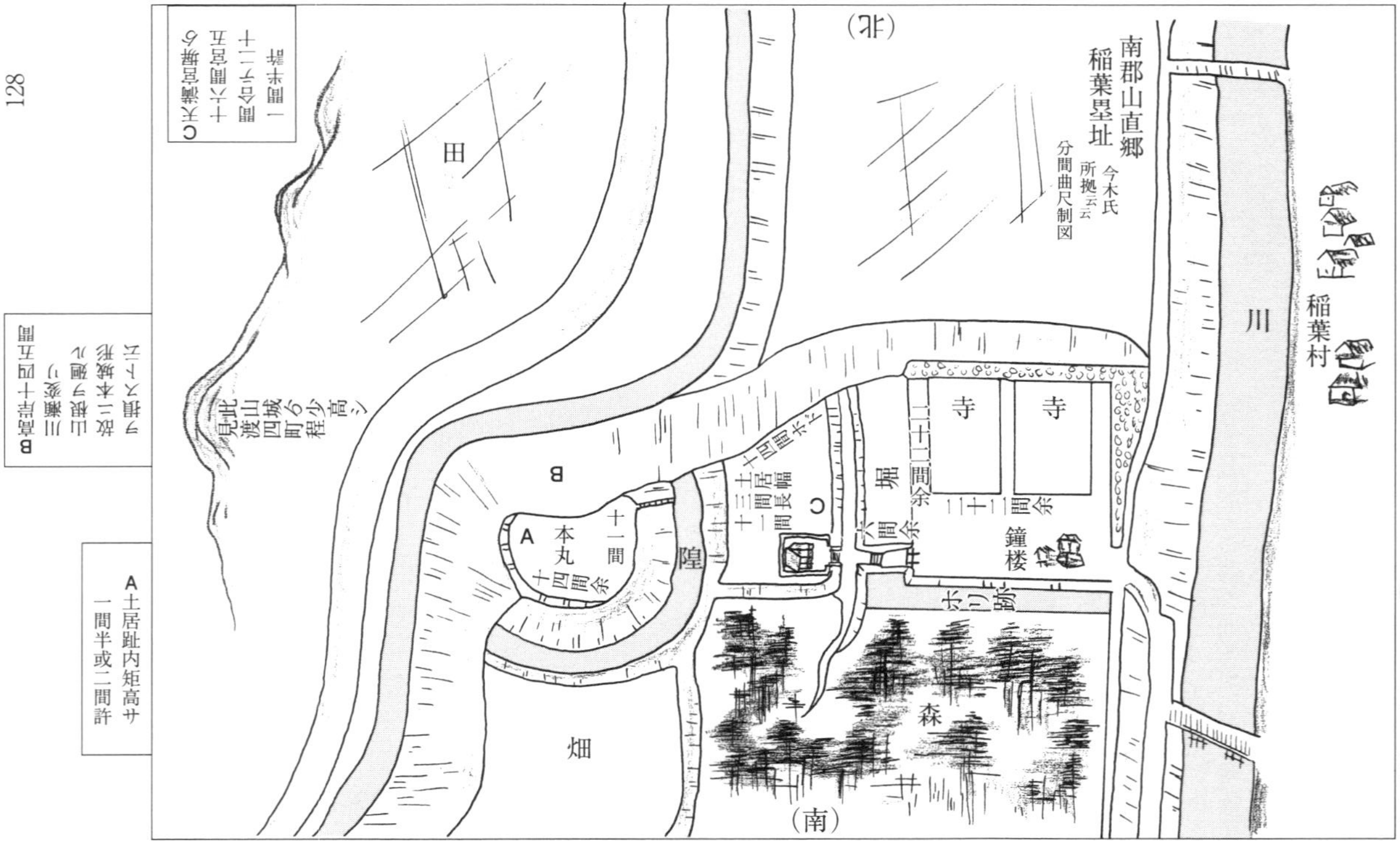

（）の方角表記は筆者注記

図7　南郡山直郷稲葉塁址

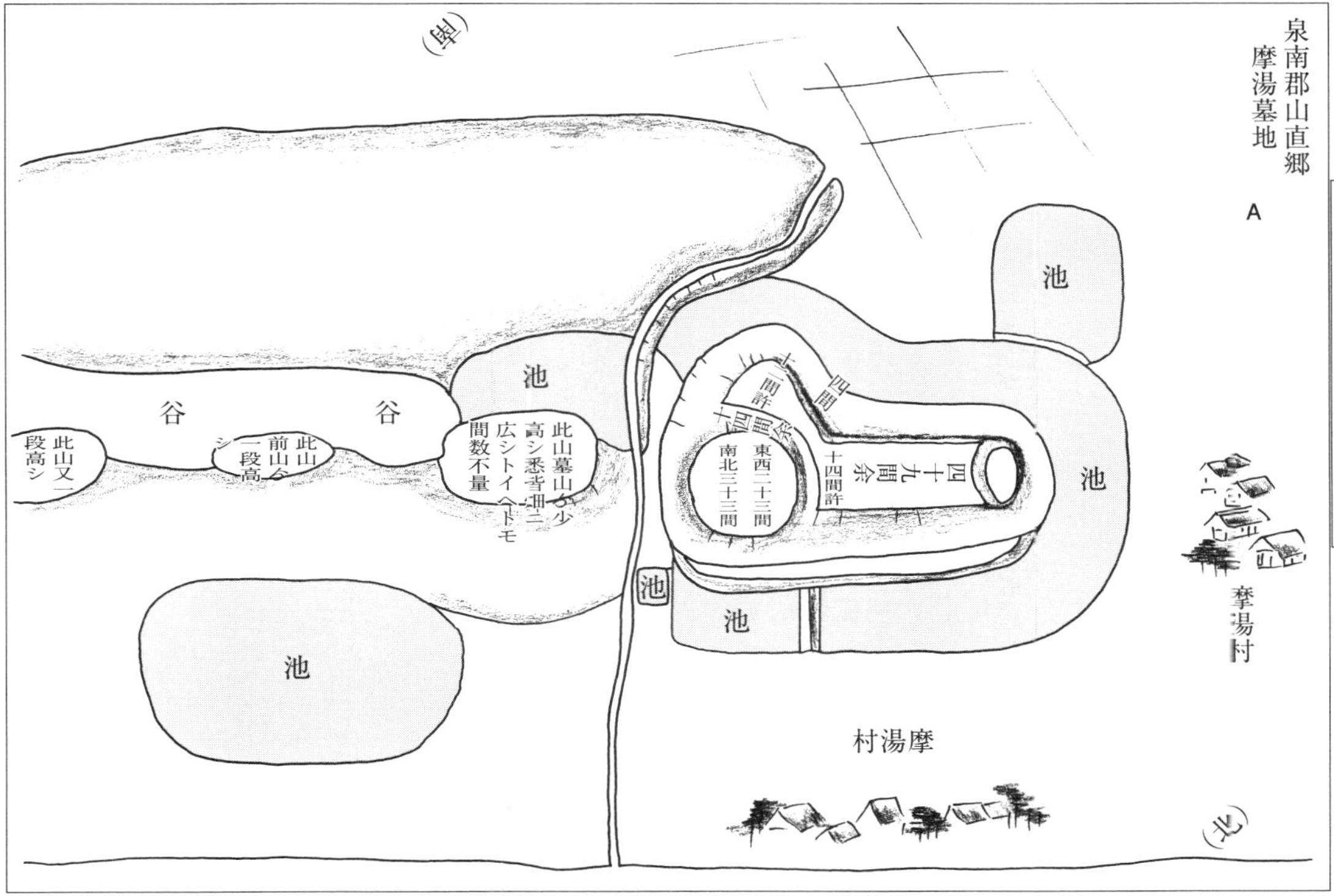

A和泉志曰延暦十四年十二月配淡路国
不破内親王移和泉国即此云云
俗呼曰城跡蓋戦国将士凭家□
営塁歟久米田記曰丑寅丸云云
事跡追而可考

（ ）の方角表記は筆者注記

図８　泉南郡山直郷摩湯墓地

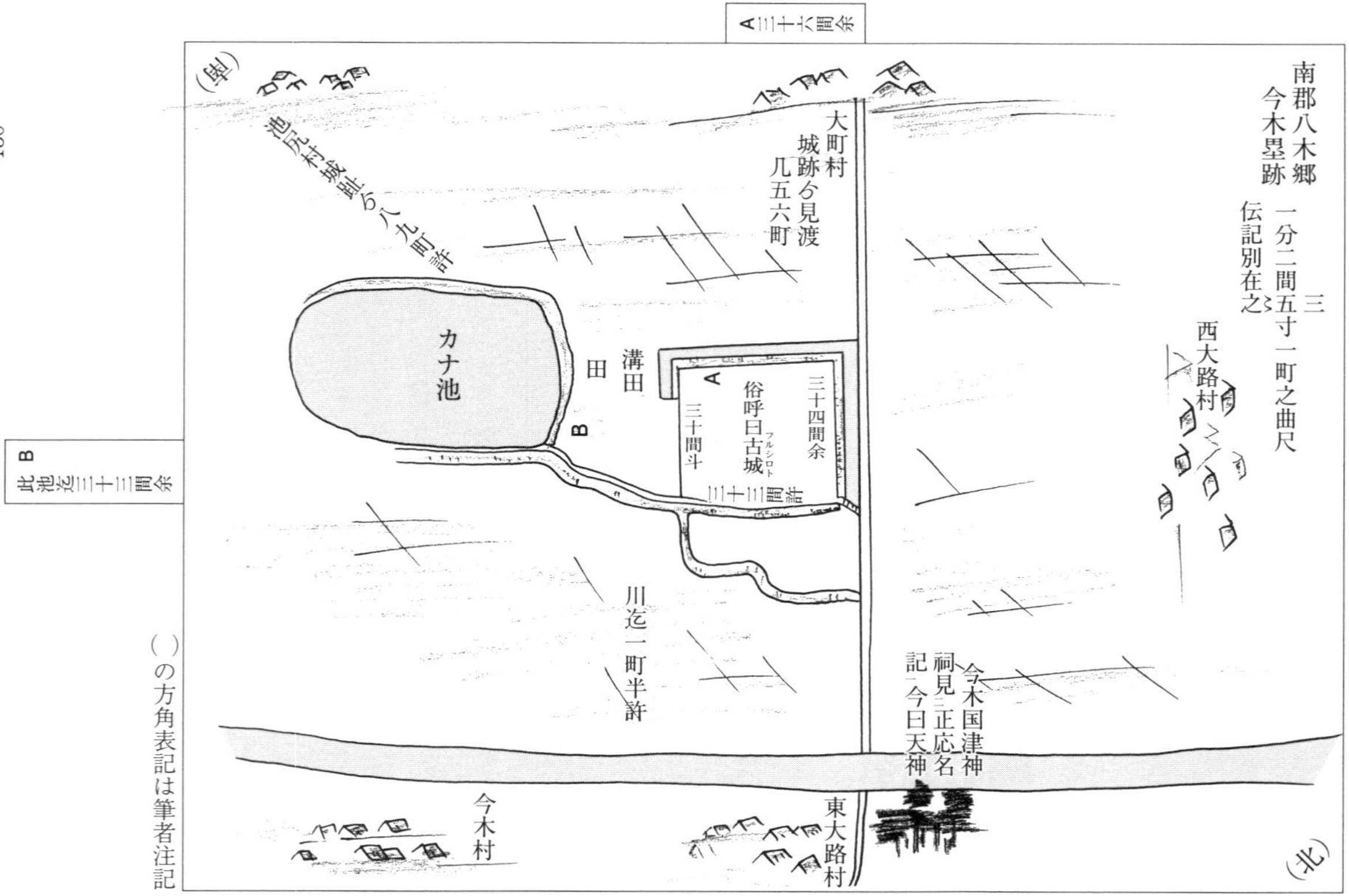

図９　南郡八木郷今木塁跡

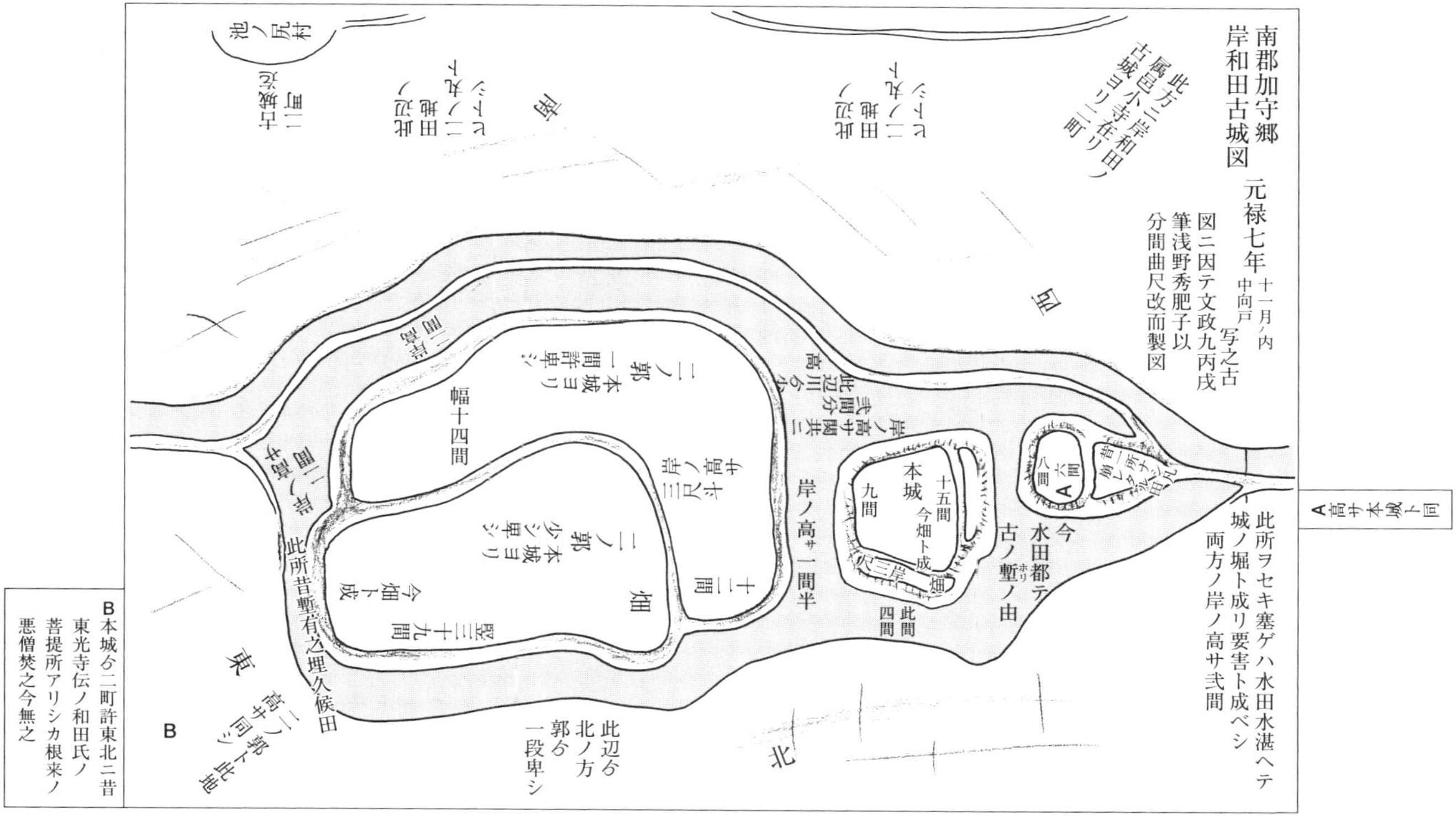

図10　南郡加守郡岸和田古城図

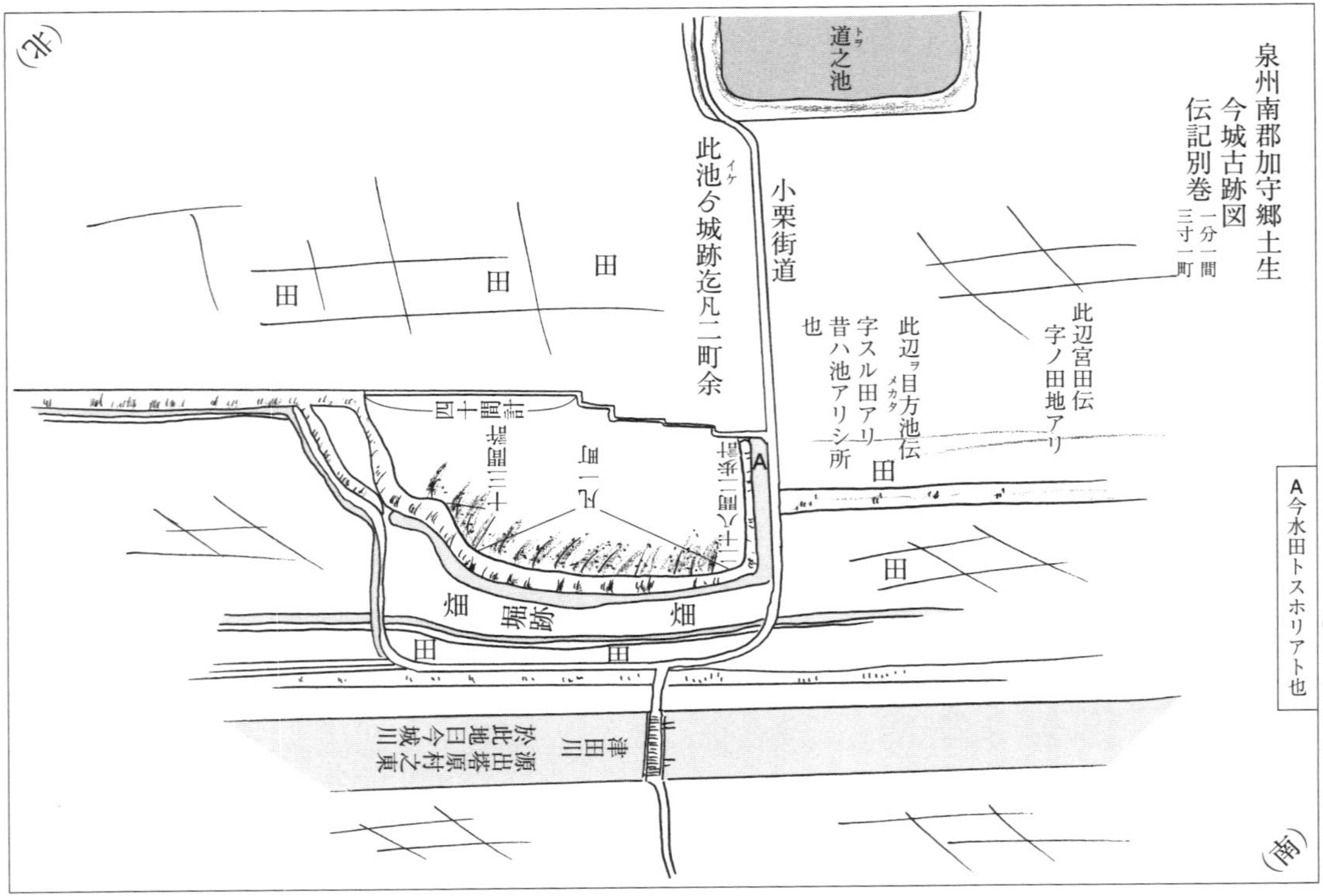

（　）の方角表記は筆者注記

図11　泉州南郡加守郷土生今城古跡図

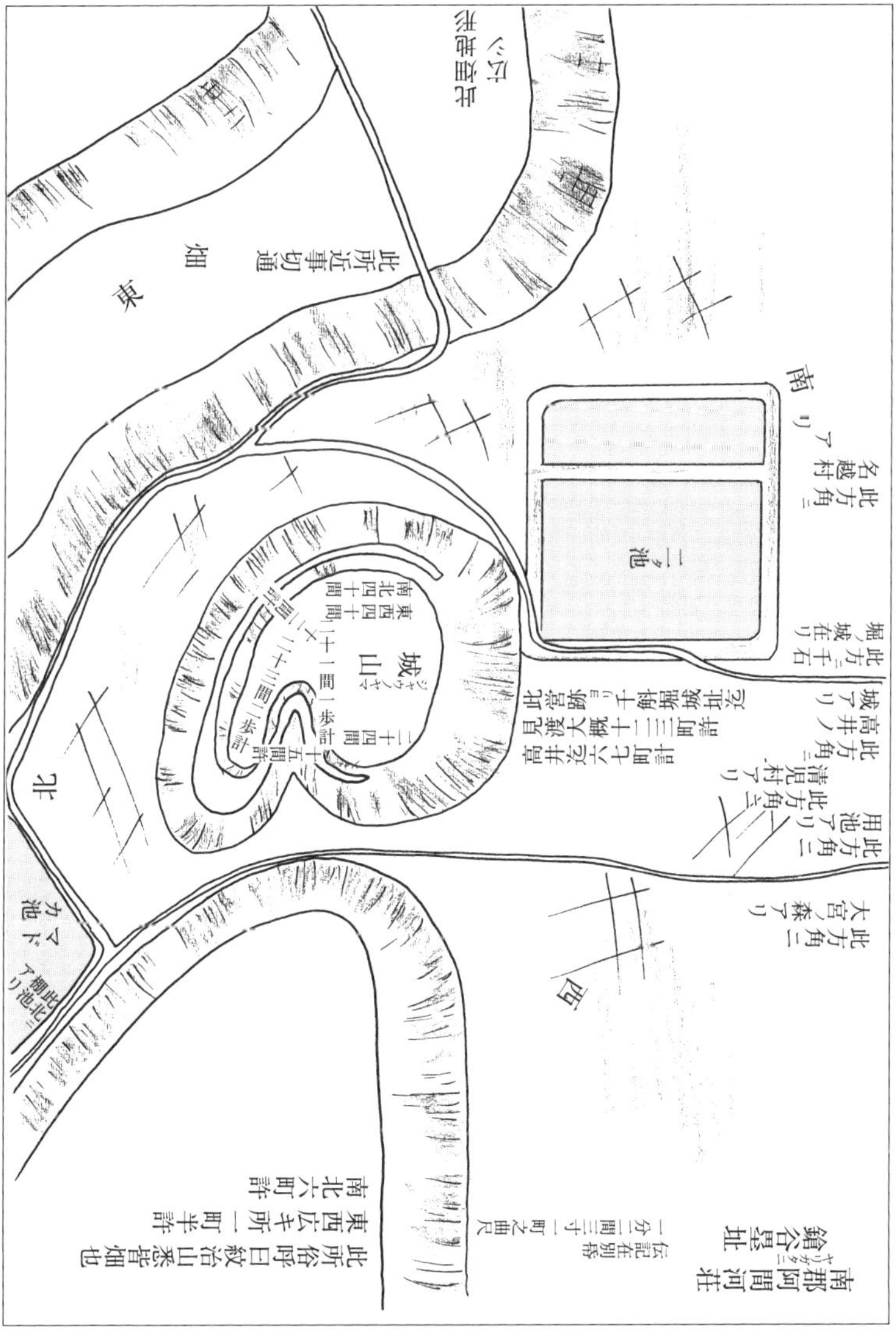

図12　南郡阿間河荘鎗谷塁址

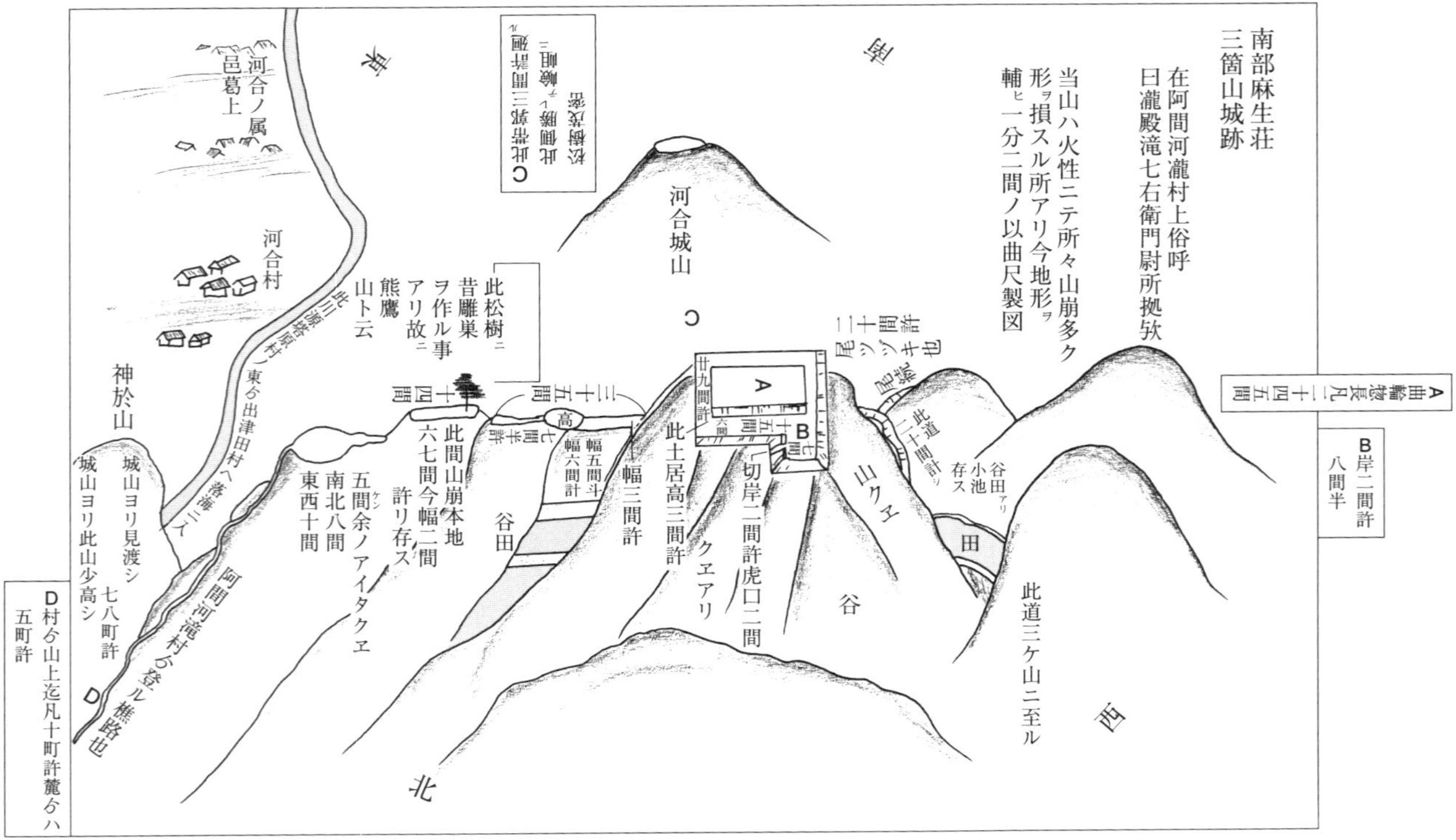

図13　南郡麻生荘三箇山城跡

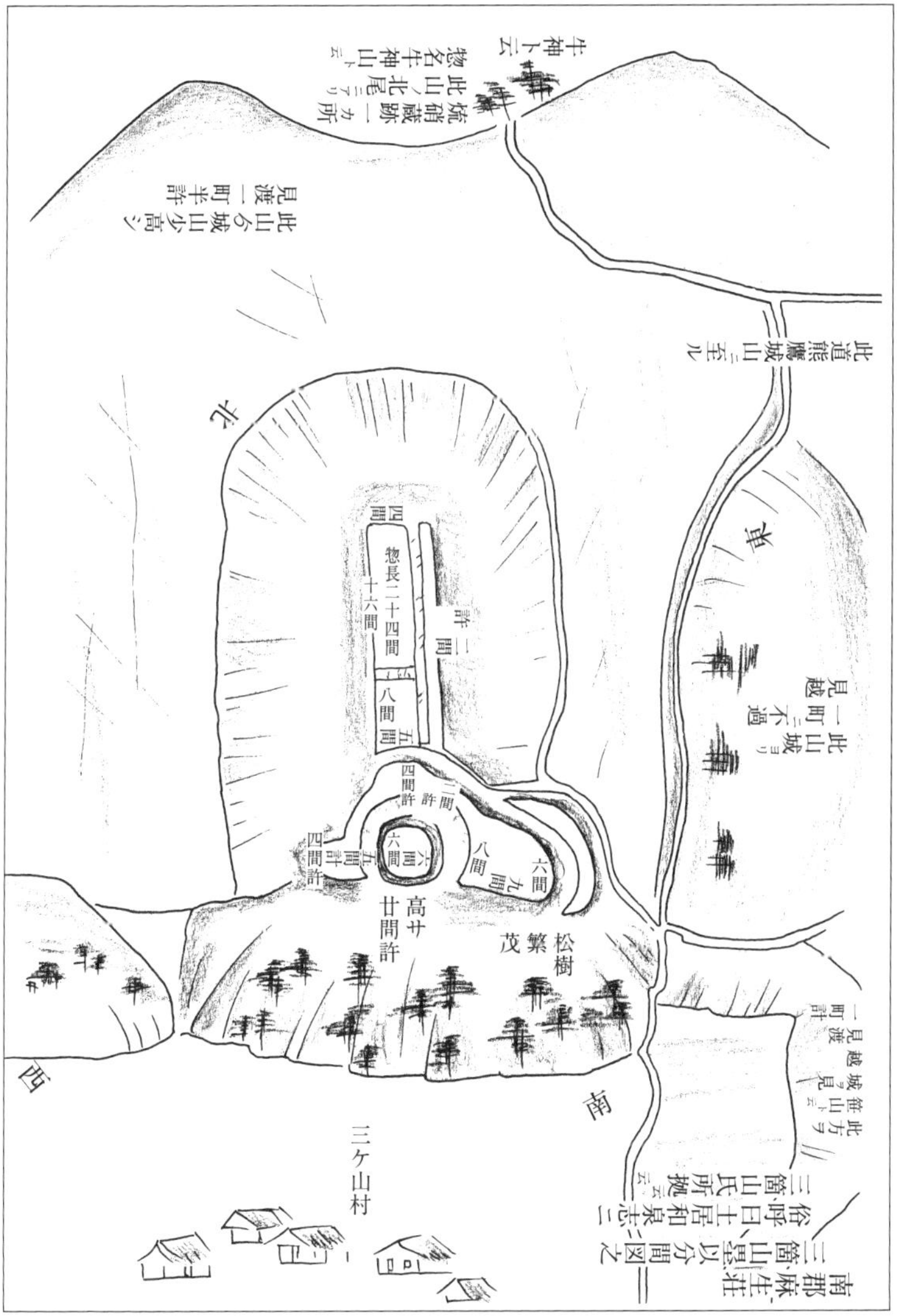

図14　南郡麻生荘三箇山塁

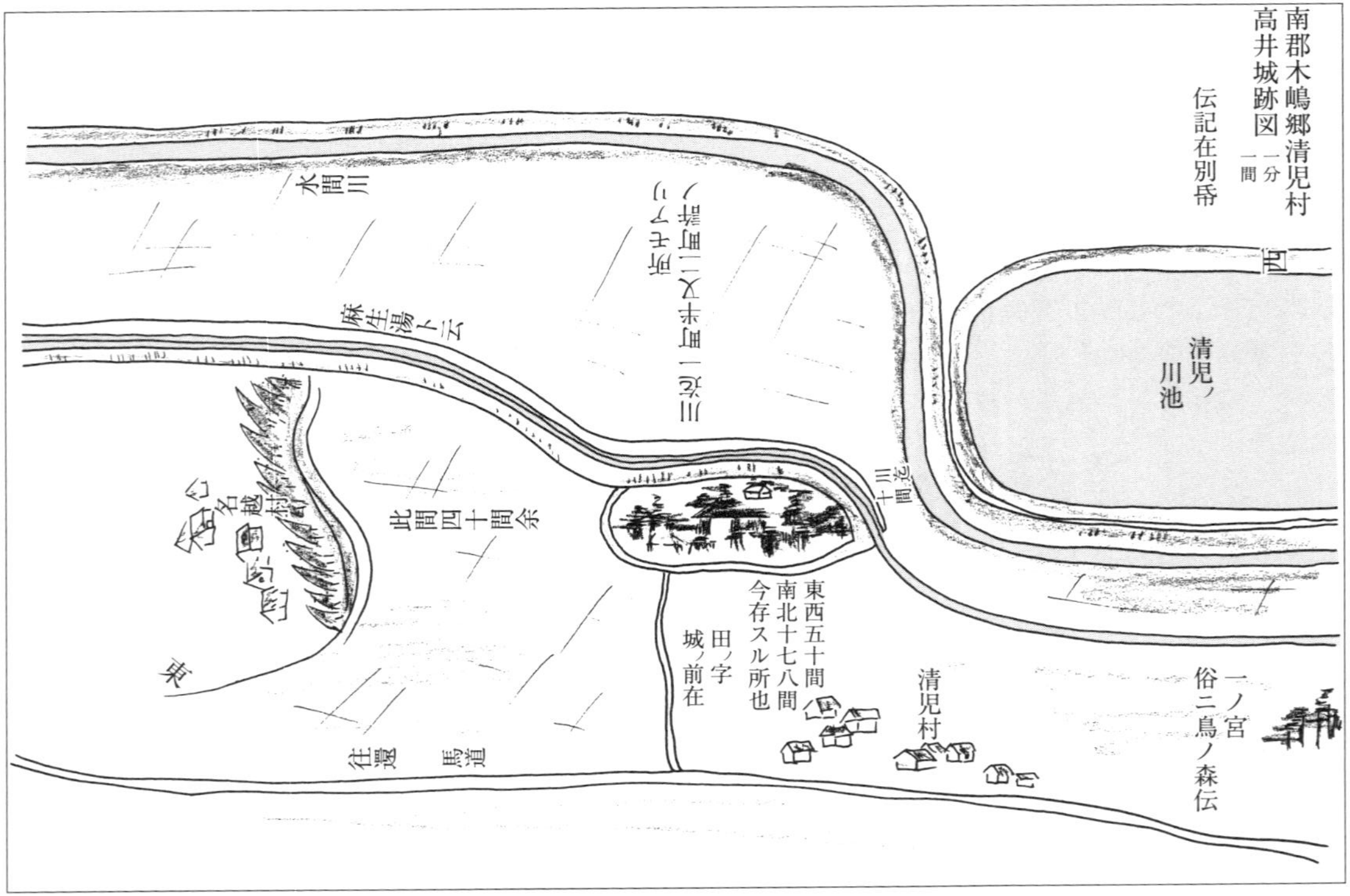

図15　南郡木嶋郷清児村高井城跡図

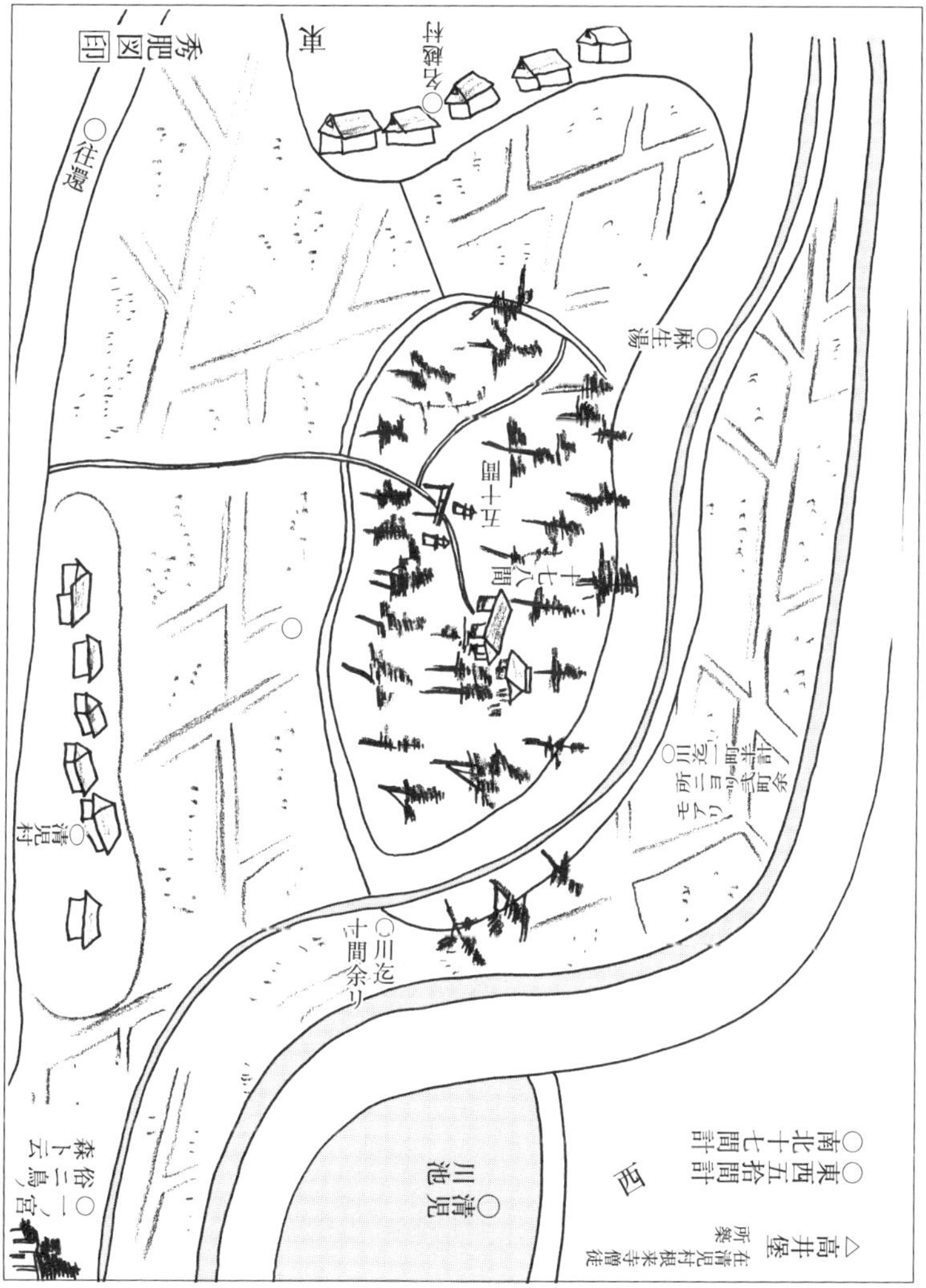

△高井堡
所築在清児村根来寺僧徒
○東西五拾間計
○南北十七間計
西
○清児川池
○俗ニ一ノ鳥宮ト云森
○川迄十間余リ
○清児村
十七八間
○麻生湯
○往還
東
秀肥図印

図16　高井堡

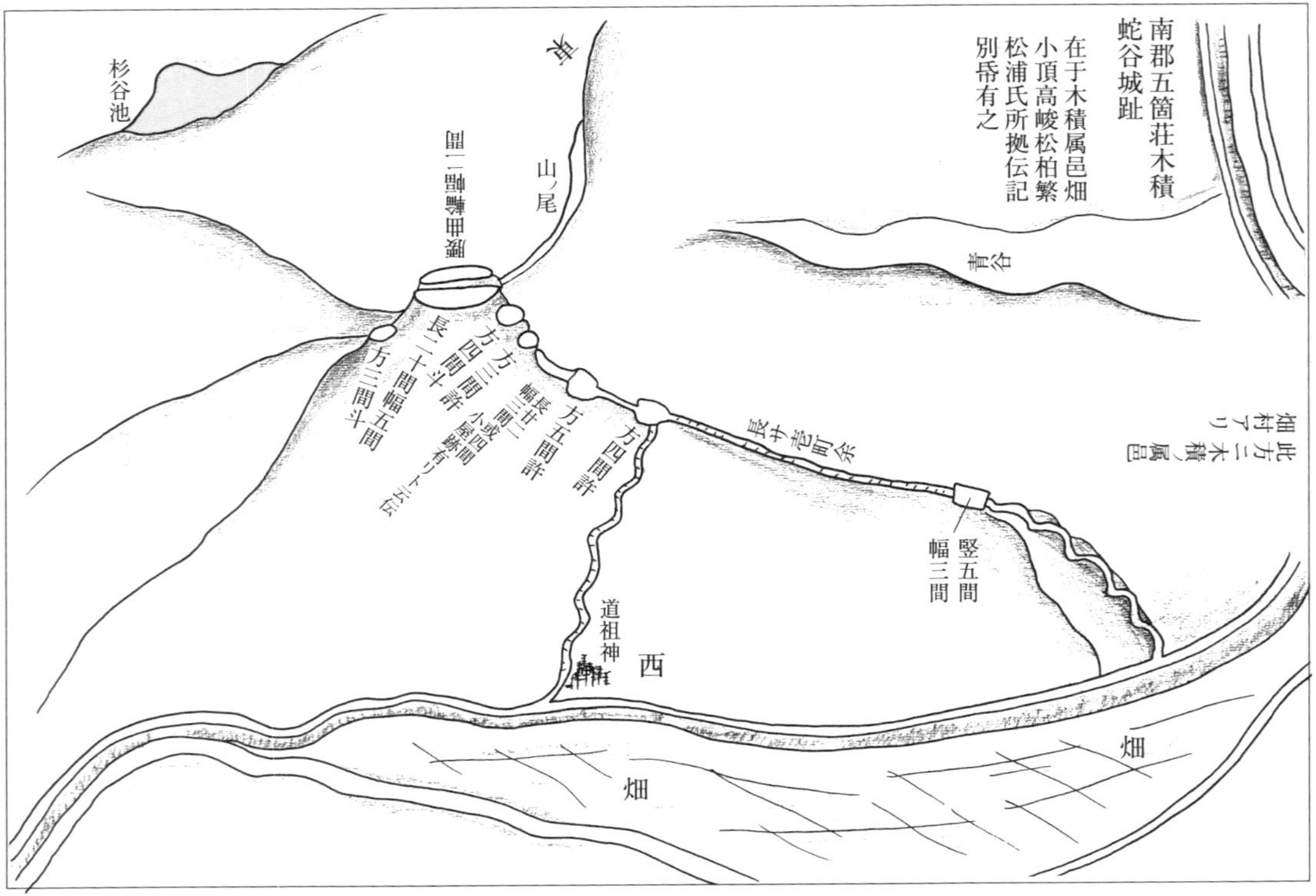

図17　南郡五箇荘木積蛇谷城趾

図18　蛇谷城跡

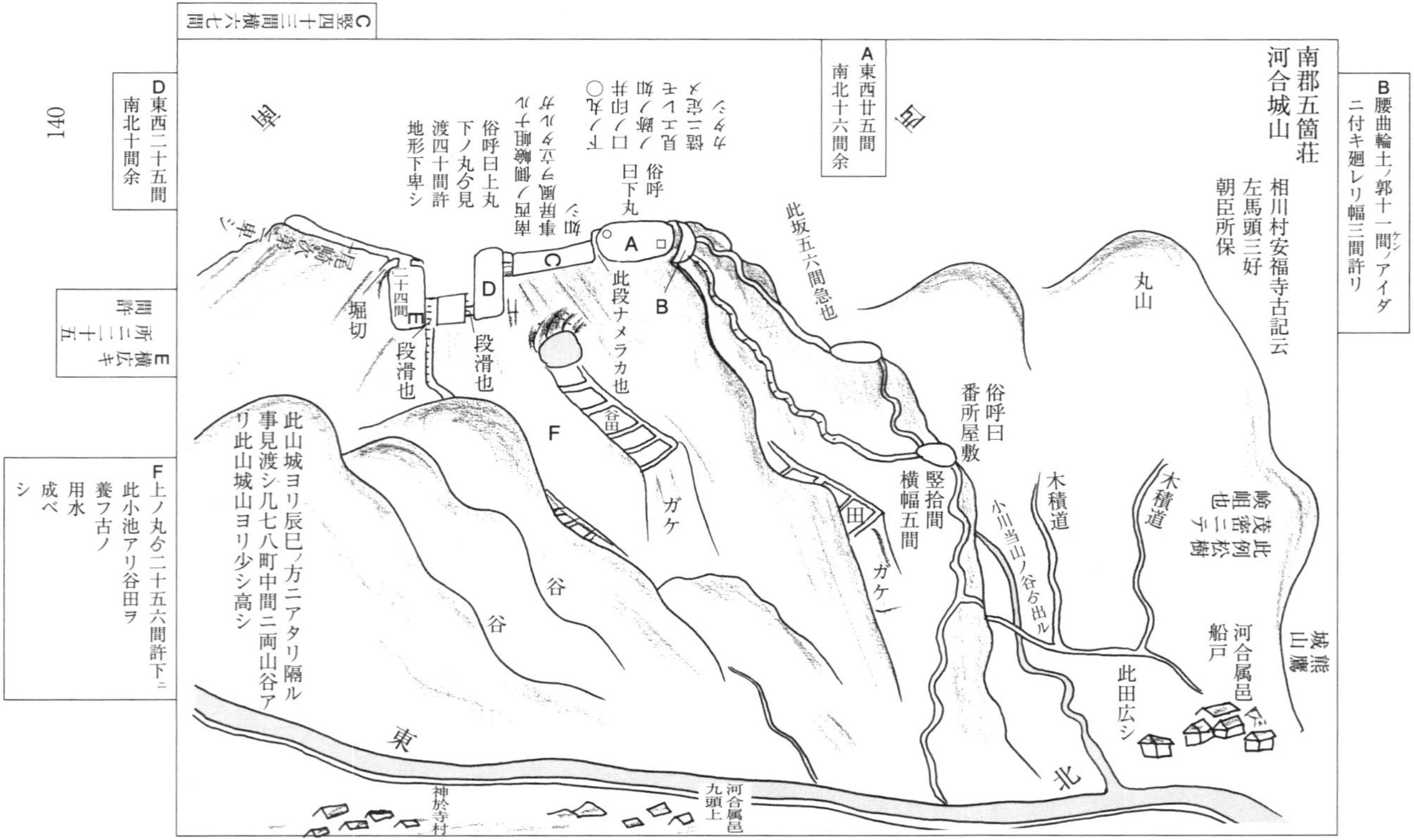

図19　南郡五箇荘河合城山

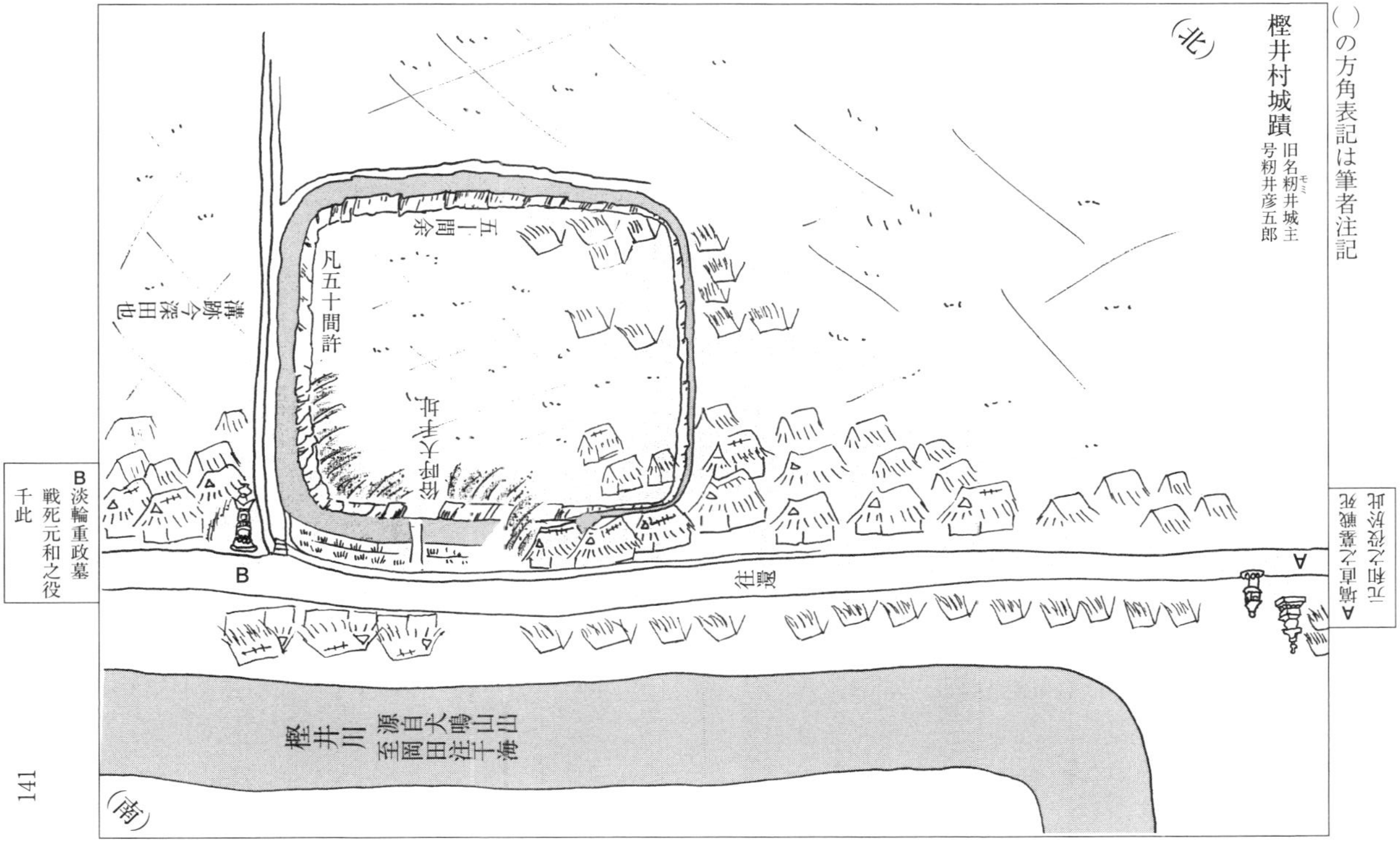
（　）の方角表記は筆者注記
樫井村城蹟 旧名籾《モミ》井城主 号籾井彦五郎
（北）
五一間余
凡五十間許
溝跡今深田也
往還
樫井川 源自犬鳴山出 至岡田注于海
（南）
B 淡輪重政墓 戦死元和之役 于此
A 塙直之墓 戦死 元和之役 於此
A
B

図20　樫井村城蹟

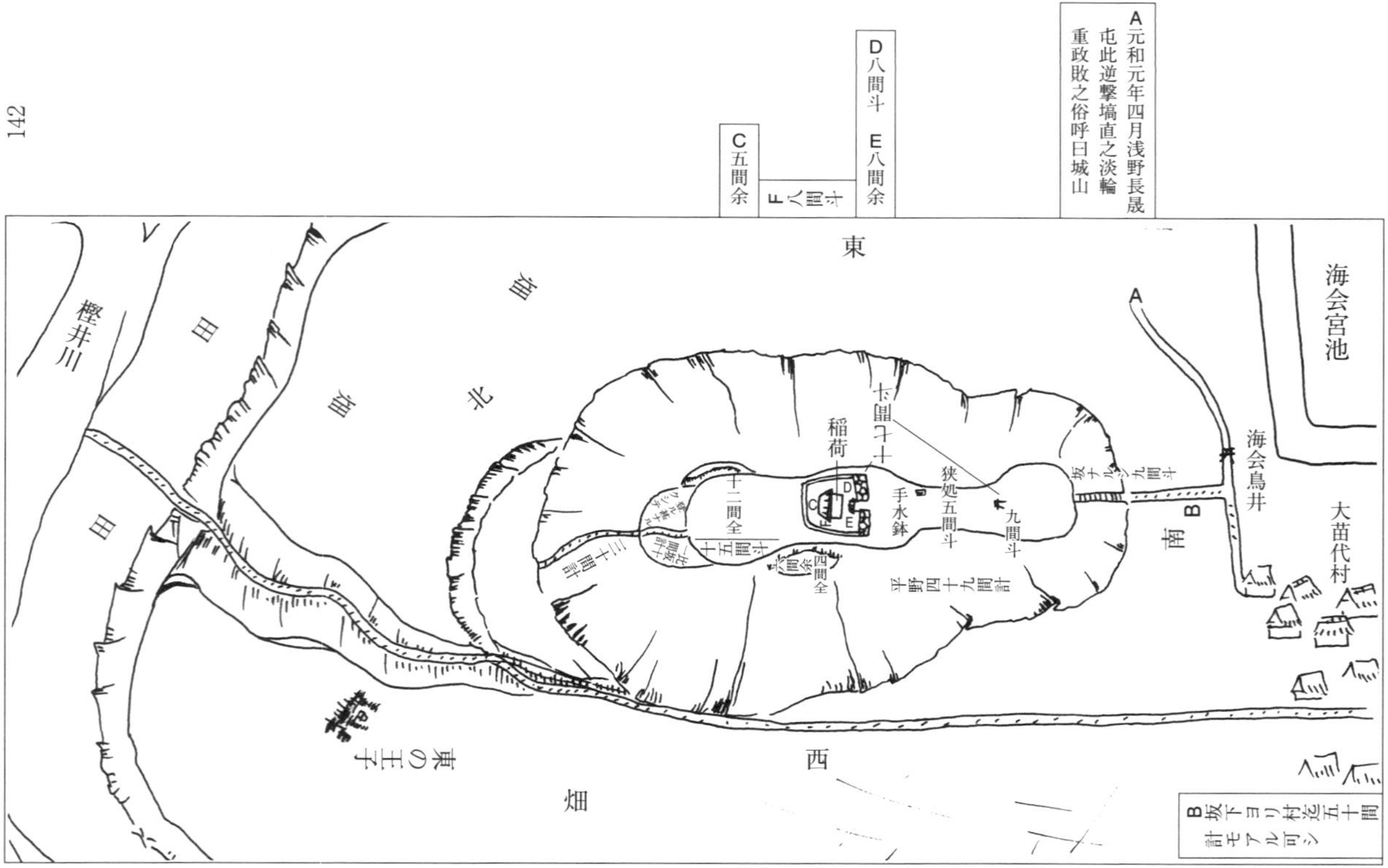

図21　元和元年四月浅野長晟屯此逆撃塙直之・淡輪重政敗之俗呼曰城山

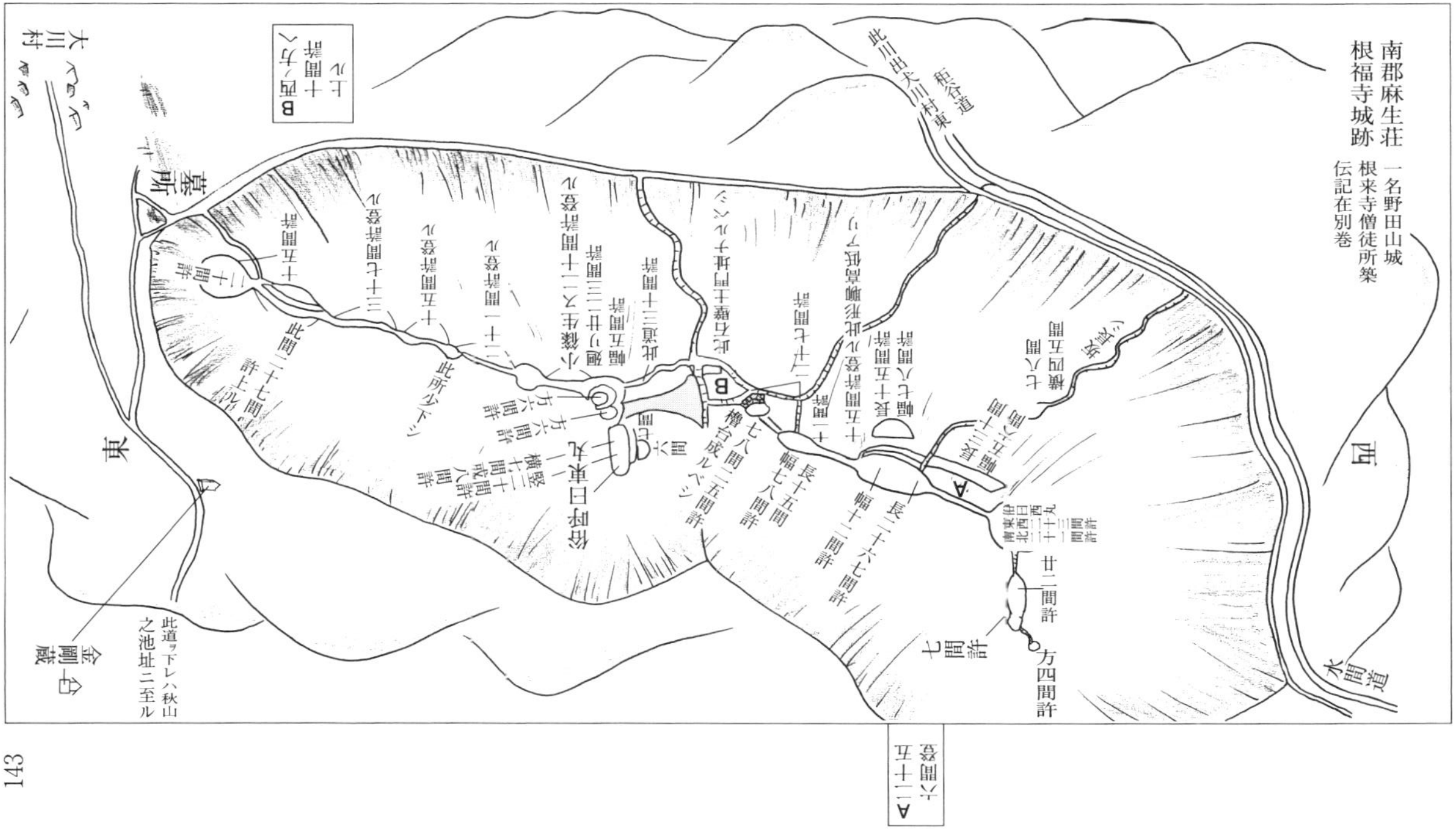

図22　南郡麻生荘根福寺城跡

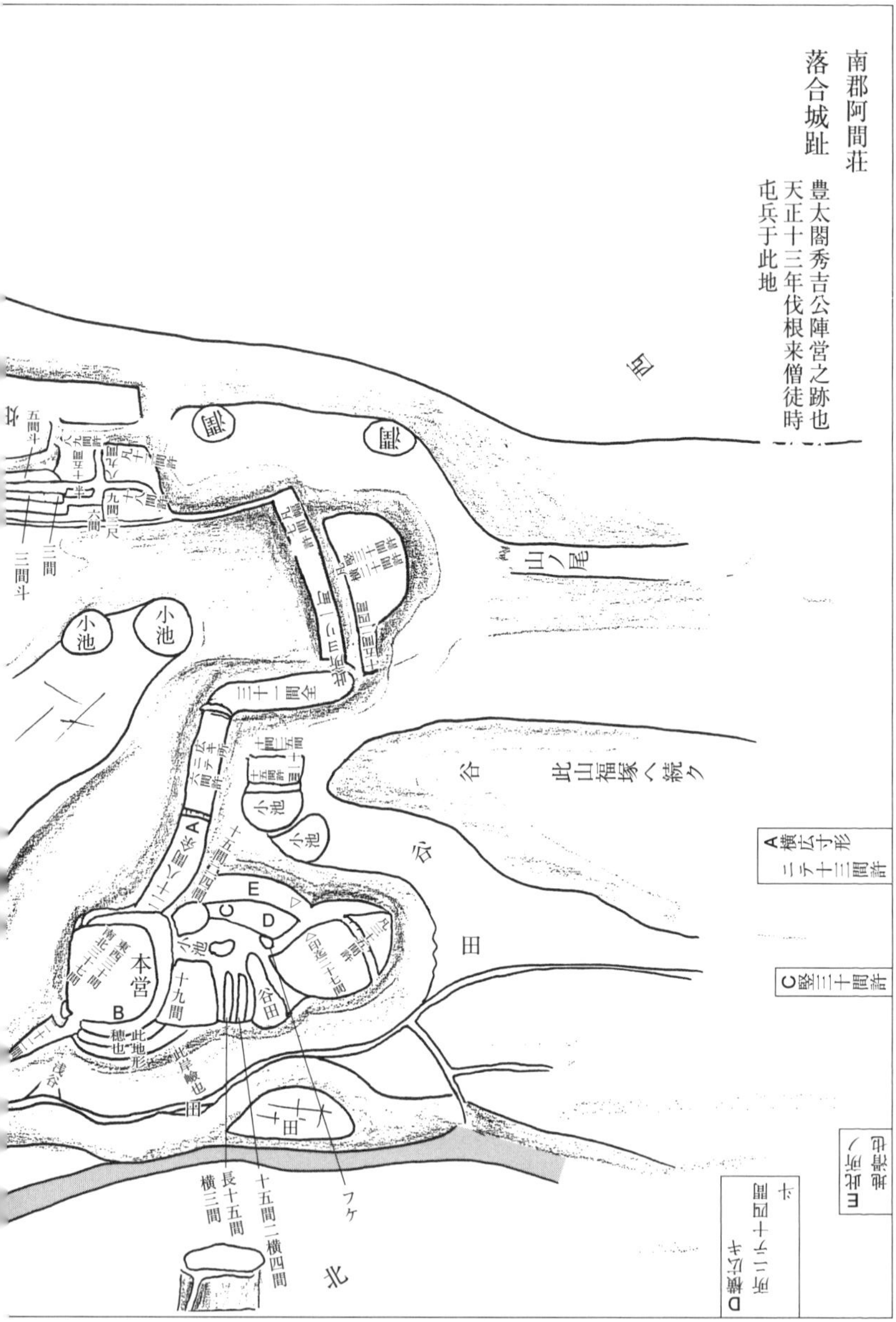

図23　南郡阿間荘落合城趾

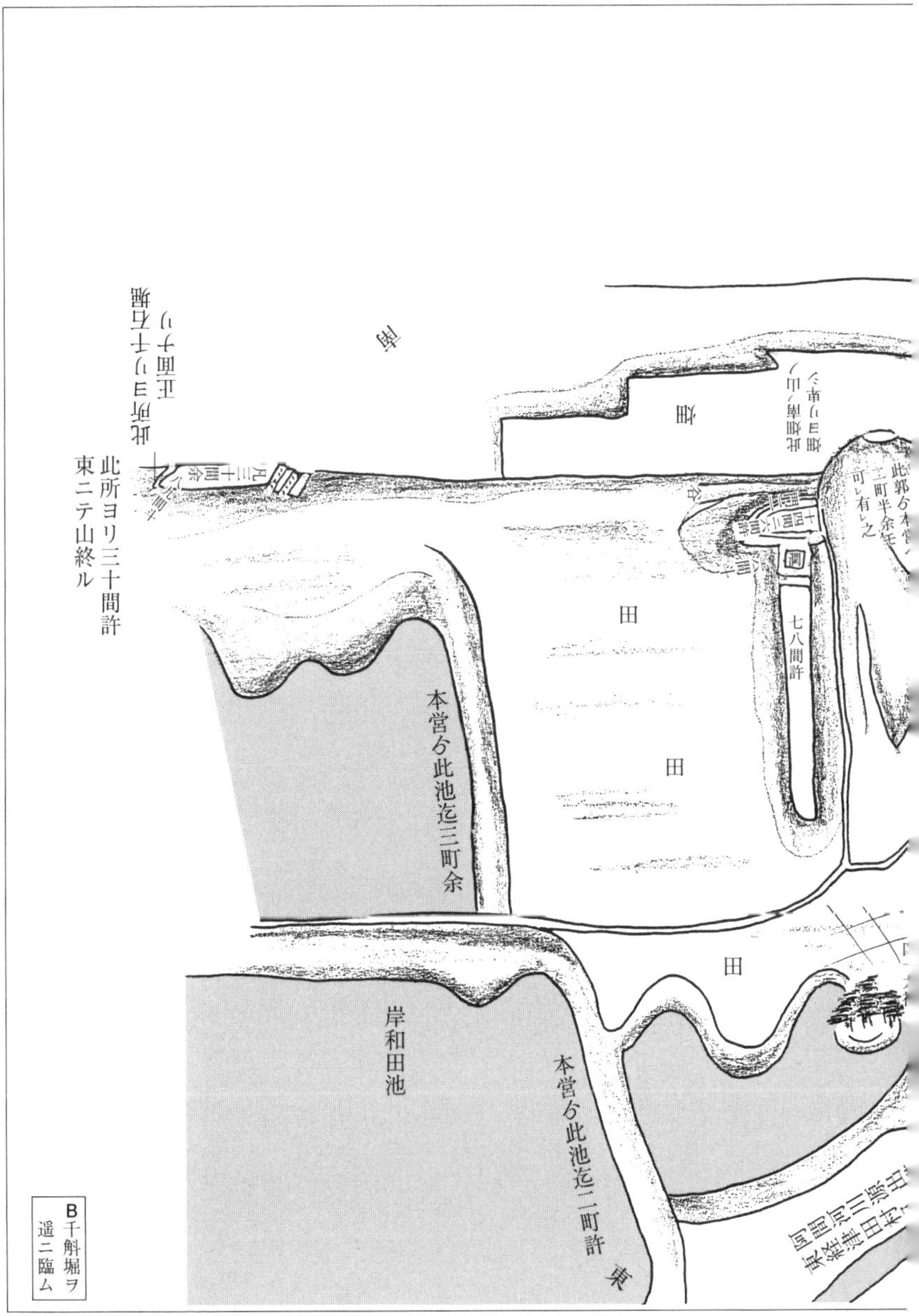

南
此所ヨリ十町ハ石堀
正面ナリ
此所ヨリ三十間許
東ニテ山終ル
凡三十間余
畑
谷
此郭ゟ本営ノ
二町半余モ
可レ有レ之
十四間三六間許
七八間許
田
田
田
田
本営ゟ此池迄三町余
岸和田池
本営ゟ此池迄二町許
東
B千斛堀ヲ
遥ニ臨ム

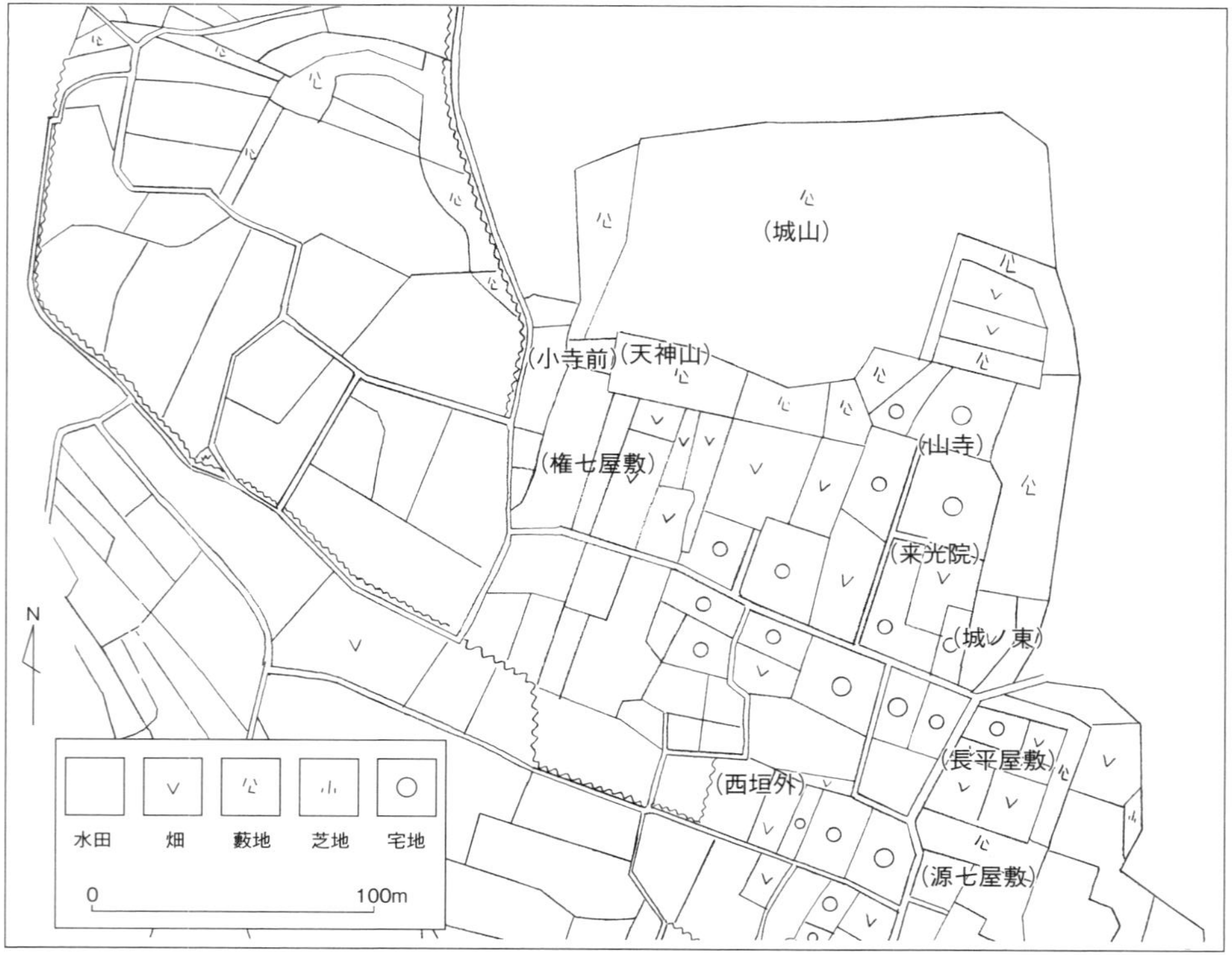

図24　西村城跡周辺地籍図（百舌鳥西之町上野芝）（　）表記は小字名

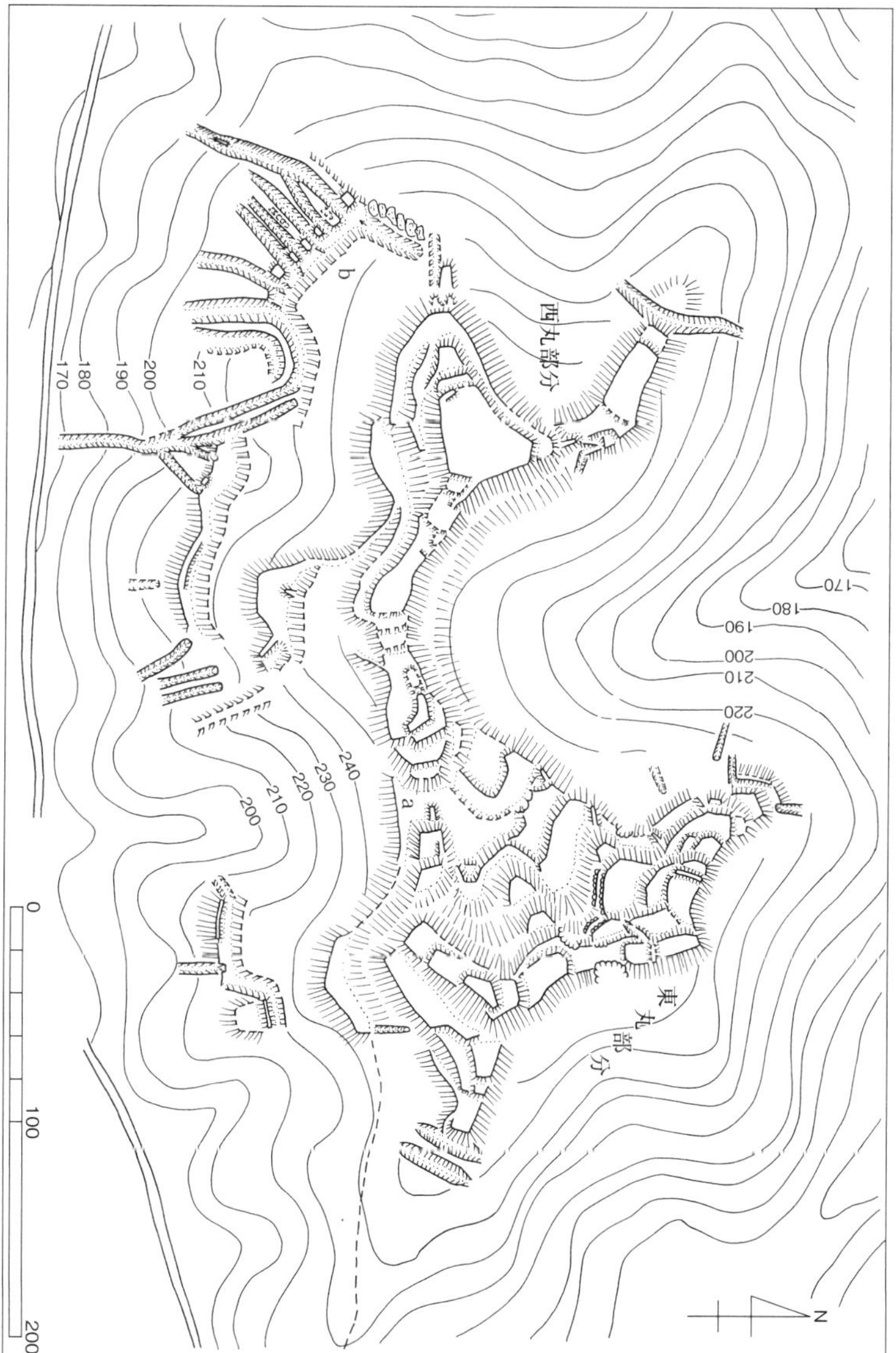

図25　和泉根福寺城跡（福島克彦作図）

第五章　城郭史からみた岸和田古城と戦国期・近世岸和田城

中西裕樹

はじめに

土地の改変を加えやすい平野部では、今も続く開発の中で、多くの中世城館遺構が失われている。このため、全国の特に大都市近郊において、平地城館の実態は把握困難な状況にある。[1] 大阪周辺の平野部でも、地表面に遺構が残る事例は実に乏しい。[2]

このような中、岸和田古城は市街地の真只中に、一部の遺構をとどめてきた。そして近年、文政九年（一八二六）に岸和田藩士浅野秀肥が作成した「岸和田古城図」が仁木宏らによって注目され、規模や構造、歴史的背景などが一気に把握された。[3] また、岸和田市教育委員会が実施した発掘調査からは、岸和田古城が少なくとも戦国期に機能していたことも明らかになっている。[4]

この岸和田古城から、西に直線で約五〇〇メートル離れた台地先端に近世岸和田城がある（図1参

図１　近世岸和田城と岸和田古城の位置（『岸和田市史　第１巻』に加筆）

照）。近世岸和田城は和泉国唯一の城郭であり、寛永十七年（一六四〇）に譜代大名の岡部宣勝が入城して以降、明治維新に至るまで岡部氏十三代が治める岸和田藩の中心として存続した。現代の岸和田はその城下として発展を遂げ、昭和二十九年（一九五四）に建造された模擬天守閣は、まちのシンボルとして今も多くの人が訪れている。

　また、岸和田には戦国期岸和田城があった。その所在地は断定できないが、おそらく周囲地形との高低差が確保できる近世岸和田城の場所に存在した可能性が高い[5]。後述するように、戦国期岸和田城は近世岸和田城へとその機能が接続する。城郭の歴史としてみた場合、問題となるのは岸和田古城とこの戦国期・近世岸和田城との関係であり、周辺の戦国期城館と比較してその位置付けを行う余地も残されている[6]。そこで、本章では城郭史の

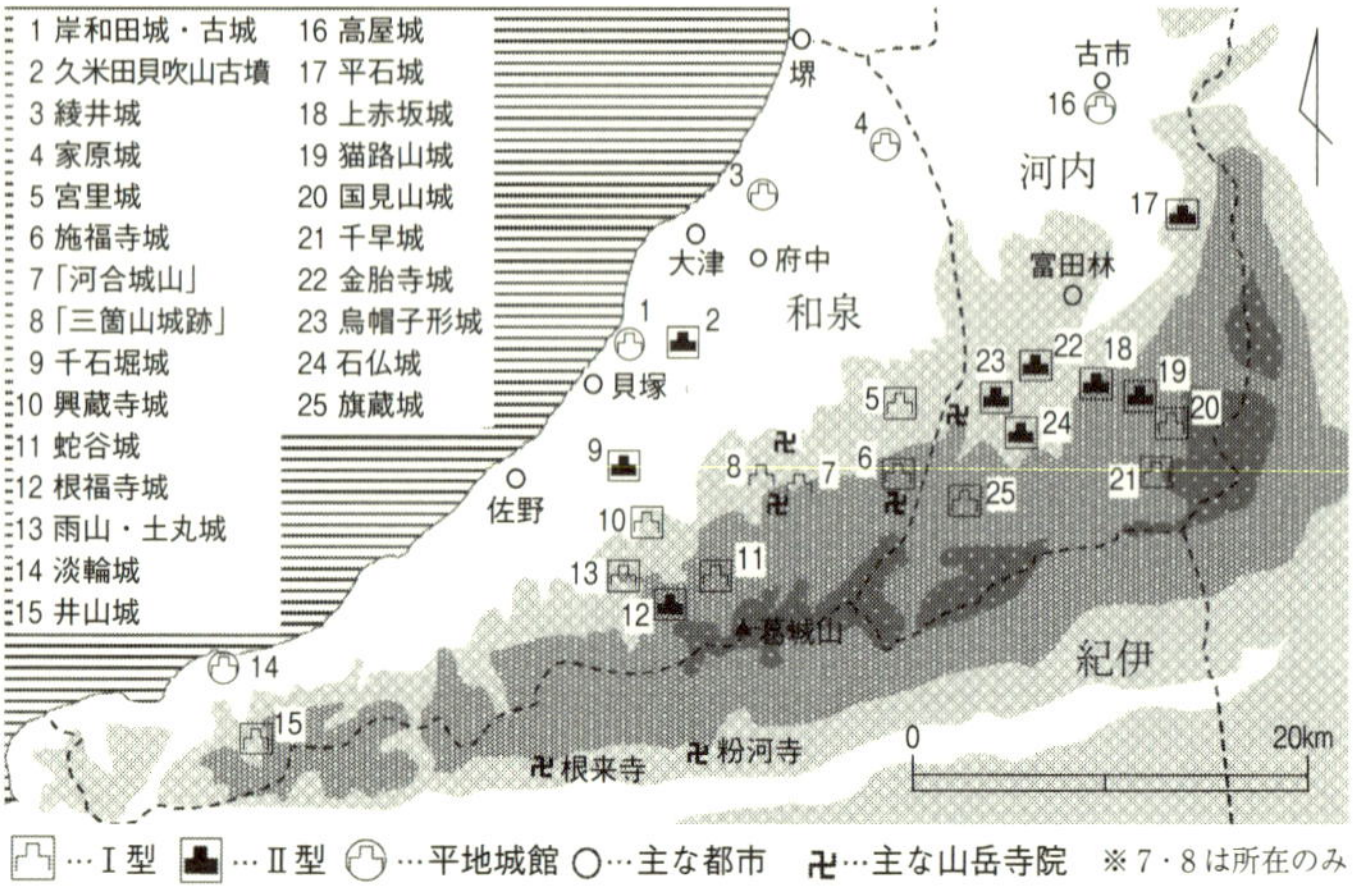

図2　和泉国・南河内の戦国期城館の分布

視点から和泉国周辺の城館を概観し、戦国期の様相をみた上で、岸和田古城と戦国期・近世岸和田城との関係を考察していきたい（以下で使用する城館の縄張図で注記のないものは中西が作図）。

一　和泉国の戦国期城館

和泉国は、南に標高八五八メートルの葛城山がそびえる和泉山脈が東西に走り、紀伊国との境を成す（図2参照）。この山脈から北側へ丘陵地形が伸びるが、地形的にみると隣接する河内国の南部（南河内）とは一体になる。

まず、遺構の残りが良い山城を取り上げるが、すでに村田修三が雨山・土丸城（大阪府泉佐野市・熊取町、図3）と根福寺城（大阪府貝塚市、図4）を素材にその特徴を述べている[7]。村田は、平野を望む雨山・土丸城が曲輪の分散した古い城郭の様相を示すのに

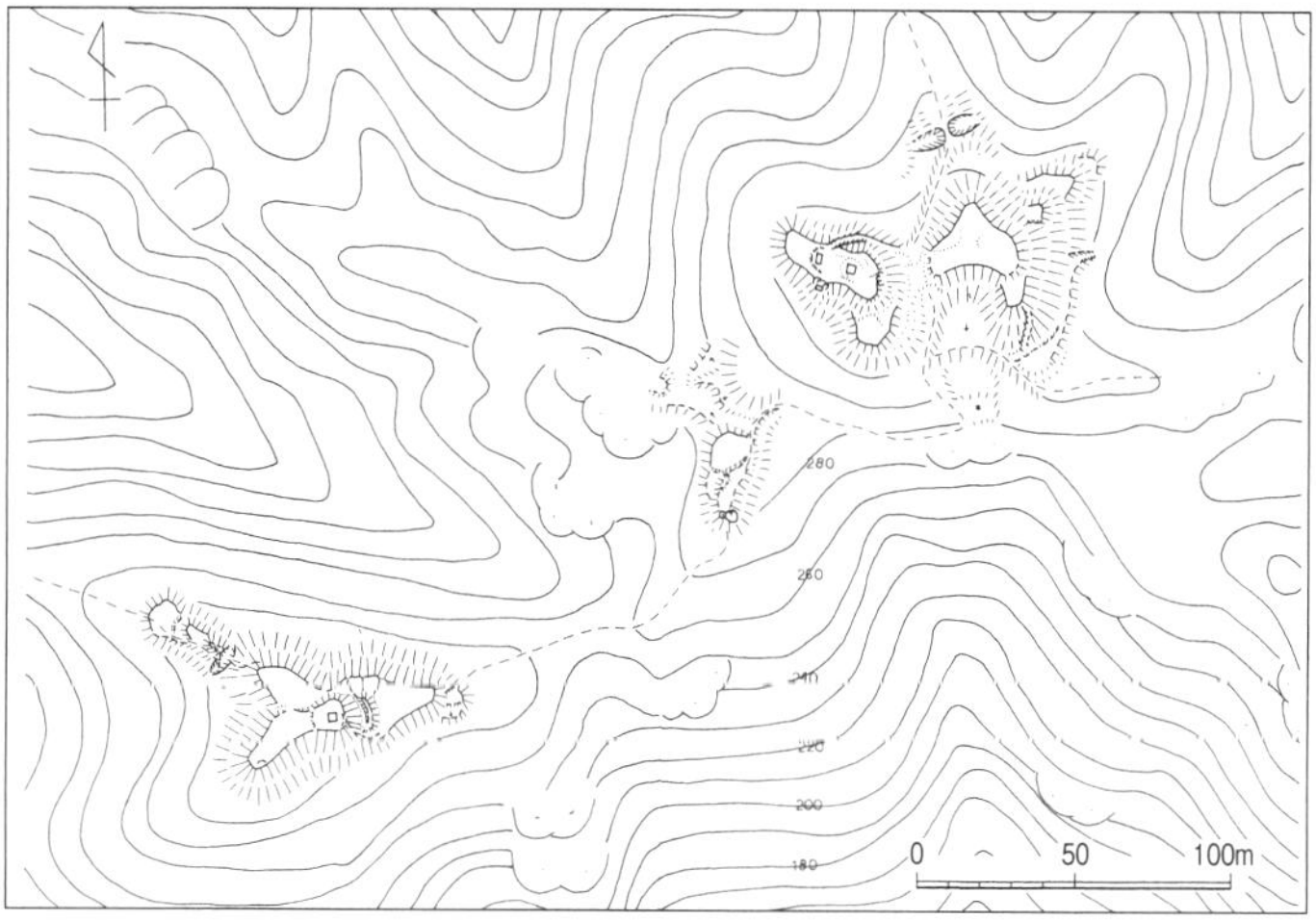

図３　雨山・土丸城跡縄張図

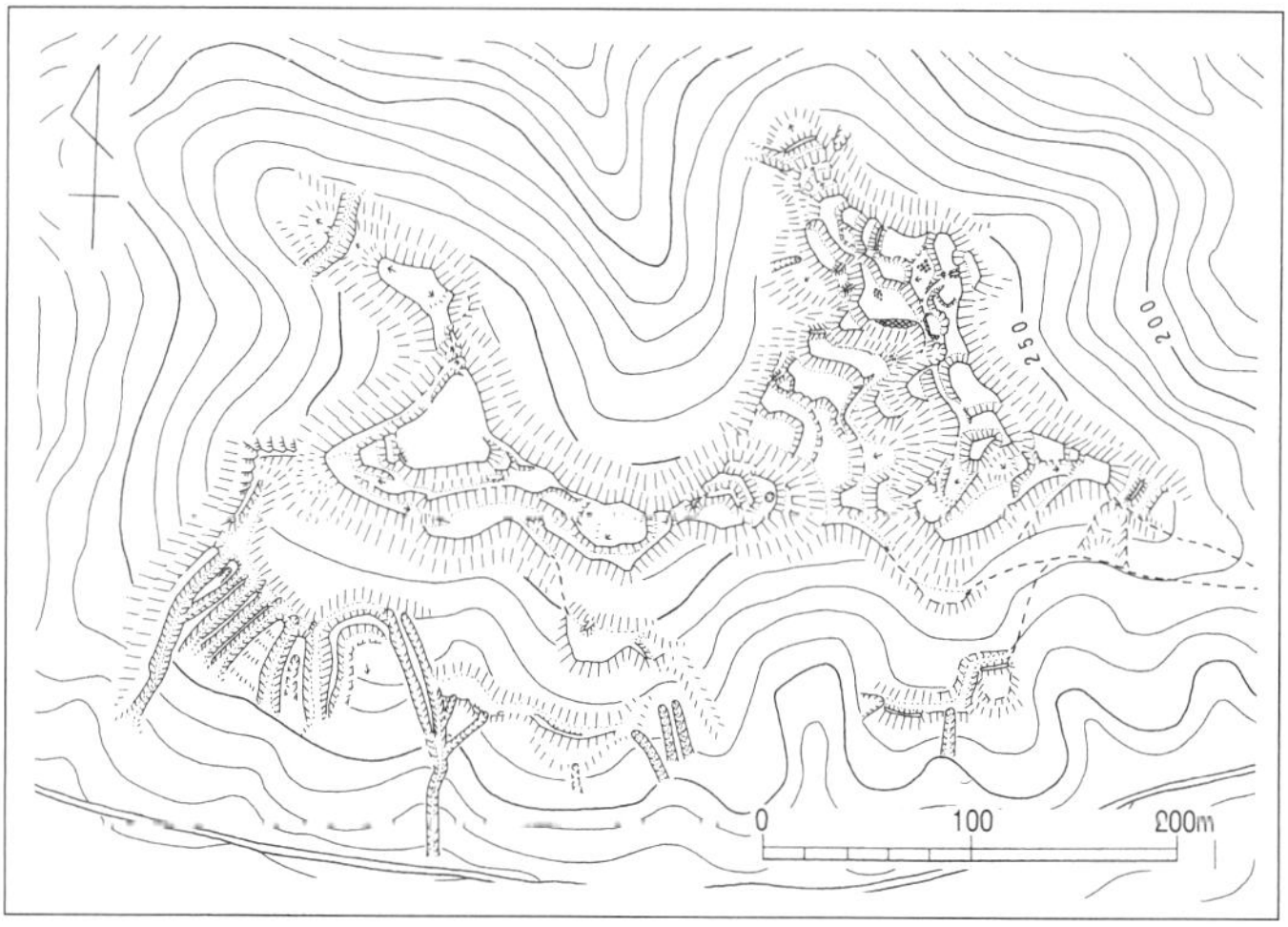

図４　根福寺城跡縄張図（注（13）論文より引用）

対し、平野部に視界が効かない山深い立地の根福寺城が横堀と巨大な畝状空堀群を持つ防御ラインを備えることに注目した。そして、その差を戦国末期に泉南（和泉国南部）・南河内に強い勢力を持った紀伊国の根来寺の動向から理解した。つまり、根来寺勢力が両地域の村落を基盤にしたため、その間を繋ぐ根福寺城が念入りに整備される一方、雨山・土丸城にはその必要がなかったとするのである。

さて、以前に河内国、摂津国の城館を考察するにあたり、山城を大きく次の二つのタイプに分類したことがある。(8)

Ⅰ型…曲輪と切岸、堀切で基本的な城域を設定するもの

Ⅱ型…Ⅰをベースとし、曲輪周囲や切岸の下に等高線と平行した帯曲輪や横堀による防御ラインを付加するもの

Ⅰは基本的な山城の構造といってよく、和泉国の場合は雨山・土丸城のほかに蛇谷城（貝塚市、図5）、興蔵寺城（熊取町、図6）、宮里城（大阪府和泉市、図7）などが該当する。Ⅱは永禄期以降の畿内における山城の特徴として近年把握されているもので、(9)根福寺城のほかに千石堀城（貝塚市、図8）、古墳を城郭に利用した久米田貝吹山古墳（岸和田市、図9）が該当する。

この分類をふまえ、隣接する南河内も含めた分布の概要を示したものが図2である。(10)和泉国では平野の近くに山城が集まる傾向にあり、Ⅰが大半を占めることがわかる。ただし、このⅠ、Ⅱというタイプの差は、遺構の地表面観察からの把握に基づくもので、果たして同時期に存在したかどうかにつ

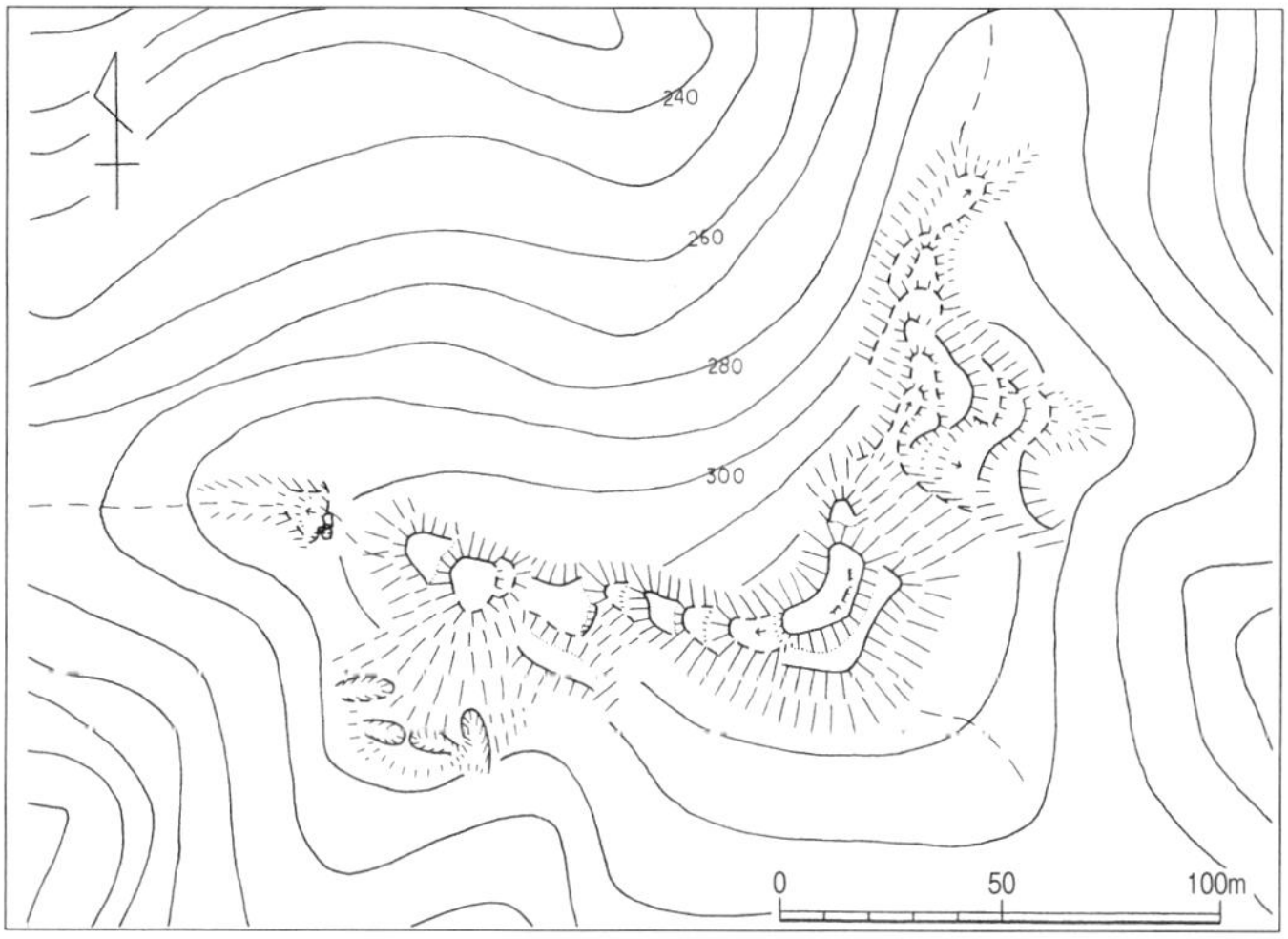

図５　蛇谷城跡縄張図

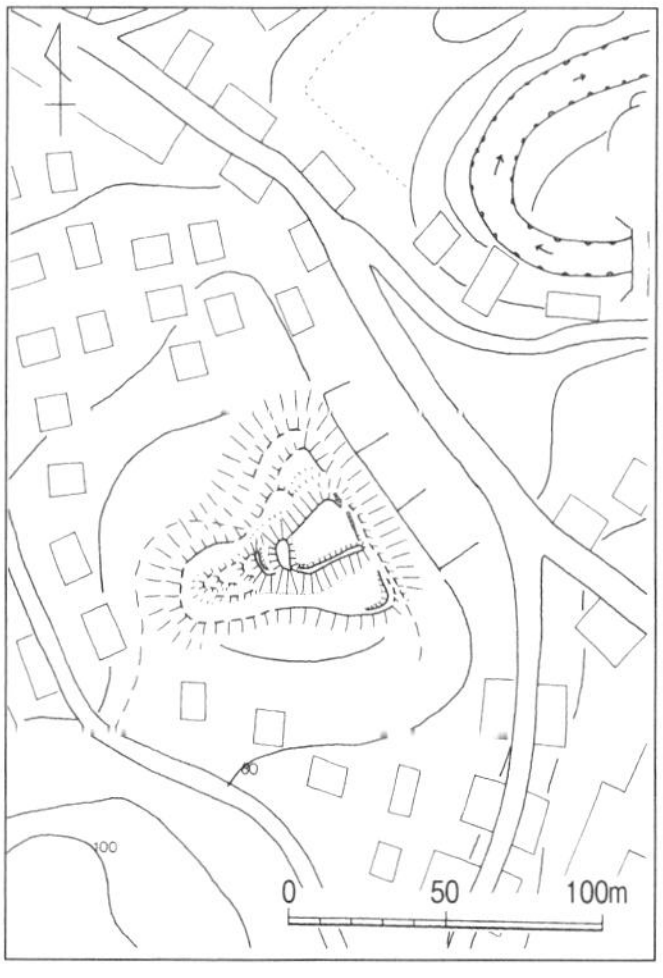

図７　宮里城跡縄張図

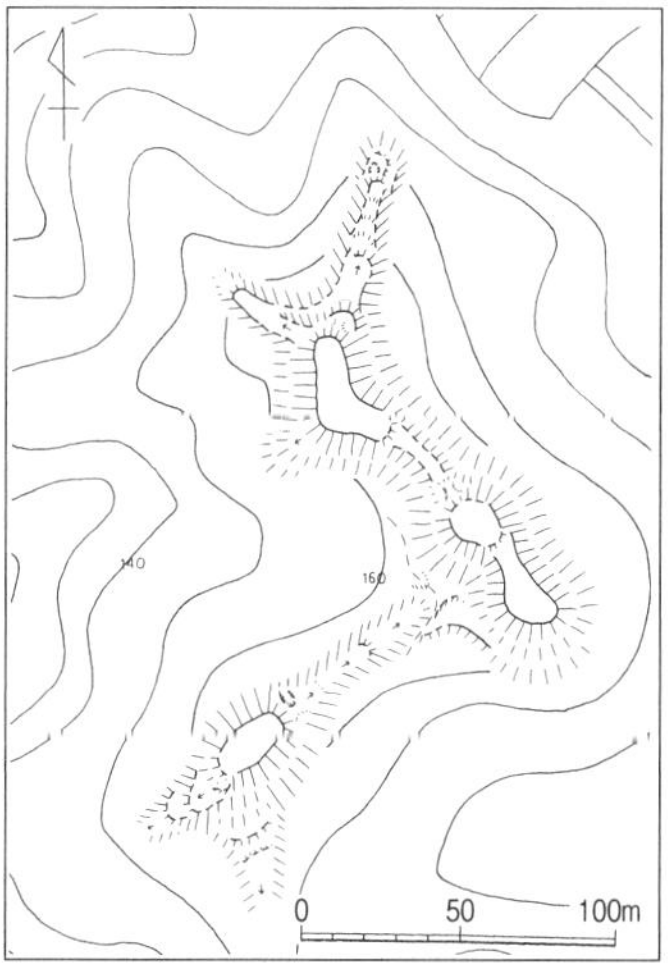

図６　興蔵寺城跡縄張図

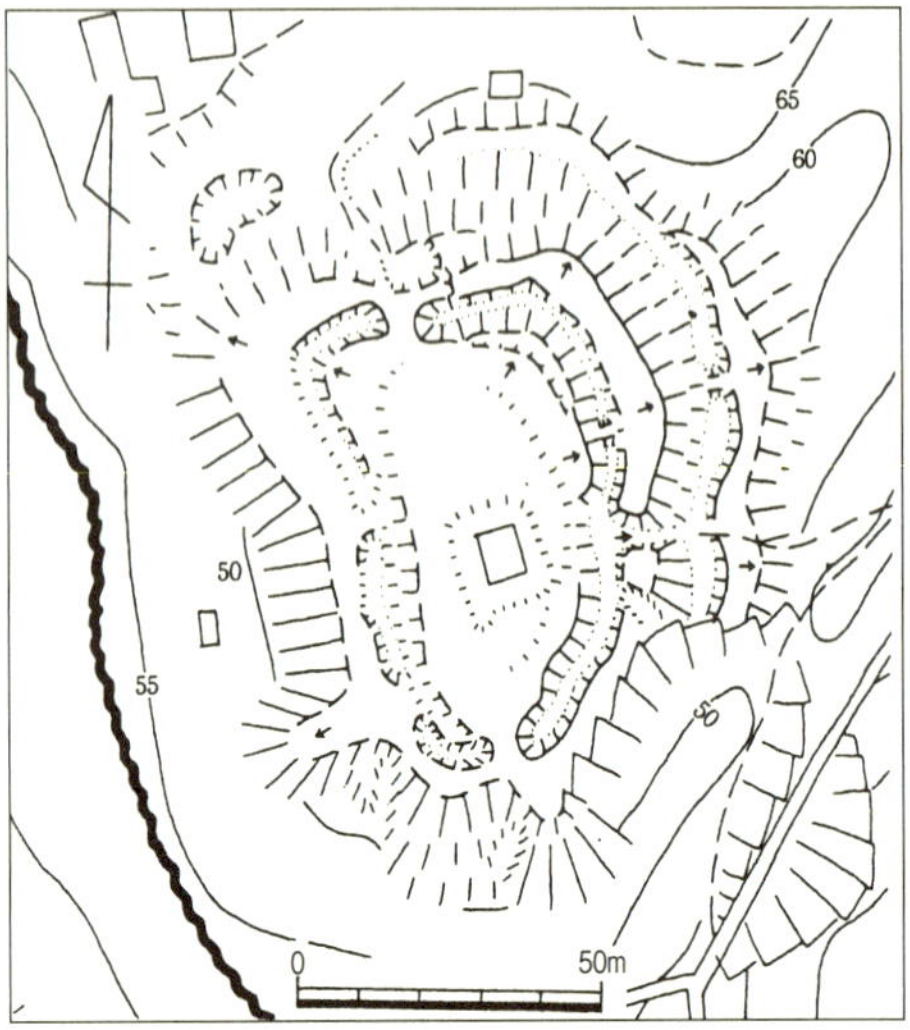

図８　千石堀城跡縄張図

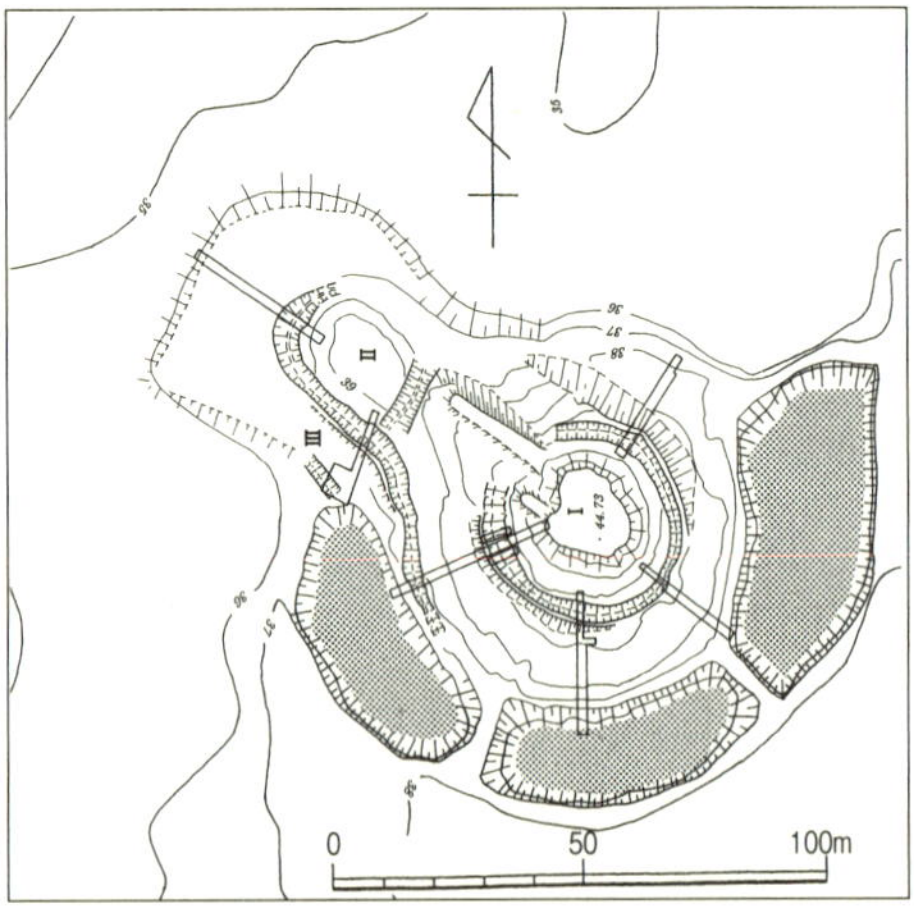

図９　久米田貝吹山古墳　城郭推定復元図
（注（12）論文より引用。枠内は発掘調査のトレンチ、トーンは水濠を示す）

いては確定できない。そこで、解釈としては次の二つの仮説が成立すると思われる。

①…ⅡはⅠが複雑化したもの、発達したもので、時代的に新しい

⇒永禄期以降の和泉国では根福寺城と千石堀城、久米田貝吹山古墳だけが機能する

②…ⅡはⅠから発達したものであったとしても、時代の前後までは問えない

⇒Ⅱの山城に厳重な軍事的構築物が設けられる要因があった

ここでは、希少なⅡのタイプに注目したい。数が少ないだけに特徴を抽出しやすいと考えるからである。

千石堀城は、削平状況が不十分な曲輪を中心として喰違い虎口を伴う横堀をめぐらした臨時的な構造である。羽柴秀吉による天正十三年（一五八五）の戦国期岸和田城を拠点とした紀伊侵攻時に機能した根来寺勢力の陣城群のひとつであった(11)。また、久米田貝吹山古墳も同様の特徴を持ち、永禄五年（一五六二）に戦国期岸和田城を押さえていた三好実休が畠山氏、根来寺と合戦を行った際の陣城と評価される(12)。このため、Ⅱの成立要因としては、平野部の戦国期岸和田城方面と山間部に拠る根来寺勢力との間に起きた直接的な戦争が臨時的な城館、つまり陣城として具現化したものと推察される。

しかし、根福寺城は、多田暢久が評するように、防御ラインに加えて巨大な曲輪を構築し、山岳寺院を取り込むなど、構造的にも面積的にも和泉国の中で突出する(13)。この城には臨時性とは対になる恒常性をうかがうことが可能である。その理解としては、先の村田によるルートを掌握した根来寺勢力の山城という評価と、旧稿(14)で述べた南河内の状況を参考にしたい。

河内国では、紀伊国守護を兼帯する守護畠山氏による勢力が畠山義就派、同政長派の二派に分かれ、没落した一方が軍事的後背地とする紀伊国から南河内の山間部を足がかりに北部へ進出し、高屋城（大阪府羽曳野市）を奪還する軍事行動パターンがあった。そして、南河内ではⅡが平野部に近い軍事境界線の進出ルート沿いに分布していた。

畠山氏の勢力と根来寺には山間部越しに北の平野部へ進出する構図が共通する。しかし、南河内には山深い山間部にⅡが存在しない。これは、畠山氏が地域社会から「高屋屋形」と称されたように、権力として平野部に存在する高屋城の掌握が不可欠であったのに対し[15]、根来寺勢力には和泉国の平野部に同様の城館が無かったことに起因しよう。根来寺は境内の寺院機能そのものを和泉に進出させる動機に欠けるのである。また、羽柴秀吉の紀伊侵攻時に泉南の村落が城へと転じたように、北からの軍事的緊張には地域社会が対応をみせた[16]。このため、平野部に近い山城が前線となる機会は少なく、Ⅱの根福寺城は村田が指摘するように泉南と根来寺境内を繋ぐ山深い地に立地したと思われる。和泉国におけるⅡの分布は根来寺勢力が軸となり、直接の軍事緊張とその恒常的な地域社会との関わり方が反映しているとみることができよう。そして、平野部に近いⅠには積極的な改修動機がない、つまりⅠとⅡは並存していたものとして、先の仮説では②の蓋然性が高くなると考える。

さて、和泉国と南河内における山城分布の様相は異なるが、両地域の山間部は地形的に一体である。両地域の歴史的背景を文献史学の成果からみていくと、和泉国と根来寺が河内、紀伊両国の守護家である畠山氏と強いつながりを持っていたことが注目される。

小谷利明によれば、文明九年（一四七七）に河内へ下った畠山義就が端緒となり[17]、後に根来寺は政長流畠山氏と軍事行動などを介し、和泉国で守護代的な役割を果たして一種の公権力化を遂げたとされる。室町期から戦国期の和泉国守護は上守護家・下守護家の細川氏一族が共同支配していたが、畠山氏が徐々に力を扶植していたのである。

しかし、上守護家の守護代松浦氏が守護家から自立を強め、天文十八年（一五四九）以後は畿内政権化した三好長慶と結託して和泉国支配を進めた。山中吾朗によれば、永禄元年（一五五八）ごろから和泉国では松浦氏が守護、その守護代が岸和田氏とみなされ、三好氏と対立する畠山氏に敵対することになった(18)。永禄五年に起こった教興寺合戦（大阪府八尾市）では、三好氏と畠山氏が全面対決したが、畠山氏の主力は根来寺であり(19)、松浦氏は三好方についた(20)。

このようにみると、和泉国と南河内の山城には大きく畠山氏勢力が関係し、根福寺城が掌握する和泉、南河内へのルートは根来寺だけではなく、畠山氏勢力による大規模な軍事行動をも支えていた可能性が高い。これらの山城と相対する松浦氏が拠ったのが平野部に立地する戦国期岸和田城であった。その構造は不明ながら、おそらく平地城館の範疇に収まるものであろう。

現在、旧和泉国にあたる平野部も都市化が進み、平地城館の状況が判明する材料は乏しい。土塁の遺構が認められるのは和泉国南端の淡輪城（大阪府岬町、図10）ぐらいであり、他には羽柴秀吉侵攻時に村落が根来寺の出城に転じたとするものが目に付く程度である。逆に考えれば、この段階まで平地に城館が成立する要因が少なかったとも評価でき、戦国期の和泉国は平地城館が群立するような状況に無かったと想定される(21)。

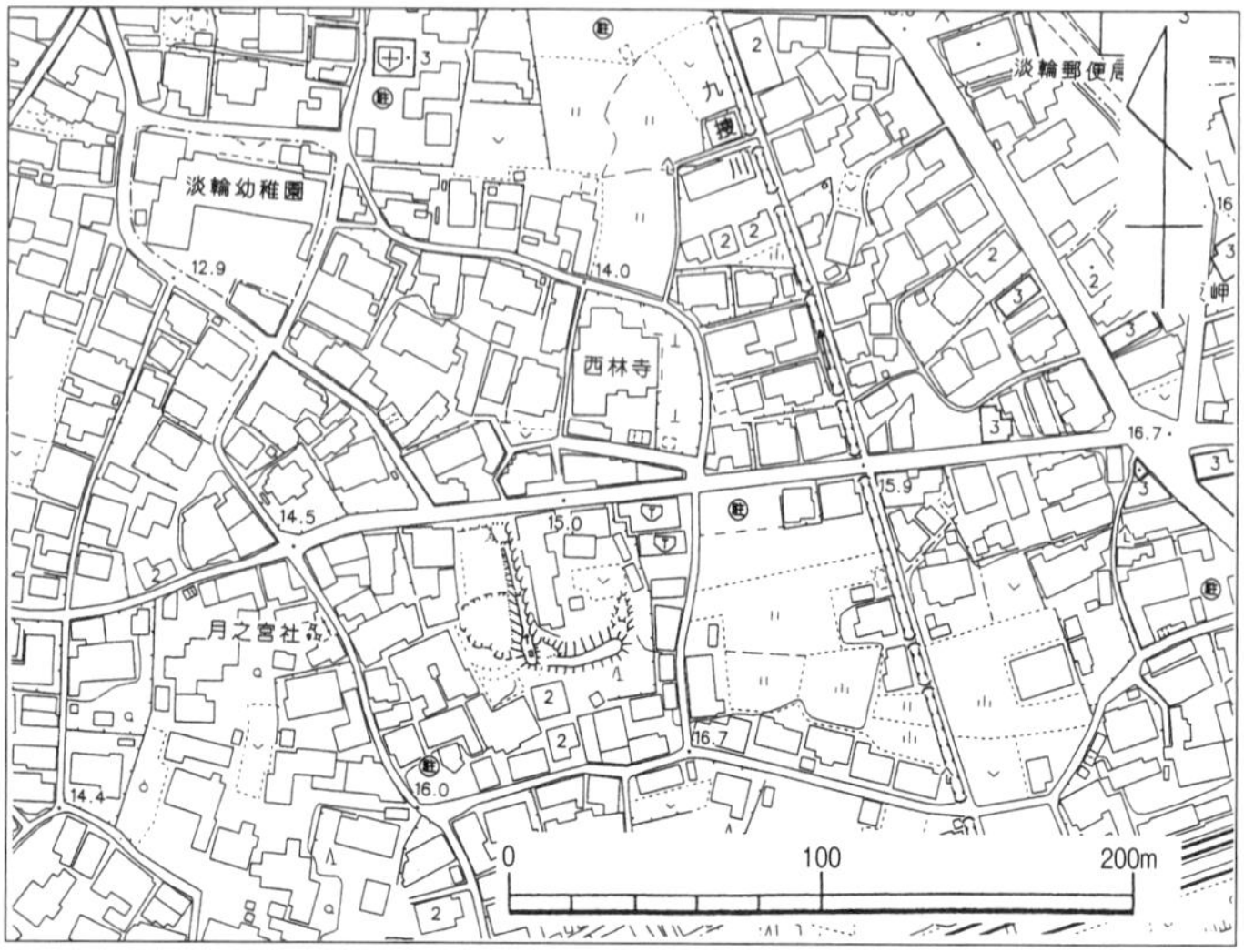

図10　淡輪城跡縄張図

大阪府下で中世城館の悉皆調査が行われていない現在、和泉周辺のトータルな城館像の中に戦国期岸和田城と岸和田古城を位置づけることは困難である。しかし、数少ない平地城館であることは間違いない。戦国期岸和田城には根来寺などの紀伊国の勢力に対する防御拠点であったとする従来の評価(22)に加え、和泉国から南河内へと連なる山城群に直面した平地城館という評価が可能であろう。

二　岸和田古城と戦国期・近世岸和田城

次に、岸和田古城と戦国期・近世岸和田城との関係について考察を行う。戦国期岸和田城には、十六世紀半ば以降に松浦氏が本拠をおいたとされる(23)。その所在地は断定できないが、一般的に城郭は周囲地形との高低差が確保しやすい選地になることから、大阪湾に接した台地先端に位置する近世岸和田城の地に比定するのが妥当と思われる。しかし、その場合に遺構は近世岸和田城の下に埋没することになるため、構造等の実態把握は困難となる。そこで、以下では城郭の構造ではなく、主に地域権力論から岸和田古城と戦国期・近世岸和田城についてみていくことにする。

まず、注目したいのが永禄九年（一五六六）に和泉国北部で起こった家原合戦（堺市）において、三好三人衆方に敗れた松浦氏の勢力が「和泉国衆討死して残衆岸和田へ被籠由候」と『細川両家記』に記されたことである。(24) 山中吾朗は、松浦氏の権力は岸和田、寺田氏ら「国衆幷四人之者」が支え、形成した家中には「同名」「年寄」らがいたとする。(25) また、天野忠幸は、戦国期岸和田城には岸和田、寺田氏らの年寄、三好長慶弟の十河一存が在城し、和泉一国の政庁として機能したと評価する。(26) 和泉国内の松浦氏に与する勢力が戦国期岸和田城に結集していたといえる。

戦国末期の畿内では、地域の結集核となる城館が生み出されていたことが指摘されている。山城国西岡の勝龍寺城（京都府長岡京市）は国人らが自主的に入城する城館で、上部権力はこの城を押さえることで支配の正統性を確保したことを仁木宏が明らかにしている。(27) また、福島克彦によれば、先にみた高屋城や大和の多聞城（奈良市）が地域社会に政庁として認知されていた。(28)

織田政権下の天正九年（一五八一）、戦国期岸和田城には蜂屋頼隆、津田信張という武将が入るが、その理由として『真鍋家記』では寺田・松浦氏と沼間・真鍋氏間の紛争調停をあげる。(29) 近世の記録であるものの、この記事は戦国期岸和田城の確保が地域社会の上部権力に求められた結果を反映するのではなかろうか。畿内における地域社会が形成した拠点城館の一つに戦国期岸和田城を加えることは可能であろう。

さて、岸和田古城については、岸和田市教育委員会が実施した発掘調査によって、存続期間が十五世紀後半～十六世紀初頭と推定されている。この前年の調査では十四世紀後半～十五世紀前半が推定存続期間とされていたため、その評価には不安定な印象があるが[30]、ここでは十五世紀後半～十六世紀初頭を一応の存続時期として、岸和田古城を取り扱う。

岸和田古城には、「岸和田古城図」や地籍図を駆使した仁木の考察があり[31]、一辺一〇〇メートル四方の曲輪と土塁を備えた二つの小規模な曲輪が確認された。この規模と構造は一般的な在地勢力の城館の評価を超えるため、仁木は郡規模を統治するような施設が軍事的緊張下で要害化した可能性を見通し、この主体に南北朝期以降の活動が確認できる国人岸和田氏を比定した。

先にも触れたが、岸和田氏は十六世紀半ばに松浦氏を支える重臣となる。しかし、元々は松浦氏と対立する守護細川氏の「内者」であった[32]。松浦氏と岸和田氏が接近した理由は不明であるが、この接近が戦国期岸和田城の成立をもたらしたと評価されている[33]。よく似た事例としては、摂津国において、南北朝期以来の活動がうかがえる国人芥川氏に守護代薬師寺氏が養子を送り[34]、三好氏の一族が芥川氏を名乗ることがあげられる[35]。地域に基盤を持たない勢力による在地国人の吸収とみることができよう。

さて、これを城郭史の視点からみると、少なくとも十五世紀後半から十六世紀初頭まで機能した郡規模の中心城館と、十六世紀半ばに国規模の地域社会が形成した拠点城館との接点の可能性が示されたことになる。東国においては、十五世紀半ばから後半にかけて戦国期へと連続する日常的な城館が登場することが指摘されているが[36]、畿内周辺では類例自体乏しい。

また、戦国期岸和田城は織田政権下の天正九年（一五八一）にその武将が入城し、一国の政治・軍事の拠点城館としての機能が継続した。また続く豊臣政権下では天正十一年に中村一氏、同十三年に小出秀政という豊臣大名が拠る近世岸和田城として和泉一国の中心となった。そして、その機能は城下の成立という経済の中心機能を加えて近代に至るまで継承されたのである。

表1は、現大阪府域を中心とした摂津・河内・和泉の三国における十六世紀半ばから十七世紀初頭にかけての、郡規模以上を念頭に置いた拠点城館の変遷をおおまかに示すものである。一五七〇年ごろまで、守護や有力国人の系譜を引く城館が並存しているが、織田政権が大坂本願寺との「石山合戦」に勝利して以後、一国破城令などの政策により、それらが一気に収斂される[37]。そして、この段階で選定された城館が近世城郭へと存続することになるが、この中で確実な戦国期の中心城館が近世以降も踏襲されたケースは近世岸和田城がほぼ唯一といえる。これは全国的にみても珍しいケースである。

さらに十五世紀後半成立の岸和田古城と戦国期岸和田城との関係は、先に紹介した地域権力論から

表１　摂津・河内・和泉における拠点城館変遷図（16Ｃ後半〜17Ｃ初頭）

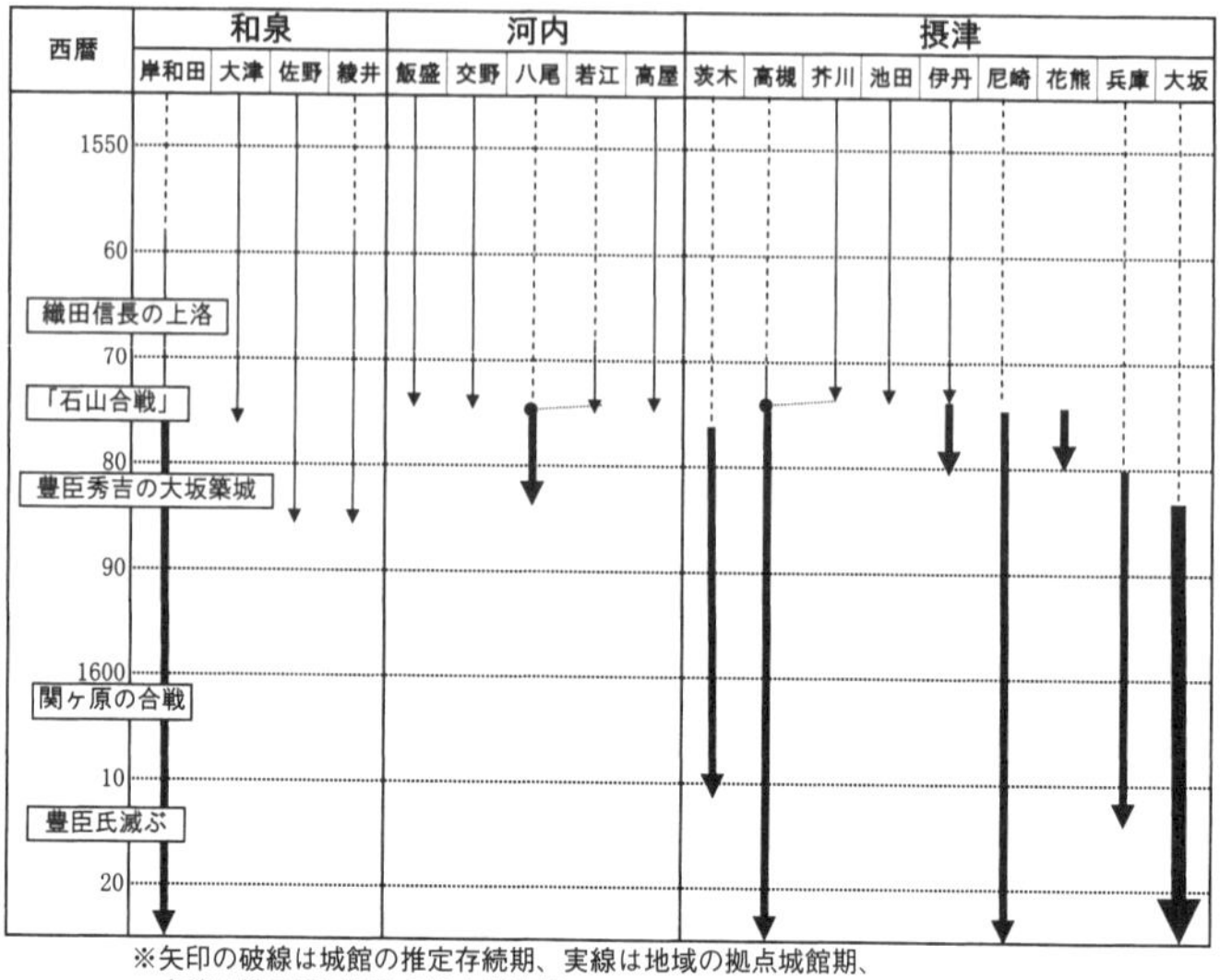

※矢印の破線は城館の推定存続期、実線は地域の拠点城館期、
太線は織田信長以降の拠点城館期

接続することが可能である。岸和田古城と岸和田城は、戦国期の地域における拠点城館の成立だけではなく、織田政権以降の統一権力による城館の選定と破却をもトータルにとらえることができる稀有な事例といえる。

おわりに

大都市近郊では、平地城館の遺構が残ること自体が貴重である。岸和田古城については、近世岸和田城へとつながることで、その価値は一層高まる。現在もまちの〝顔〟である近世岸和田城の歴史的評価をみるとき、もはや岸和田古城とのセット関係を度外視することはできない。

また、先述したが発掘調査の成果[38]からは、岸和田古城には南北朝期から存続していた可能性がなおも残る。そうだとすると、この意味合いにおいても、岸和田古城には全国無二の評価が与えられる。そして、岸和田には南北朝期以来、現在に至るまでの歴史が城館を通じて、提示できることになる。

現在、各地で平地城館の遺構に対する注目が高まっている。これは、歴史的、文化財的な価値だけではなく、近隣住民による地域の見直しやまちづくりの核としての注目によるところが大きい。兵庫県尼崎市の富松城、大阪府豊中市の原田城などが良い事例となる。(39) 古城をめぐる岸和田市民の思いも忘れてはならない。(40) 城館研究者による積極的な平地城館へのアプローチが一層必要になるように思う。

また、今回は和泉国全体の城館について、詳細な遺構の解釈を行うことができなかった。帯曲輪や横堀による防御ラインについては地形的な要因、地域内部の様相、他のパーツとの関わりから再評価する必要もある。(41) 悉皆的な調査とともに、南河内を含めた再検討を今後の課題にしたい。

注

（1）名古屋市周辺の大都市圏を擁する愛知県では、地籍図を活用した中世城館悉皆調査を県教育委員会が実施した。平地城館の情報を豊富に把握しており、その成果は報告書で広く公表されている（『愛知県　中世城館跡調査報告　Ⅰ〜Ⅳ』一九九一年〜一九九八年）。

（2）兵庫県の旧摂津国域にあたる阪神間の地域を含んでも、一部遺構を残すものは原田城跡（大阪府豊中市）、池田城跡（大阪府池田市）、富松城跡（兵庫県尼崎市）、有岡城跡（兵庫県伊丹市）、私部城跡

（大阪府交野市）、高屋城跡（大阪府羽曳野市）と数少ない。和泉国の状況については本文で述べる。
（3）仁木宏「岸和田古城の歴史的評価をめぐって」（『基盤研究（B）（15320116）中・近世における都市空間の景観復元に関する学際的アプローチ』科研費補助金成果報告書　代表藤田裕嗣、二〇〇七年）。本書福島論文参照。
（4）二〇〇七年七月十六日実施の岸和田古城跡発掘調査（第三次）現地説明会資料による。本書山岡論文参照。
（5）前掲注（4）によれば岸和田古城も発掘調査では十六世紀初頭に廃絶したとされ、有力な候補地にはならない。
（6）和泉国全体をとらえた研究は十分な蓄積がなされていないように思われる。管見の範囲内の研究として村田修三「雨山・土丸城と中世城郭史」（小山靖憲・平雅行編『歴史の中の和泉　古代から近世へ』和泉書院、一九九五年）をあげておきたい。
（7）前掲注（6）論文。
（8）中西「戦国期における地域の城館と守護公権―摂津国、河内国の事例から―」（村田修三編『新視点　中世城郭研究論集』新人物往来社、二〇〇二年）。ここではⅠ型を「曲輪・切岸型」、Ⅱ型を「曲輪・防御ライン型」と呼んでいる。
（9）多田暢久「播磨河内城の縄張り」（『歴史と神戸』一六一、神戸史学会、一九九〇年）、同「織豊系城郭以前」（『奈良史学』一三号、一九九五年）、同「那波浦城の縄張り」（『那波浦城跡』相生市教育委員会、一九九七年）、中西「京都　勝軍山城・如意岳城の再検討」（『愛城研報告』四、愛知中世城郭研究会、一九九九年）、同「南河内における戦国期山城の構造」（『河内長野市城館分布調査報告書』河内長野市教育委員会、二〇〇一年）。

（10）本図には「岸和田古城図」を収める『和泉国南日根郡城跡図』のうち、山城である「河合城山」「三箇山城跡」の所在を反映した。この絵図集が客観的な現地調査を基に作成されたと判断できるからである（詳しくは本書所収の福島論文を参照）。なお、「河合城山」「三箇山城跡」の分類については保留している。

（11）玉谷哲「根来寺の出城」（『日本城郭大系　一二』新人物往来社、一九八一年）、水島大二「根来寺の出城群」（『和歌山県立博物館　研究紀要』第八号、二〇〇二年）、藤岡英礼「積善寺城　付、千石堀城等根来寺城郭群」（『図説　近畿城郭事典』城郭談話会、二〇〇四年）。なお、水島が城郭群の実態を環濠集落に近い村落を想定するのに対し、藤岡は評価に慎重な姿勢を取っている。

（12）遠藤啓輔「久米田貝吹山古墳」（『図説　近畿城郭事典』前掲注（11）書）。

（13）多田暢久「根福寺城」（『図説　近畿城郭事典』前掲注（11）書）。

（14）前掲注（8）論文。

（15）福島克彦「戦国期畿内近国の都市と守護所」（内堀信雄他編『守護所と戦国城下町』高志書院、二〇〇六年）。

（16）廣田浩治によれば根来寺は和泉国内に支配執行機関や常駐する軍勢をおかず、在地の秩序や武力を重んじた（「地域の公権力としての中世根来寺」『根来寺文化研究所紀要』第二号、二〇〇五年。「中世根来寺の戦争と武力」『和歌山地方史研究』五〇、二〇〇五年）。なお、多くの先行研究において、根来寺の基盤として泉南の地侍層が把握され、近年でもそのようにとらえられている（近藤孝敏「根来寺勢力の和泉国進出と地域支配（上）」『和歌山県立博物館　研究紀要』第八号、二〇〇二年）。

(17) 小谷利明「畿内戦国期守護と室町幕府」(『日本史研究』五一〇号、二〇〇五年)。

(18) 山中吾朗「和泉国松浦氏小考―永禄年間を中心に―」(小山靖憲編『戦国期畿内の政治社会構造』和泉書院、二〇〇六年)。

(19) 弓倉弘年「教興寺合戦をめぐって」(弓倉弘年『中世後期畿内近国守護の研究』清文堂出版、二〇〇六年、初出一九九一年)。

(20) 前掲注(18)論文。

(21) 前掲注(11)『日本城郭大系 一二』。なお、本書所収の福島論文では『和泉国城館跡絵図』から得られた平地城館に関する新知見が提示されている。今後、現地遺構の有無や地籍図の検討等を進める必要がある。しかし、この点をふまえても平地城館が群在する状況はやはり想定しづらい。

(22) 前掲注(11)玉谷論文。山中吾朗『戦乱の中の岸和田城―石山合戦から大阪の陣まで―』(岸和田市立郷土資料館、二〇〇四年)。本書山中論文参照。

(23) 廣田浩治「岸和田」(『守護所・戦国城下町を考える』第二分冊、守護所シンポジウム@岐阜研究会、二〇〇四年)。

(24) 『細川両家記』永禄九年二月条。

(25) 前掲注(18)論文。

(26) 天野忠幸「十河一存と三好氏の和泉支配」(前掲注(18)書)。

(27) 仁木宏「戦国期京郊における地域社会と支配―西岡勝龍寺城と「一職」支配をめぐって―」(本多隆成編『戦国・織豊期の権力と社会』吉川弘文館、一九九九年)。

(28) 前掲注(15)論文。

(29) 前掲注(18)論文。
(30) 両調査期間に開催された多くの研究会では十四世紀後半～十五世紀前半という遺構の年代観が大きな論点となり、千田嘉博は城郭史の立場から検出された土塁の状況を勘案し、城館の年代を十六世紀にまで引き下げるべきとの提言している。本書山岡論文参照。
(31) 前掲注(3)論文。
(32) 矢田俊文「戦国期の守護代家」(矢田俊文『日本中世戦国期権力構造の研究』塙書房、一九九八年、初出一九八九年)。
(33) 前掲注(26)論文。また、矢田俊文は二〇〇七年一月開催の一六一七会岸和田例会で発言し、岸和田氏が松浦氏を養子に迎え、岸和田城に入る大きな契機となったことを指摘した。
(34) 『不問物語　六　芥川被討事』(『高槻市史　第三巻』一九七三年に所収)。
(35) 『二水記』永正十七年五月九日条。
(36) 齋藤慎一『中世武士の城』(吉川弘文館、二〇〇六年)。
(37) 織田政権による従来の戦国期城館の選定理由については、近日中に別稿「(仮題)畿内都市と信長の城下町」で述べる予定である。
(38) 二〇〇六年八月二十六日実施の発掘調査現地説明会資料による。
(39) 富松地区では、富松城跡を活かすまちづくり委員会を中心に活発な活用がなされ、大学などと協働して作成したホームページ「バーチャル博物館・富松城歴史博物館」でその内容を紹介している。また、原田城跡は市指定史跡として豊中市が買い上げ、市民と行政が「原田城跡の未来を考える会」を結成した。

（40）大阪府茨木市の茨木城では、遺構が失われているものの地域住民を中心に高い関心が寄せられている。中村博司編『よみがえる茨木城』（清文堂出版、二〇〇七年）を参照されたい。

（41）多田暢久「播磨　屋口城跡の縄張について」（『城館史料学』三、二〇〇五年）。

第六章　岸和田城下町の成立

大澤研一

はじめに

岸和田の歴史のシンボルは、と問えば、多くの人が岸和田城を挙げるだろう。それだけ岸和田城はよく知られ、市民に親しまれた存在といえよう。今回、岸和田古城に対する保存運動が高まったのも、岸和田城の存在を通して〝城〟に対する親近感を育んでいた人が多かったためではなかろうか。

ところで、岸和田には城だけではなく、城下町という歴史遺産もある。岸和田市中心部に継承されている城下町は近年整備が進み、大阪府内では珍しい城下町景観を楽しむことができるようになってきた。しかしながら、城下町の形成過程に関する研究はこれまであまりふるわなかった。その大きな理由としては、信頼できる一次史料の絶対的な不足があげられよう。『岸和田市史』はその欠を補うべく、発掘調査の成果を援用するなどしているが、その記述は概略的なものにとどまっている(1)。

また、従来、岸和田城下町は漠然と近世の所産として扱われてきた。もちろん、岸和田城下町という言い方をすれば、それは近世岸和田城の誕生と切っても切れない関係にある。しかし、後述のように、近世岸和田城の成立を待って初めて岸和田の地に町場が誕生したわけではないし、そもそも近世以前の岸和田城に城下町があったのか、なかったのかという問題はまったく議論されてこなかった。いずれにせよ、近世城下町は先行する町場を継承・再編する形で形成されるのが一般的であるが、岸和田の場合、そうした観点からの研究は行われてこなかったのである。

本章ではこうした問題意識に立って、十五世紀の岸和田古城期から十七世紀前半の岡部入城期にいたる岸和田の町場のありかたを検討し、近世城下町の成立にいたる過程を明らかにしてみたい。

城は領主支配の中核的存在であり、城下町は領国経営の思想をコンパクトに具現化した場とみることができる。しかし、城下町は領主側の一方的な都合だけでは存立しえない。城下町を現実に町として成り立たせているのはむしろ住民たちであろう。彼らの手による都市運営や経済的な活動が実際の城下町を形づくったからである。

その点では岸和田城下町も同じである。しかも、長い年月のなかで城はその用途をドラスティックに変えてしまったが、城下町は緩やかに変化しながらも代々の住民がさまざまなものを継承して今にいたっている。本章が、岸和田城下町の歴史を再認識する手がかりを提供することができれば、望外の喜びである。

一　岸和田古城の時代（十五世紀末頃まで）

岸和田古城は発掘調査の結果、十五世紀後半から十六世紀初頭まで存続したことが明らかとなった（本書山岡論文）。では、こうした岸和田古城期の町場はどのようなであったのだろうか。注目したいのは、岸和田の湊である。

〈史料1〉「水間御宮上棟奉加幷算用帳」延徳四年（一四九二）卯月十八日付（部分）(2)

一、下行分

（中略）

一貫七百五十文 船賃三度分　　一貫八百十文 堺へ三度行雑用

百文 木買堺行大工作料　　三百文 岸和田ヨリ木持夫賃

（中略）

已上五十五貫二百十四文

（中略）

惣已上百十六貫四百八十五文

ヒワタノ棟上

延徳亖年壬子卯月十八日午尅　目代阿快誉

この史料は十五世紀末、水間御宮（貝塚市水間）造営時に支出された経費の書き上げであるが、ここから造営に用いる材木の一部が堺で調達され、さらに岸和田から水間へは人夫を雇って運ばれたことが知られる。堺へは船で出かけており、材木は堺から岸和田までは舟運を利用して運ばれたのであろう。つまりこの当時、岸和田には湊が存在したことがわかるのである。

岸和田の海岸部の地形は寛政三年（一七九一）に港湾が整備されて以降、大きく変容してしまったが、かつて泉州の海岸線は現在の岬町一帯を除けば基本的に砂浜であり、岸和田もその例にもれない。そうした条件下で、河川が海に流れ込む河口部が船溜りとなり、湊が形成されるのが通例であった(3)。中世岸和田の範囲は、文禄三年（一五九四）「岸和田村検地帳(4)」を参考にすれば、現町名で南北が南町から上野町まで、東西が別所町から北町までの一帯となり、そのなかでの河川となると古城川が唯一となる。

古城川は、和泉山脈から北西の大阪湾へむかって傾斜していく丘陵に刻まれた開析谷のひとつを流れており、その流路は基本的に変化していないと思われる。この古城川の河口部に岸和田の湊があったとみるべきだろう。

ところで、この湊は十五世紀初めにはすでに機能していた形跡がある。それをうかがわせるのが応永七年（一四〇〇）、岸和田庄の半分を石清水八幡宮寺に寄進した足利義満の寄進状である(5)。石清水八幡宮領については、瀬戸内地域を中心に広く海上・河川・陸上交通の要衝に位置したこと、石清水神人がそれらを結んだ廻船活動にたずさわったであろうことが指摘されている(6)。岸和田も同様の立地条件にあることから、石清水八幡宮へ送られる荘園年貢の海上輸送の拠点（中継地）として位置づけられたのであろう。

しかし、〈史料1〉の十五世紀末段階になるとその機能は大きく変化した。石清水八幡宮領として荘園制的交通の拠点であった湊が、和泉国南郡（現岸和田市と貝塚市北部）一帯の地域社会における交通・流通構造に位置づけられた湊として、他都市・他地域との通交の窓口へと機能をシフトさせたのである。十五世紀における荘園制の後退、地域社会の成長という社会変動のなかで、岸和田の湊は地域社会に即した湊としての性格を強めていったのであった(7)。

岸和田の湊は、地域社会の湊としてその有用性が広く認められるにつれ、周辺に町場を展開させていったものと推測される。この湊こそが岸和田における町場の起点だったといえよう。しかし、岸和田古城および戦国期岸和田城は古城川を少しさかのぼった左右の高台に立地し、この湊町からは一定の距離をおいた。それは、室町時代、港湾を掌握するために武家の設置した拠点が湊の後背に位置する事例と共通する現象である。それはこの段階において、先行した湊町を武家が直接掌握することが困難であったため、むしろ湊から主要街道（ここでは熊野街道）へ通ずるルートの掌握を意図した結果と指摘されている(8)。

ここでは岸和田における都市的な場の濫觴が湊にあったこと、この湊は岸和田古城から一定の距離を保っており、武家の直接の関与は及ばなかったことを確認しておきたい。

二　岸和田氏・松浦氏の時代（十六世紀の第三四半期頃まで）

岸和田古城の時代が終わると、十六世紀前半、現在の岸和田城とほぼ同じ位置[9]に戦国期岸和田城が築かれた。それは岸和田豊前守による築城と推定されている（本書山中論文）。戦国期岸和田城については次の〈史料2〉に注目したい。

〈史料2〉『かりそめのひとりごと』「一四　永禄より文禄頃の岸和田[10]」

①松浦のときは、今の東大手を、おもてとしてとりたてしが、小出の代に今の大手を表とせり。元和の中ごろより、松平防州在城あらせ給へり。因みにここの文禄の高帳をうつしてみす《ママ》。今の町ぶり、人数などをてらしあわせて、当時の質素をしるべし。

屋敷弐丁弐反四畝	弐拾壱石余	浜町
同　弐反	弐石四斗余	かた町南町
同　五反拾八歩	六石七升弐合	南町
同　五反弐畝	六石弐斗四升	同
同　三拾壱反八畝	三拾八石壱斗六升	北町

同　五反五畝十四歩　六石壱斗五升六合　　中町
　右五くち屋敷、今丸之内に成る
屋敷壱丁　　拾弐石　　向町
明屋敷弐丁七反八畝拾弐歩　三拾三石四斗八升　南畠
　此南畠、今は丸之内に成る

かくあり。②向町いまの南大手のところなり。南畠も、いまは城内に入れり。③五口といふは、今の堺町口より、伝馬口までの間なり。④北町・南町も、このなかにて、今の北町・南町は、田面なりし。⑤浜町は今の魚屋町の東なり。⑥又享禄の記には、上町・下町あるは、上町・浦町ともあり。上町ちふはいまの百姓町なり。うら町は今の本町のほとりなり。この、うへまちといふとなへ、今は百姓町の小名にのこれり。（後略）

『かりそめのひとりごと』は岸和田藩領内での見聞を集めた中盛彬の著作である。天保年間（一八三〇～四四）中頃の成立ではあるが、古文書をはじめとする諸文物を忠実に臨模・収録し、慎重な考証作業をおこなうなど、全般的に信頼性の高い内容をもつと評価されている。「永禄より文禄頃の岸和田」と名づけられたこの一項も、「文禄検地帳」をほぼ正確に引用するほか[11]、後半では興味深い伝承の紹介と解釈を示している。

まずは傍線①であるが、松浦氏時代の戦国期岸和田城（本書山中論文では永禄以降とする[12]）の大手は

「今」（近世岸和田城）の東大手の位置であったとする。近世の東大手口は現在の市立図書館から宮本町へ抜ける道が古城川を渡る城見橋の南にあった（巻頭図版「岸和田周辺図」参照）。近世岸和田城は海側の北大手が正面となっているので、この記事によれば、戦国期岸和田城の築城理念は近世段階と大きく違っていたことになる。

　では、戦国期においてこの東大手一帯はどのような場所であったのだろうか。この点についてヒントを与えるのが考古学の成果である（本書山岡論文）。それによれば、この東大手を含む現岸和田城の東から東南にかけての地区では、羽釜片や瓦片など中世中期以降の遺物が出土する事例があるという。それに対し、近世城下町が展開する海側の地ではさかのぼっても十六世紀終わり頃の遺物しか確認されていない(13)。前者の発掘成果は今後さらに検証される必要があるが、この一帯に岸和田古城と並ぶ時期に集落の存在した可能性があろう。

　また、この地区には南北方向に抜ける古道が通っていたと推測される。この古道は、近世段階では岸和田城のなかに取り込まれ、東大手から北へ伸びる部分しか確認できないが、その様子は明治十九年（一八八六）の仮製二万分の一地形図からも読み取ることができる。通称「府中街道」と呼ばれた道である(14)。この道で東大手から城見橋を越え、そのまま進むと、和泉の主要道である熊野街道を経て府中（和泉市）へと達することができた。この道は、府中の存在が意味をもつ時代の余風を伝えていると思われるので、その成立は中世にさかのぼる可能性が高い。

このような東大手地区一帯の集落や古道の存在を前提とすれば、当時の岸和田城が東大手を正面としたという伝承は一定の蓋然性をもつものと思われる。

その場合、〈史料2〉傍線⑥に引く「享禄の記」にみえる「上町」という町場の存在が注目される。上町は「いま（江戸時代）（大澤注）の百姓町」に該当するといわれ、江戸時代には町場として名を残さなかったが、「文禄検地帳」には名請人の在所名としてその名をとどめていることから、戦国期には存在したとみてまちがいない。この上町は、その位置が百姓町にあたるとなれば、城見橋北側の「府中街道」沿いと古城川の右岸に沿って広がっていたことになる[15]（現在の宮本町の北西部）。『享禄の記』を文字どおり享禄年間（一五二八～三二）のものと受け取るにはためらいがあるが、以上から、上町が戦国期において城見橋北詰付近から古城川の右岸にかけて存在した町場であるという推測が得られる。つまり、この上町は東大手の前面に位置したことになる。

以上から、戦国期岸和田城近辺の状況を復元すると、先行する集落と古道の存在を前提に東大手を正面とする戦国期岸和田城が存在し、さらにその前面（北側）に上町が位置したということになろう。

この上町は、戦国期岸和田城と密接な関係をもっていた可能性がある。のちの小出秀政時代、岸和田城は正面を北大手に向けたが、それにあわせるかのように、小出時代の「文禄検地帳」では、上町は町場としての地位を失ってしまっているからである（後述）。したがって、上町はその発生の前提として戦国期岸和田城の存在を考える必要があり、そこには城側から一定の影響力が及ぼされていたと推測される。しかし、地形的には東大手地区と上町との間には古城川が流れており、両者が一体的な空間を築いていたわけではなかった。空間的にはあくまで別々の存在であり、この段階ではその構造が解消できなかったところに注意する必要がある。

ところで、「享禄の記」によれば、この当時、上町のほかに下町が存在した。下町は「浦町」とも称し、「今の本町のほとり」にあったとする。浦町という名から海岸部にあったことがわかるので、この下町は先に指摘した古城川河口付近にあった湊町の系譜を引くものとみてまちがいなかろう。すなわち、岸和田全体でみれば、この時期の町場は戦国期岸和田城の前面にあった上町、および海岸部(段丘下)の下町が二つの極として存在していたことになる。

以上のような、岸和田城が東大手を正面とし、かつ上町・下町が並存する状況は少なくとも松浦氏時代の末期までは存続したと思われる。本書山中論文によれば、戦国期岸和田城をめぐっては、守護と同等の地域権力になるにいたった松浦守が弘治年間(一五五五~五八)頃に姿を消したのち、永禄初年頃より松浦万満が岸和田周防守らの後見を受けて岸和田城主となった。万満は三好政権の承認のもと和泉一国を管掌し、岸和田城は松浦氏のみならず、三好政権の和泉国支配の拠点城郭として重要な役割を担ったと推測されている。しかし、万満の国内統治体制は国衆の積極的な関与に負うもので、その後も松浦孫五郎虎の活動や寺田氏・沼間氏の統治がおこなわれるなど、石山合戦が終結し、天正九年(一五八一)に織田信長の命で津田信張・蜂屋頼隆が入城するまでは支配体制は安定的なものとならず、また岸和田城もその政治的位置が他を常に圧倒し続けたとはいえなかった。このような岸和田城主が変転を繰り返し、また安定的な権力を形成することができなかった政治状況下では、岸和田城の構造に変革をもたらす契機はめぐってこなかったものと推測される。

しかし、町場についていえば、少しずつ変化の兆しがみられていく。現在本町の南端にある光明寺（浄土宗）の由緒に注目したい。

〈史料3〉「浄土宗寺院由緒書巻　上」元禄九年（一六九六）[16]

往古旧寺也、此寺元在岸和田城北、開基年号不分明、然泰誉元亀弐年辛未、寺地移城西建立之

これによれば、光明寺は往古からの古寺であったが、松浦氏期の元亀二年（一五七一）に岸和田城の北から「城西」に移転した。光明寺はその後の移転が伝えられていないので、この「城西」とは現在地（本町の南端）を指すものと考えられる。旧地の「岸和田城北」がどこを指すのかは明確でない。しかし、重要なのは浄土宗寺院として中興され、移転したという伝承である。浄土宗寺院が都市を基盤とする寺院であることを念頭に置くと、移転時には本町が町場化を遂げていた（遂げつつあった）ことが推測される。おそらくこの時期には、下町（湊町）を起点とし、段丘下を本町方向へ町場が広がりつつあったのではなかろうか。この頃は近隣の貝塚も寺内町として都市化が進行しており、海岸部の都市を結ぶ紀州街道の前身の道が確実に機能しはじめていた。岸和田でもこの道に沿って、町場が南に展開していたものと思われる[17]。そして、こうした光明寺の移転および町場の拡人は、先に述べ

た松浦氏の領主権力のありかたを前提にすると、武家が主導したものではなく、都市自らが発展をみせた結果とみなすべきであろう。

このように十六世紀の岸和田は、段丘上にあって東大手を正面とする戦国期岸和田城とその前面の上町、そして段丘下にあって下町から南へ展開する町場が並存しており、町場が分散的に展開する状況だったのである。

三　中村氏の時代（十六世紀末頃）

織田信長が天正十年（一五八二）に没した後、羽柴（豊臣）秀吉の命を受け岸和田城に入城したのは中村一氏であった。それは遅くとも天正十一年（一五八三）七月までのことである。この当時、紀州には根来寺が健在で、日根郡はほぼ全域が根来寺の強い影響下に置かれていた。そうした状況下で、岸和田城は根来寺に対峙する秀吉軍の統轄本部として重要な役割を担った。

〈史料4〉「中村一氏書状」天正十一年（一五八三）〜十二年

尚々馬をも取申候由、近比之儀候、以上、

於鳥羽及一戦、鑓下に而首討取到来、神妙之儀候、只今之被退様自天主見候而感入候、乍去御勤前之儀候由、卒爾之手遣共無用之儀候、手負共何も不可苦之由、先以肝要候、能々養生仕候へと可被申付候、具此者可申候、恐々謹言、

孫平次

十二月十九日　　一氏（花押）

河宗左

進之候

〈史料5〉「中村一氏書状」天正十一年（一五八四）カ

今夜木嶋谷放火一段気味能候。為褒美鳥目千疋指遣候、将亦其方へ相越衆家をこほつ之由無余儀候へ共、当城見苦敷成候へハ如何候、留守人無之所へハ従此方可申付候、妻子共在之仁者其儘可置申候、書立仕候て返事ニ可被申越候、其元普請油断有間敷候、恐々謹言、

（天正十二年カ）
卯月廿二日　　中孫

（花押）

河毛宗左衛門尉

この二つの史料は、中村一氏が鳥羽や木島谷（貝塚市）で根来勢の出城に放火した河毛宗左衛門の戦功をたたえたものであるが[18]、〈史料4〉より岸和田城に「天主」が存在したこと、〈史料5〉より岸和田から木島へ赴いた河毛の配下の兵たちが家を壊して出陣したこと、それにより岸和田城が見苦しくなることを一氏が憂いた様子がわかる。

松浦・中村時代の岸和田城は、「矢倉石垣等も無之、屋舗が間、栄（境）に堀をほりて、麁相なる躰」で

あったと伝えるが[19]、実際には天正十二年頃に天主の建設がおこなわれたのであった。また一定程度、家臣団屋敷も存在し、妻子をともなって来住した家臣のいたことが知られ、岸和田城が城郭としての体裁を整えつつあったことがわかる。

このうち家臣団屋敷については、戦時下でもあり、兵の一時的な居住のための施設とみることもできようが、〈史料5〉の文脈から一氏はそうは考えていなかった様子がうかがえる。むしろ、前代からの岸和田城の性格を考えると、岸和田城を和泉国の拠点城郭として恒常的な施設整備を進めようとする意向があったのではなかろうか。一氏は賤ケ岳の戦いを終え、岸和田城へ入った際、手勢二四〇〇名あまりを含む総勢五〇〇〇名弱の兵を率いていたという[20]。この数字はそのまま信用できないまでも、相当数の兵が岸和田に駐屯したことはまちがいないので、実際にそれなりの施設が用意されなければならなかったと推測される。

この屋敷地については、「文禄検地帳」から手がかりが得られる。〈史料2〉にみえる「明屋敷」がそれである。その面積は三町弱に及ぶものであったが、それだけの広さの屋敷地が空き地となり、しかもその所在地は〈史料2〉傍線②によれば近世の「城内」に包括される場所（城に近い場所）であった。これだけの空き地の存在は大きな人口減のあったことを示唆しており、文禄三年（一五九四）までのあいだでその理由をさがせば、根来寺攻めにともなう兵の大規模な移動を考えるのが素直だろう。

中村氏時代の岸和田城は、根来寺攻めの拠点城郭として急ピッチで整備が進められ、天守や家臣団屋敷も造営された。しかし、戦争の終結により中村一氏は岸和田を離れ、多数いた家臣や兵もそれにともなってこの地を去った。その結果、家臣団屋敷は空き地化したのであった。

四　小出氏の時代（十六世紀末頃から十七世紀初め頃）

根来寺が秀吉に屈し、泉南の地に「平和」が訪れた。それとともに岸和田城にも新しい時代が到来した。桑山重晴・木下家定らの城番を経て、小出秀政が城主として岸和田の地に足を踏み入れたのである。それは天正十三年（一五八五）閏七月のことであった。秀政は秀吉の母大政所の妹を妻とする豊臣家の一族大名であった。そのために秀吉の信任が厚く、建設が始まったばかりの大坂城下町に屋敷を置き、その町奉行的な役割を担った。したがって、当時新しい町づくりを進めていた大坂の様子を目の当たりにすることができたわけだが、それゆえに秀政は岸和田で政務を執る時間はあまり得られなかったものと推測される。秀政が岸和田城・城下町に関して積極的な施策を展開させたとする史料が極端に少ないのはそのためではなかろうか。

そうしたなかで、岸和田城については天正十五年（一五八七）、秀政が整備に着手したといわれている。(21) また、文禄四年（一五九五）に天守の普請が始まり、慶長二年（一五九七）に完成したとする伝承もある。(22) 天正十五年は秀政が所領を加増され、一万石の大名となった年なので、城の整備はそれと関連した可能性もあるが、詳細は不明である。ここでは、遅くとも十六世末頃までには城郭の中心である天守が築造されたとみておきたい。なお、天守の築造は城郭整備の一環であったと思われるので、〈史料2〉に記される小出氏時代の大手の変更（北大手を正面とする）は、この城の整備と連動しておこなわれた可能性が高いであろう。北大手が正面となることで、岸和田城は段丘下に形成されていた町場と空間的に直結することになった。ここに、町場が城の膝下に位置する、文字通り城下町として位置づけられる大きな画期を迎えたのである。

秀政時代の城下町の様子を伝えるのが、何度も利用している岸和田村の「文禄検地帳」である。このなかで地目を屋敷と記しているところがこの段階の町場とみなすことができよう（表1）。それらを掲げると「浜町」「かたまち 南町」「南町」「同南町」「北町」「なか町」（中町）となる。このうち「浜町」については、その名称から古城川河口部の湊町＝下町（浦町）を継承しながら浜地に広がる町であったと思われる。これらの町は〈史料2〉傍線③によれば、堺町口と伝馬口とにはさまれた地区に位置したという（現在の魚屋町・堺町・本町地区に相当）。前述のように、松浦氏時代には紀州街道の前身の道に沿って南町まで町場が展開していたが、この段階では五つの町共同体が確立するまでになっていたのである（各町の位置は、〈史料2〉傍線⑤から浜町を北端として順に南へ北町・中町・南町と並んでいたものと思われる）。

段丘下ではこのように町場の展開がみられたが、戦国期においてもうひとつの町場であった上町に

表1　町域・町名対照表

文禄3年検地帳	元和6年地子帳*1	寛永17年*2	藩政下の地名*3	現町名
浜町 北町 なか町 かたまち南町 南町 同南町	りやうし町 堺町 本町 岸和田町	魚屋町 浜町 本町 惣町	魚屋町 魚之棚 堺町 本町	魚屋町 堺町 本町
	北新町	北新町	北町	北町
	南新町	南新町	南町	南町
		新屋敷		
		浜町石垣之外	中ノ浜、紙屋町など	
向町 南畠【明屋敷】			(三の丸)	岸城町
(上町)			百姓町	宮本町

【凡例】
・点線は地区の違いを示す。
・文禄3年段階の町と元和6年以降の町の厳密な対応関係は明らかでない。
【出典】
＊1：個人蔵
＊2：落合保『岸和田藩志』(東洋書店、1977年、初版1945年)
＊3：『岸和田市史　第3巻』(2000年)

ついては、名請人の在所名としてしか「文禄検地帳」に登場しない。これは上町が町場としての認知を受けていなかったことを示している。その理由としては、秀政時代になって城の正面が東大手から北大手へ変更されたことにより、上町は町場としての存立基盤を失ったことが考えられよう。

ところで、「文禄検地帳」を分析すると、城下町の各町では社会構成に違いのあったことが浮き彫りになる。表2は、町ごとに岸和田村内に田畠を所持する名請人の人数とその耕地面積をまとめたものである。これによれば、浜町・北町・中町に名請人が集中していることがわかり、さらに浜町・北町に広い田畠を所持する富裕者が多いことが知られる。こうした城下町の住人による出作は、彼らによる田畠の集積というよりは、もともと耕地を所持した人々が城下町へ移住した結果を示していると推測される。したがって、浜町とそれに近接する北町に富裕者の移住がもっとも多く、それに中町が続き、南町の場合にはそうした移住者が少なかったことになる。このことは城下町の発展過程と大きなかかわりをもっているものと思われる。すでに述べたように、岸和田の城下町は上町をのぞけば、浜町から南町へ向けて拡大・発展していった。その分、浜町・北町には早くから周辺より富裕者が集まっていった様子がここに示されているのである。

このような社会構成差をもった各町であったが、秀政はこれらを一括して城下町とみなし、周辺の村落から空間的に切り離そうとした形跡がうかがえる。それを示すのが寺町の存在である。寺院については、光明寺が元亀二年（一五七一）にすでに本町の南端に移転していたが、秀政時代になると、

表２　町別の名請人

町名	名請人数	耕地面積										
		1反未満	1反〜2反未満	2反〜3反未満	3反〜4反未満	4反〜5反未満	5反〜6反未満	6反〜7反未満	7反〜8反未満	8反〜9反未満	9反〜1町未満	1町以上
北町	31	18	3	1	3	2	0	4	0	0	0	0
浜町	26	11	5	4	1	2	2	1	0	0	0	0
向町	0	0	0	0	0	0	0	0	0	0	0	0
なか町	23	7	10	5	0	0	0	1	0	0	0	0
南町 同南町 南町かたまち	1	1	0	0	0	0	0	0	0	0	0	0

表３　岸和田の寺院

所在地	寺号	宗派	開創・中興年代	出典	備考
宮本町	正覚寺	浄土宗	不明（天正の根来兵乱で破壊）	全志	
宮本町	薬師院	真言宗	不明（慶長復興）	全志	
五軒屋町	観蔵院	真言宗	不明	全志	
五軒屋町	本徳寺	臨済宗	寛文５年鳥羽村より移転	全志	
北町	浄円寺	真宗興正派	天正17年開創	天５	本尊室町か、貞享４年除地
北町字寺町	西方寺	浄土宗	不明（天正19年薫誉中興）	全志	西福寺末、秀誉開山
北町字寺町	円教寺	日蓮宗	慶長５年開創	全志	小出秀政建立
北町字寺町	本昌寺	日蓮宗	寛永21年開創	全志	
本町	光明寺	浄土宗	元亀２年泰誉中興	天５	慶長10年本尊光背裏書に「泉州岸和田光明寺」とあり、元和６年地子免
中町	円成寺	真宗大谷派	不明	全志	
南町	梅渓寺	曹洞宗	天和６年開創	全志	
南町	天性寺	浄土宗	元和２年開創	天14	
浜町	玄養院	真言宗	寛永17年開創	天５	
南新町	千手院				元和６年地子帳にあり
りょうし町	道場				元和６年地子帳にあり

【出典】
・天５＝「天保五年寺社帳」（『岸和田藩志』）
・天14＝「天保十四年和泉国寺社覚」（『和泉志』第十一、十二、十三、十四合併号）
・全志＝『大阪府全志』

その対極である町場の北縁、古城川を越えた付近（「正保岸和田城図」の寺町）でも寺院の開創がみられるようになる（表3）。そのなかでもっとも早いのは天正十七年（一五八九）開創の浄円寺であり、その二年後には西方寺がこの地で中興を遂げたという。もとよりその年代は伝承的な色合いが濃いが、近接した時期に複数の寺院が開創・中興したと伝えるのは偶然ではなかろう。城下町の縁辺部における寺町の設置は、秀政が町奉行的な立場でかかわった大坂城下町ですでにおこなわれている[23]。秀政は大坂城下町建設に学び、すでに本町に存在していた光明寺を城下町の南端と位置づけ、さらに北端に寺町を新設することで城下町の両端を定めようとしたのではなかろうか。

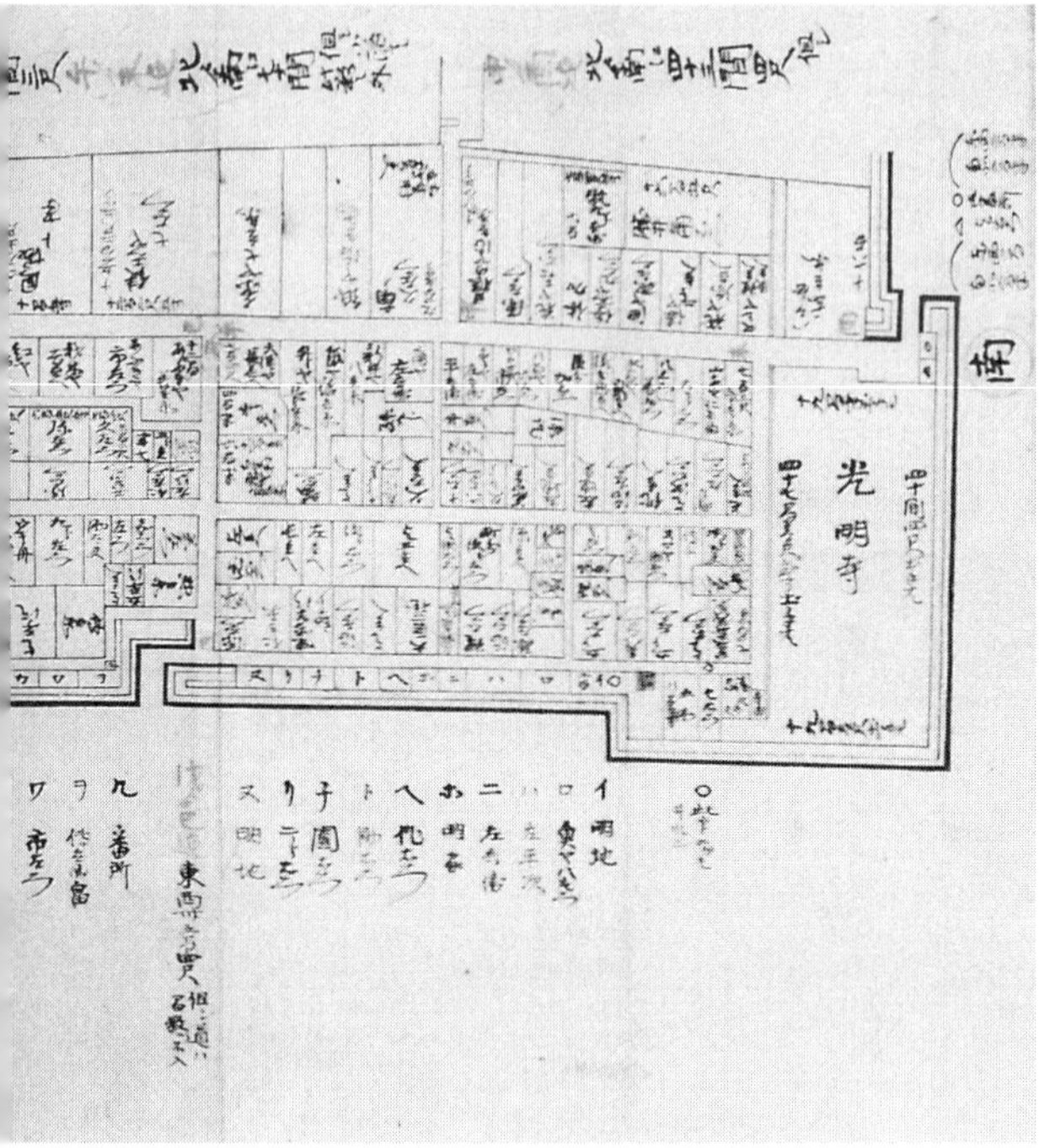

本町屋敷割図（大阪歴史博物館蔵）

しかし、秀政が採った城下町政

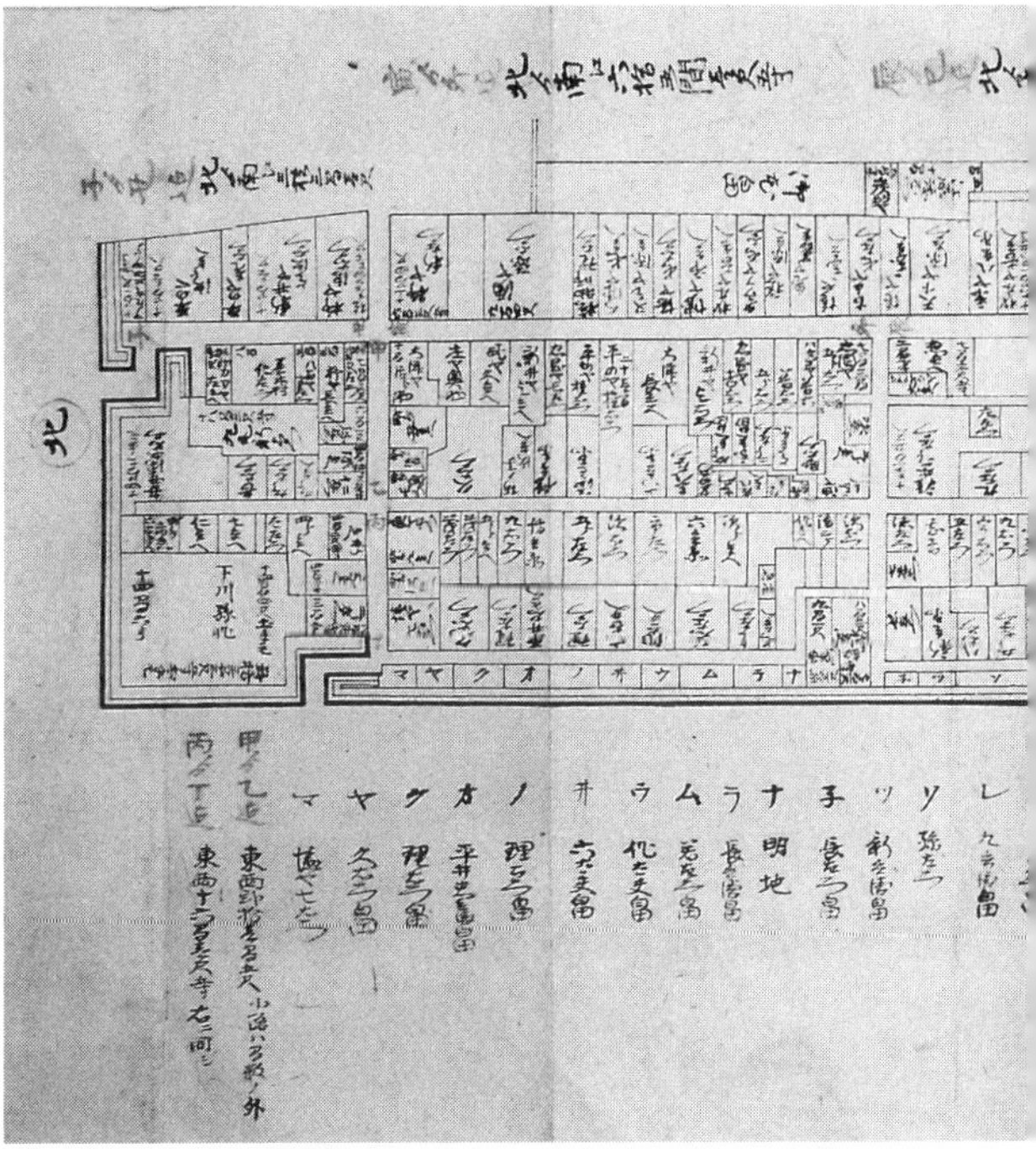

策はここまでであって、城下町内部の街区割りにまで手を加えようとするものではなかった。たとえば、十七世紀後半、寛文年間のものである「本町屋敷割図」（大阪歴史博物館蔵）をみると、道に囲まれた街区がひとつの共同体を形成する、中世の村に淵源をもつ面的街区に近い形状を示していることがわかる(24)。さらに五口屋敷の各町名は方角町名を採用しており、古態を示している。

ところが、秀政が多くの時間を過ごした大坂城下町では両側町が導入されていた。秀政は当然それを知っていたにもかかわらず、岸和田ではそれを採用しなかったのである。秀政の城下町づくりは、あくまで既存の町場の継承を基本に据え、それに新しい要素である寺町を追加するというやりかただったのである。

以上のように、小出氏時代には大手が変更されたことで、段丘下の町場と城が直結され、町場が城下町として位置づけられることになった。また、その両端に寺院を配置することで南北方向の空間的枠も見えはじめたのである。ここに、それ以降の岸和田城下町の空間構造の基本が誕生したといえ、小出秀政時代はまさに岸和田城下町形成過程における最初の画期をなしたと評価されよう。

しかしながら、岸和田城の外曲輪・三の曲輪が完成し、その外周堀が城下町の範囲をも画する惣構として整備され、可視的に城と城下町が一体化した空間構造が完成するのは、次の松平氏の時代を待たなければならなかった。

五　松井松平氏の時代（十七世紀前半）

小出秀政は慶長九年（一六〇四）、没した。秀政は豊臣秀吉の死後、慶長五年に勃発した関が原の戦いにおいて、長男吉政を西軍、次男の秀家を東軍に属させるという苦肉の策に出たが、それが結果的に功を奏し、ひとまず小出家に訪れた安泰を見届けたのち、この世を去ったのである。

秀政のあとを継ぎ、岸和田城主となったのは吉政であった。しかし、吉政も慶長十八年に没し、その長男吉英がその後継者として入城した。吉英の時代は、慶長十九年から二十年にかけて大坂の陣を体験することになり、この時期の岸和田城では、城内で武器・武具といった鉄製品の製作がおこなわれていた可能性を示す鍛造遺構が確認されている(25)。

吉英は徳川方としてこの動乱期を乗り切ったのち、元和五年（一六一九）、但馬出石（兵庫県）へ転封された。この吉政・吉英の時代、城下町に関する動きを史料で確認することはできない。ちなみに慶長九年の検地による岸和田の石高は「文禄検地帳」のそれとまったく同じであり、町場にも大きな変化はみられなかったものと思われる。

小出吉英が去ったのち、直ちに岸和田へ移封されたのが松井松平氏の康重である。康重は徳川家康の庶子といわれ、徳川氏の一門大名であった（本書岩城論文）。その家老であった石川正西が著した見聞集に岸和田城と城下町の様子が書き留められている。

〈史料6〉『石川正西見聞集』(26)

きしのわた御拝領其年に浜辺石垣日用にて公儀より被仰付候、御奉行は三好備中殿、其冬中に石垣出来、備中殿江戸へ御帰ニ付而御礼として我等を被遣候、其時きしのわた城の様躰御老中御尋候間、有のまゝ申上候、先城主小出大和殿普請無之故、門もへいも大破之由申上候へは、殊外に大和殿を御ほめ被成候、侍下々の家は猶以居らるるやうに無之候と申候へは、（後略）

まず傍線②をみると、小出大和守時代の岸和田城は門と塀が大破しており、家臣団の屋敷は住める状態ではなかったという。小出大和守とは慶長十八年に城主となった小出吉英のことである。大坂の陣の影響があったのか、城は荒れた状態が続いていたようである。

一方、傍線①によれば、康重は人部早々に浜辺石垣の築造に取りかかったようである。浜辺石垣は本町（現在は中町）の西端に海岸線に沿って設置され、その一部は今でも残っている。この石垣築造は、岸和田城を幕府の軍事拠点にふさわしい存在とするための整備の一環と考えられてきた(27)。しかし、元和六年（一六二〇）に「岸和田町中地子帳(28)」が作成されていることからすると、康重は城下町支配を確立させるべく、この石垣によってそれまで曖昧だった城下町の西（海岸線）側の範囲を定め、城下町（岸和田町）の領域を確定させようとしたものと推測される。そして、それは岸和田城の惣構整備とパラレルの関係にあったのである。

ここで、松平氏時代における惣構築造の動きを検証してみたい。寛永十七年（一六四〇）「地子米納目録(29)」によれば、本町のなかで、「先代より堀成」となったために地子免となっている場所がある。寛永十七年は岡部氏が岸和田へ入部した年なので、その「先代」は松井氏ということになる。この「寛永地子米納目録」では光明寺がやはり先代より地子免であったとするが、光明寺の地子免は「元和地子帳」で確認されることから、松井氏時代に本町の一部が堀に転化したという話も事実であろう。その場合、本町で堀に転化する場所といえば北端、あるいは南端しかありえないので、いずれにしても町を画する構の堀であったということになる。

さらに、これと対応するかのように、『岸城古今記』では松井氏の二代康暎時代に「外側之御構御普請」があったと伝えている(30)。この時期の曲輪の構造はよくわからないが、「元和地子帳」によれば、町場は本町のほかに「りやうし町」（漁師町）・「堺町」が確認できることから外曲輪までこの段階で成立していることは明らかであり、したがってここでいう「外側」とは外曲輪、さらには三の丸をも指す可能性が高い。しかも康映が岸和田城主であった期間はわずか二週間余りであったので、『岸城古今記』の記事は康重時代のことと読むべきだろう。よって、松平康重の入部以降、曲輪の整備が急ピッチで進められ、外曲輪・三の曲輪・町曲輪（本町部分）までを含む近世岸和田城の縄張り（「正保岸和田城図」の範囲）が整備されていったことになるが、そうなれば、さきの本町の堀はこの時にあわせて開削された南端の惣構堀とみなすのが素直だろう。

このように、松平康重の時代において近世岸和田城の縄張りが完成し、惣構も築かれたと考えられるわけで、この時期は長い岸和田城・城下町の歴史のなかでも、小出秀政の時代に続く二つ目の大きな画期と評価されるべきであろう。

さて、ここで「元和地子帳」から町場の空間構成をみておきたい。本地子帳は「岸和田町」の地子帳であり、惣町としての「岸和田町」、そしてそれを構成する個別町の「りやうし町」「堺町」「本町」「北新町」「南新町」が成立していたことがわかる（表1参照）。この岸和田町のうち、漁師町から本町までの三町は、「文禄検地帳」の浜町・北町・なか町・かたまち南町・南町・同南町が再編成されて成立したものと推測される。また、それにともない中世的な方角町名は失われ、現在につながる町名がこの時、誕生したのであった。この点でも康重期は画期をなしたといえよう。

ところで、元和以前と大きく違うのは町名だけではなく、北新町・南新町という新町が存在している点である。この二町は明らかに惣構の北外・南外に位置しているので、城下町の範囲を確定させた段階ですでにその郭外に町場が拡大していることに注目する必要がある。この二町は、惣構で仕切られた岸和田城内にある町曲輪・外曲輪の町を狭義の城下町とすれば、そこから外れた城外の町ということになる。しかし、「元和地子帳」では城内外の町を一括して「岸和田町」として把握していることに注意しなければならない。空間的には城下であった新町も都市として一括支配されるべきだったのである。

なお、岸和田藩は藩領内の支配単位として「町方」「郷中」「浦方」という三つの括りを設定したが、(32)そのなかで「町方」とは「元和地子帳」でいう「岸和田町」を指すとみて間違いなかろう。この三つは岸和田藩の構成単位として幕末まで存続したが、そのひとつである「町方」＝「岸和田町」が新町をも取り込む形で元和段階ですでに成立していることは、松平氏期において岸和田藩の支配体制の基本構造が形成されていたことを示しており、その点でも松平氏期の意義は大きいといえよう。

六　岡部氏の時代を迎えて――おわりにかえて――

寛永十七年（一六四〇）九月、岡部宣勝が岸和田城主に就いた。これ以後、幕末まで岡部氏が岸和田藩主として存続することになる。

近世岸和田城としての空間構成は前述のように、松平氏時代までに完成した。よってその後の岸和田城下町は、その到達のうえにさらに町場を拡大させていく方向で展開したのである。「寛永地子米納目録」によれば、その頃の町場としては、前代までの「岸和田町」に加え、「新屋敷」「浜町石垣之外」が新しく名をみせている。「新屋敷」は南町のさらに南に展開した新屋敷のことである。また「浜町石垣之外」は先の浜辺石垣の外側（海側）を指しており、まだこの段階では個別町名はみえないものの、屋敷地の存在は確認でき、開発が進んでいる様子が知られる。この一帯はのちに海を向く竪町として整備されていく。

ところで、「新屋敷」については、岡部宣勝が没した後、寛文八年（一六六八）に宣勝の伴侍がその使命を終えて移り住むことで形成されたといわれてきた(33)。しかし、今みたように、寛永十七年段階ですでにその名があらわれていることから、その開発は宣勝期はおろか、松平氏時代までさかのぼる可能性があるといえよう。岡部氏時代の史料にみえる町場は、その多くのところが松平氏時代にすでに開発の手が入っており、そこが岡部氏時代に本格的な町場として整備されたとみるべきだろう。

以上、述べてきたように、岸和田城下町は古城時代にすでに存在した湊を起点とし、岸和田氏・松浦氏・中村氏の時代を経て、小出秀政の時代に段丘上の岸和田城とその下に位置した町場が連結されて、城下町の空間構成の基本が誕生したのであった。そして、松平氏時代に縄張りの整備とともに惣構が築造され、町曲輪を含む近世城下町が確立するとともに、現代に続く町名が生まれた。惣構堀は現在埋められてしまったが、この時代の城下町が直接の基となって現在の岸和田市中心部が存在することを記憶に留めておきたい。

注

（1）『岸和田市史　第3巻』（二〇〇〇年）。
（2）大阪歴史博物館蔵。『基盤研究（C）（12610344）開発・環境の変化による山村・里村間の情報・交流と摩擦の研究』（科学研究費報告書、代表蔵持重裕、二〇〇三年）に全文収録。
（3）石津や嘉祥寺がその代表である。
（4）『岸和田市史　第6巻』一九七六年。以下、「文禄検地帳」と称す。
（5）応永七年（一四〇〇）九月二十八日付（『大日本古文書　石清水文書　六』）。
（6）網野善彦「中世前期の瀬戸内海交通」（『海と列島文化9　瀬戸内海の海人文化』小学館、一九九一年）。
（7）地域社会の交通・流通構造には当然、時代的変化が訪れる。同じ水間へ材木を運んだ事例でも、慶安元年（一六四八）の事例では大坂から貝塚へ舟運され、そこから陸路で水間へ届けられた（「水間寺御宮御造具算用目録」大阪歴史博物館蔵　前掲注（2）参照）。貝塚の都市としての濫觴は天文十九年（一五五〇）であり、大坂あるいは堺商人がこの地にかかわりだすことで地域の交通・流通構造が変化したものと思われる。なお貝塚については拙稿「泉州のなかの貝塚願泉寺」を参照のこと（『貝塚願泉寺と泉州堺』堺市博物館　二〇〇七年）。

（8）仁木宏「岸和田古城の歴史的評価をめぐって」（『基盤研究（B）（15320116）中・近世における都市空間の景観復元に関する学際的アプローチ』科学研究費報告書、代表藤田裕嗣、二〇〇七年）。

（9）『岸城古今記』（『泉州史料　第三十一巻』）では、松浦氏・中村氏時代の岸和田城は「今の二の丸之辺」にあったと伝えている。

（10）『和泉史料叢書　拾遺泉州志』（和泉文化研究会、一九六七年）。

（11）浜町の石高は二六石八斗八升、中町の石高は六石六斗五升六合が正しい（前掲注（4）参照）。

（12）『かりそめのひとりごと』では、永禄・元亀年間の岸和田城主を松浦肥前守とする。

（13）なお山岡は、一六一七会岸和田例会報告レジュメ「発掘調査からみた岸和田城と城下町」（二〇〇七年）において、近世城下町の発掘調査時に最下層造成砂の中に十五世紀初頭頃の瓦器碗片が確認される事例を報告しており、今後、古い遺構面が確認される可能性のあることを指摘している。

（14）山中吾朗の教示による。

（15）「和泉国岸和田城絵図」（正保年間）内閣文庫蔵。以下「正保岸和田城図」と称す。

（16）『増上寺史料集　第五巻』（続群書類従完成会、一九七九年）所収。光明寺在誉による書上である。なお、前掲注（1）一六〇頁では移転前の光明寺の所在地を北大手であったとするが、その根拠は示されていない。

（17）山村亜希の教示によれば、本町付近では段丘沿いの「かたまち南町」が最も成立の早い可能性があるという。「かたまち南町」はまさに紀州街道に面している。

（18）ともに鳥取県立博物館蔵。岸和田市立郷土資料館特別展図録『戦乱の中の岸和田城―石山合戦から大坂の陣まで—』（二〇〇四年）。
(19) 前掲注（9）に同じ。
(20)「中村一氏記」『続群書類従 第二十輯下』。
(21) 前掲注（1）一五四頁。
(22) 前掲注（9）に同じ。
(23) 内田九州男「豊臣秀吉の大坂建設」（『よみがえる中世2 本願寺から天下一へ 大坂』平凡社、一九八九年）。
(24) 松尾信裕『基盤研究（C）（16520473）近世城下町における帯状街区・面的街区の受容に関する調査研究』（科学研究費報告書）、二〇〇六年。
(25)『大阪府埋蔵文化財調査報告2001—5 岸和田城跡—東の二の丸の調査—』（大阪府教育委員会、二〇〇二年）。
(26) 埼玉県史料第一集『石川正西聞見集』（埼玉県立図書館、一九六八年）。
(27) 前掲注（1）八〇頁。
(28) 個人蔵。以下、「元和地子帳」と称す。
(29) 落合保『岸和田藩誌』（東洋書院、一九四五年）所収。以下、「寛永地子米納目録」と称す。
(30) 前掲注（9）に同じ。
(31) 前掲注（1）一六五頁では、外曲輪は岡部宣勝によって十七世紀中頃に整備されたとする。また、同一五六頁では、寛文六年（一六六六）頃、城地が拡張され、牛頭天王社付近にあった百姓八軒が三の曲輪内となったため、移転させられたとする。しかし、外曲輪の町（りやうし町・堺町）は「元和地子帳」で確認できる上に、三の曲輪についても正保段階でその存在が認められる（「正保岸和田城図」）。よって、近世岸和田城の縄張りはすでに松平氏時代に整っていたとみるべきだろう。

（32）前掲注（1）一〇〇頁。

（33）前掲注（1）一六三頁。

第七章　譜代大名岡部氏と岸和田

岩城卓二

一　大坂周辺の所領配置

近世の摂津・河内は、大坂城より半径一〇キロメートル以内はほぼ幕府領で固められ、その周縁に旗本領や、役職大名・定府大名の飛び地領が配置されていた。とくに旗本領や大名飛び地領が配置される地域では、さまざまな領主の所領が入り組んでいることが多く、この分散錯綜が近世における大坂周辺所領配置の特徴とされる(1)。

枚方から守口までの淀川左岸を例に、分散錯綜といわれる所領配置をみよう。

図1は元禄十一年（一六九八）頃の所領配置である。幕府領・旗本領・大名飛び地領が錯綜し、ひとつの村が複数領主の所領となっている相給もみられる。これが分散錯綜と呼ばれる所領配置で、高槻永井直達領と幕府領で固められている右岸と比べると、その特徴はいっそう際だつ。

図１　元禄11年頃淀川両岸の所領配置　『大阪府史　5』〈1985年〉附図「元禄期大阪府下の所領配置図」による。

しかし淀川左岸沿いには、かつて譜代大名である山城淀城主永井尚政領が集中的に配置されていた。正保年間（一六四四〜四八）を例にすると、右岸沿いは高槻領と京都所司代板倉重宗領とが集中的に配置されるが、左岸沿いも宿駅枚方付近が幕府領で固められている以外はほぼ尚政領であった。つまり正保期の淀川両岸は特定の所領で固められ、その後も、右岸沿いは高槻領が継続するが、左岸沿いは尚政領の集中配置から分散錯綜へと転換したのである。

永井尚政が一〇万石の大名として淀城に入るのは寛永十年（一六三三）のことである。前領主の松平定綱は三万五〇〇〇石の所領を山城と近江で与えられていたが、一〇万石となった尚政領は山城では淀城周辺の久世・綴喜・紀伊・相楽の四郡、近江八郡と、河内茨田・交野・讃良・若江の四郡となった(2)。

このとき弟永井直清も山城勝竜寺城主となり、山城国紀伊・乙訓郡と摂津国芥川・太田郡で二万石を与えられた。これによって大坂周辺は大坂を中心に、山城の淀と勝竜寺で背後を固め、京都を押える体制になったとされる。

永井尚政が十七世紀幕府上方支配(3)の重鎮であったことはよく知られている(4)。島原の乱では京都所司代板倉重宗、大坂城代阿部正次と協力して派兵・物資輸送を指揮し、寛永十九年の全国飢饉では京都所司代・大坂町奉行・幕府代官などとともに西国対策を担った。また阿部正次の死去によって大坂城代不在となった期間、尚政は板倉重宗とともに、幕府から西国支配の権限を与えられ、非常時における大坂城の指揮権を有していた。

弟直清もこのとき幕府の指示で大坂城に入り、その仕事を補佐している。これは慶安元年（一六四八）のことで、直清は、翌年七月には高槻城主となり、摂津芥川・太田・川辺・能勢・島下・住吉郡で三万六〇〇〇石を与えられた。なお、元禄十一年の淀川右岸の高槻領とは、この直清系永井氏の所領である。

尚政には河内国内において、河内から大和に入る磐船街道、山城に向かう宇治街道・東高野街道が通る陸上交通の要衝も所領として与えられていた。淀川左岸沿いをはじめ茨田・交野・若江・讃良とは、尚政の政治的軍事的役割と連動して淀領が要衝に配置される地域だったのである。

この淀川左岸域の永井尚政領が解体するのが、万治元年（一六五八）の分知である。尚政は致仕して嫡男尚征が家督を相続し、弟である尚庸・直右・尚春・尚申に淀領が分知された。長子以外の二、三男にも所領を分け与える分知は一七世紀には広くみられたもので、尚政領分知もそのひとつであるが、この分知は幕府上方支配が新しい段階に入る時期という大きな流れの中で理解する必要がある。

永井兄弟が淀・勝竜寺に配置されて以降の上方支配は、永井兄弟、板倉重宗（京都所司代）、阿部正次（大坂城代）、久貝正俊・曾我古祐（大坂町奉行）、石河勝政（堺奉行）、五味豊直、小堀政一を中心に進められていた。この時期の上方支配は江戸から一定の独自性を持ち、永井兄弟や板倉重宗などの個人的力量に頼りながら進められたが、次第に京都所司代・大坂城代という職・機構による支配へと転換していく。尚政領が分知される万治元年とは、その移行期であった。

分知されれば淀川左岸域の要衝に配置されていた永井尚政領の集中配置が解体し、分散錯綜所領が誕生することになるが、これを幕府が許可したのは、上方支配の重鎮であった尚政の致仕によって淀川左岸沿いに永井領を集中的に配置しておく必要性はなくなったからである。

尚政の後、淀城主となる永井尚征七万三六〇〇石の所領は山城四郡と近江八郡からなり、分知によって河内の所領を失った。さらに尚政が死去すると、尚征は丹後宮津に移される。新しく淀に入る石川憲之は六万石で、河内では石川・高安郡、摂津では島下郡に所領を与えられたものの、永井尚政のように淀川左岸沿いは与えられなかった。

淀城主に引き続き尚政と同様の役割を期待するのであれば、それを担える人物を据えるため永井氏を転封し、新しい譜代大名を配置するという手だてもあったであろう。しかしそうはならなかった。それは職・機構による上方支配が確立していくなかで淀川左岸域の要衝を淀、あるいは特定の譜代大名領とする必要性がなくなったからである。つまり淀川左岸沿いの淀領とは尚政個人の政治的軍事的役割と連動するものだったのである。十八世紀以降の淀は京都守衛を担う大名としての側面が色濃いが(5)、それは尚政のような個人的力量によるものではなく、淀藩としての役割であった。

摂津・河内の所領配置のすべてが幕府の上方支配のあり方と連動するわけではない。しかし、十七世紀における摂津・河内の所領配置と変遷を考えるには、こうした幕府上方支配の全体構造のなかで考える視点をもつ必要がある。

これをふまえ、和泉に目を向けよう。

正保年間の和泉は幕府領と岸和田城主岡部宣勝領がほとんどを占め、中央の岸和田領を挟み込むように幕府領が領域的に配置されていた。相給もほとんどみられない（図2）。

郡ごとにみると、堺奉行が置かれた堺を含む大鳥郡の大半は堺奉行が直接支配する村々と幕府領がほとんどで、泉郡も幕府領が郡高の九割以上を占めた。南郡も泉郡と接する東側は幕府領が配置されていたが、幕府領が郡高に占める割合は三割程度で、残りのほとんどは岸和田領であった。さらに日根郡の多くも岸和田領が占め、幕府領は紀州側に配置されていた。幕府領の郡高に占める割合は三割程度である。

岸和田領と幕府領が大半を占めるこの所領配置は寛文年間以降（一六六一～七三）徐々に崩れ、大坂定番や堺奉行の所領、その後は老中・若年寄の所領が配置されるようになった。この変容は堺の地位の低下が一因だと考えられている。和泉でも十七世紀を通じて分散錯綜が進行するが、それは大鳥・泉・日根郡に領域的に配置されていた幕府領の領域的配置の解体によるもので、幕府領に挟まれていた岸和田領はその対象とはならなかった。

この岸和田には、元和五年（一六一九）譜代大名松平康重、寛永十七年（一六四〇）松平氏に代わって譜代大名岡部宣勝が六万石で入る。宣勝の所領は松平氏のものを引き継ぐが、寛文元年（一六六

岸和田領
△　他領との相給
●　他　領
正保年間、日根郡西側は幕府領であるが、元禄11年頃には、このうち東側（岸和田領境）は幕府領、西側（紀州側）が老中土屋政直領になっている。
□岸和田
●貝塚
△包近
●瓦屋
●中庄
南郡
岸和田領
△男里
日根郡
幕府領
正保年間、大鳥・和泉郡と南郡東側（岸和田領境）には幕府領が多いが、元禄11年頃には老中土屋政直領、老中小笠原直重領、老中格柳沢吉保領、下総関宿藩領などが多くみられる。
◎ 堺
大鳥郡
和泉国の郡名
□岸和田
泉郡
南郡
日根郡

図２　正保年間の岸和田領（和泉国南・日根郡）「正保期の和泉国所領配置図」（『岸和田市史　3』〈2000年〉付図２）により作成。

一）に分知され、所領は五万三〇〇〇石となった。この分知によって岸和田領が分散錯綜することはなく、幕末期まで岸和田領は日根郡と南郡に領域的に広がっていた。(6)

和泉でも分散錯綜が進行するなか、元和五年以降、岸和田の所領配置が大きな変動をみなかったことは、淀川左岸域における譜代大名永井尚政領の解体との大きな違いである。

二　軍事拠点大坂と譜代大名配置

1　豊臣政権から徳川政権へ

慶長三年（一五九八）豊臣氏総蔵入地高二二二万余石の内、畿内五カ国には約六五万石、二九パーセントが集中する。畿内一四一万石余の四六パーセントは蔵入地であり、畿内は豊臣政権の政治的・経済的基盤であった。(7)

とりわけ摂津・河内・和泉における蔵入地率は高く、五八パーセントから六八パーセントにも及ぶ。大名領もみられ、摂津は大名数五人・領知高七万一〇〇〇石、河内は一人一万一〇〇〇石、和泉は一人三万石である。大和にも摂津と同じく五人の大名領がみえるが、その総高は二六万三〇〇〇石にも及ぶことから、摂河泉の大名領が小規模であったことが知られる。摂河泉では大名領の比率は一〇パーセントに満たず、五万石規模の大名領もみられない。

関ケ原合戦後、徳川政権は摂河泉の掌握に着手する。それは豊臣政権の基盤としての摂河泉を解体するということであった。以下、二節では主に藤井譲治の仕事に依拠しながら徳川政権下の所領配置についてみていこう(8)。

徳川政権にとって関ケ原合戦での勝利は大きいが、摂河泉の所領配置という点からすると、劇的な変化は起きていない。所領替えが行われるが譜代大名は配置されず、領知高は小さいものの慶長期の摂河泉の大名は豊臣系外様大名ばかりであった。摂津では麻田に青木一重一万石、三田に有馬則頼二万石、河内では狭山に北条氏盛一万一〇〇〇石、和泉では岸和田に小出秀政三万石、谷川に桑山重晴一万六〇〇〇石である。

摂河泉の所領配置の大きな転換点となるのは大坂の陣であり、それは城持譜代大名の配置と大規模な城郭普請の開始であった。摂津では高槻・尼崎、和泉では岸和田である(9)。

大坂・西国と京都を結ぶ淀川右岸の交通の要衝に位置する高槻の軍事的重要性は高く、豊臣政権期には高槻城が築かれていた。城主は豊臣系大名で、所領はその周辺に配置されていた。関ケ原合戦では城主新庄直頼が西軍に与したため所領は没収され、幕府領となる。その後しばらくは特定の城主は置かれず、幕府の代官が赴任し、大坂の陣では徳川方の補給基地となった。

この高槻に譜代大名が配置されるのは元和元年（一六一五）大坂夏の陣後のことである。譜代大名内藤信正が四万石の所領を与えられ高槻城主となるが、その後、しばらくは領主交代を繰り返すことになる。元和三年信正が伏見城代となって高槻を離れると土岐定義が二万石で入るが、同五年には松平家信二万石と交代し、その松平氏も寛永十二年（一六三五）には下総佐倉に移される。その後いったんは幕府領となるが、播磨龍野から岡部宣勝が五万石で入る。しかし宣勝も寛永十七年に岸和田に移され、佐倉に移されていた松平家信の子康信が三万六〇〇〇石で高槻に入る。この松平氏も慶安二年（一六四九）丹波篠山に移されると、永井直清が山城勝竜寺から移り、以後、この永井氏が幕末まで高槻を治める。

内藤信正時代、高槻に幕府直轄の倉庫が造営されるが、高槻城の大修復がなされるのは土岐定義時代のことで、城下町も大きく姿を変えた。さらに岡部宣勝時代にも城地の拡張整備が行われている。元和元年には大坂に松平忠明も配置されており、同年は豊臣政権の基盤であった摂河泉に初めて徳川系大名が配置される年となった。なお、内藤信正は伏見城代となった後、西国における幕府の軍事拠点となる大坂城代に転身している。

大坂の西に位置し、淀川とつながる神崎川河口に位置する尼崎も京都と西国を結ぶ要衝であった。豊臣政権期、この尼崎周辺の川辺・武庫郡には蔵入地が集中していた。この蔵入地を管掌したのが建部高光である。関ケ原合戦後の建部氏の動向は不明な点があるが、大坂の陣では徳川方に協力したことから、高光の孫に当たる政長が一万石の大名に取り立てられ引き続き尼崎に居た。その所領は摂津川辺・西成郡であったが、領域所領ではなく、分散錯綜していた。政長は七八〇〇余石の幕府領代官も勤め、一族の建部与十郎も一万九〇〇〇余石を管掌する幕府領代官であった。元和初年には川辺郡南部と武庫郡に幕府領が広がっており、これはかつて建部氏が管掌した豊臣蔵入地であったと思われる。建部氏の所領は分散錯綜されるのに対して、幕府領は領域的に配置されていたのである。

　これが大きく替わるのが近江膳所から譜代大名戸田氏鉄が尼崎に入る元和三年である。氏鉄の所領は摂津川辺・武庫・菟原・八部の四郡五万石で、大阪湾に面する海岸沿い村々の多くは尼崎領となった。豊臣蔵入地、そして関ケ原合戦後は幕府領が領域的に配置されていた大坂の西側に、領域的な譜代大名領が誕生したのである。

　戸田氏鉄の尼崎入りにともない、尼崎城普請が開始される。これは幕府から奉行四人が派遣される大規模な城郭普請であった。これ以前にも堀で囲まれた櫓が存在したようであるが、元和三年から始まる普請によって天守を備えた城郭といえるものがはじめて尼崎の地に誕生する。同時に城下町の整備も進められ、尼崎は海陸交通の拠点、また西摂津地域経済の中核都市のひとつとなったのである。

　寛永十二年戸田氏は転封され、代わって青山幸成が五万石で入る。所領は戸田氏のものを継承するが、寛永二十年幸成から幸利への相続に当たって分知され、所領は四万八〇〇〇石となった。

　これは所領内の新田高四〇〇〇石を含めた五万四〇〇〇石の内六〇〇〇石を二、三、四男に分知するというものであったが、尼崎の領域的所領が解体され、分散錯綜になるというものではなかった。

青山氏は宝永八年（一七一一）に転封となり、松平忠喬が四万石で入り、幕末まで松平氏が七代にわたって治める。四万八〇〇〇石から四万石への減高によって青山氏時代の尼崎領の一部が幕府領となるが、川辺・武庫・莬原の海岸沿いには依然、尼崎領が領域的に広がっていた。この領域的所領が解体されるのは明和六年（一七六九）のことで、それは大坂経済を振興させるという幕府政策の必要性からであった。

大坂の南に位置する和泉の慶長三年における総高は一四万一〇〇〇石余で、蔵入地が九万七〇〇〇余石、岸和田城主小出秀政領三万石、その他は豊臣直臣の所領であった。小出領が三万石も配置されているが、領域的ではなく分散錯綜していた。

秀政は豊臣氏と関係が深く、和泉蔵入地の代官も勤めていたが、その孫である吉英は大坂の陣では徳川方に与した。そのため陣後の元和元年以降も岸和田に所領を有していたが、同五年岸和田には松平康重が配置される。康重は家門に準じる待遇を受けたとされる有力大名である。

松平康重は南・日根郡で五万石の所領を与えられたが、それは小出氏とは違い領域的所領であった。この康重時代、岸和田城の整備が幕府主導で進められている。また康重は所領が検地高よりも高い生産力を達成していることから、所領はそのままで領知高のみを一万石加増し、六万石にすることを幕府に願い出て許可された。軍役を多く負担できるというのが理由とされる。五万石は尼崎の戸田氏鉄と並ぶ領知高であったが、この加増によって摂河泉で最大の所領をもつ大名となった。

寛永十七年松平氏は播磨山崎に移され、代わって摂津高槻から岡部宣勝が六万石で入るが、寛文元年（一六六一）七〇〇〇石が分知された。

河内に城郭が設けられなかった理由は検討に値するが[10]、それは別に譲ることとし、ここでは元和元年高槻、三年尼崎、五年岸和田の順に、豊臣政権の基盤であった大坂周辺に譜代大名が配置され、あわせてその居城となる城郭の大規模な普請が行われたことが、豊臣政権とは異なる徳川政権の所領配置の特徴であったことを確認しておきたい[11]。

2　大坂城再建と譜代大名の配置

慶長二十年（一六一五）五月、豊臣大坂城が落城した。戦場となった摂河泉の村々から逃げ出した百姓の還住が進められる最中の六月、家康は大坂の陣で活躍した松平忠明に大坂周辺で一〇万石を与えた。忠明は奥平信昌の四男で、母は家康の長女である。家康は外祖父にあたり、その養子となって松平姓を許された人物である。

忠明の所領は摂津で五万二七〇〇石余、河内で四万一二九六石余、大坂市中の天満・船場の地子五〇〇〇石、葭年貢一〇〇〇石であった。

摂津では東成・西成・住吉の三郡に与えられ、東成郡は六〇パーセント、西成郡は七〇パーセント、住吉郡は二四パーセントが忠明領となった。一カ村を複数の領主が知行する相給村もあったが、大坂市中を取り囲むように所領が与えられている。また、河内の所領は渋川・若江・八上の三郡と、大川（淀川）の南側の榎並庄と、やはり大坂市中に近接する地域であった。大坂城周辺に忠明の領域的所領が誕生したのである。

元和三年（一六一七）、摂津国一二郡の総高は三五万七九〇〇石余で、うち幕府領が三八パーセントを占めた。尼崎に戸田氏鉄が配置される直前、摂津国に所領を持った大名は一七人で、そのうち摂津に居城・居所をおいたのは五人である。このうちもっとも多くを占めるのが松平忠明領五万三〇〇〇石余で、続いて高槻城主内藤信止領四万石であった。

忠明が大坂城の城主か、城代であったのかについては意見が分かれるが、忠明は荒廃した大坂城下と周辺農村の立て直しに尽力し、元和五年七月、大和郡山に移された。そして大坂は幕府の直轄地となったのである。これにともない忠明領の多くは幕府領になったものと思われる。

この大坂の直轄地化は、大坂を西国有事に備える軍事拠点とすることが大きな目的であった。それは大坂の陣を経てもなお西国大名は幕府にとって油断ならぬ存在だったからで、大坂城へは伏見城代であった内藤信正が城代として入る。伏見城は関ケ原の合戦で落城後、再構築されて幕府の上方支配の拠点となったが、大坂の直轄地化にともない、伏見城守衛に当たっていた幕府の軍団は大坂城に移り、伏見城は廃城となる。

幕府軍事拠点としての大坂を象徴するのが大坂城再建である。この大坂城再建は元和六年から寛永六年（一六二九）まで三期一〇年にわたって行われた。

近世には将軍の直轄城があった。番城と呼ばれ、江戸城、伏見城、二条城、駿府城、そして大坂城である。このうち伏見城は廃城となるが、残る四城には幕府の軍隊が派遣され、守衛した。大坂城守衛は城代、定番、在番（大御番頭・大御番衆）、加番があたった。城代・定番・加番は大名が勤め、在番は将軍直轄軍である大御番組一二組のうち二組が交代で派遣された。

大坂の幕府役人では在坂役人の長であり、大坂城を守衛し、上方支配に大きな権限を有した城代や、主に民政を担った町奉行がよく知られているが、在坂役人に共通する役割は大坂城の守衛・管理であり、破損奉行・弓奉行・鉄砲奉行・具足奉行等々、これを担う役人が手厚く配置されていた。

さらに大坂を軍事拠点とするため、大坂周辺に城持譜代大名（城番も含む）が配置されていった。高槻、尼崎、岸和田への譜代大名の配置と大坂軍事拠点化とは連動する。

それに先立つ関ケ原合戦直後、近江と丹波に城持譜代大名五氏が配置された。慶長五年近江佐和山城に井伊直政一八万石（内上野国三万石）、同六年同大津城に戸田一西三万石（内武蔵国五〇〇〇石）、同十一年同長浜城（元和元年廃城）に内藤信成四万石、同十三年丹波八上城に松平康重五万石（内摂津国一〇〇〇石余）、同十四年同亀山城に岡部長盛三万二〇〇〇石である。それにともない、近江では彦根城（慶長九年築城開始）、膳所城（慶長六、七年頃築城開始）、丹波では篠山城（慶長十四年築城開始）が普請された。

関ケ原合戦後、大坂の陣終結に至るまで摂河泉だけでなく、畿内五カ国に城持譜代大名は配置されなかったが、近江・丹波に配置された譜代大名は後に本人、もしくは嫡子が高槻、尼崎、岸和田の城主となった点が注目される。長浜の内藤信成は、元和元年に高槻に入り伏見城代を経て大坂城代に就く信正の父、膳所の戸田一西は、元和三年に尼崎に入る戸田氏鉄の父で、松平康重は元和五年に岸和田に入る本人である。また、亀山の岡部長盛は丹波福知山、美濃大垣、その子宣勝は播磨龍野に移され、寛永十三年に龍野から高槻を経て、同十七年に岸和田に入った(12)。

近江・丹波の内側、まさに大坂周辺の城郭に譜代大名をはじめ徳川系大名が配置されるのは大坂夏の陣直後、元和元年のことである。それは大坂城の松平忠明、近江長浜城から高槻城に入った内藤信正、そして大和郡山城に六万石で入った水野勝成である。

元和三年には大坂の西側の城郭に次々と譜代大名が配置される。播磨では姫路城、明石城、龍野城、摂津では尼崎城に譜代大名が配置された。元和三年は、それまで大坂以西では九州の豊後日田を除けば丹波までしか配置できていなかった徳川系大名が大坂の西側に重点的に配置された点で大きな画期になったとされている(13)。大坂からみれば西の守りが強化されたということになろう。

元和五年、大坂の幕府の直轄地化にともない松平忠明は大和郡山城に移され、伏見城代であった内藤信正が大坂城代となった。さらに家康の十男徳川頼宣が五五万石で紀伊和歌山城に、松平康重が五万石で和泉岸和田城に、松平家信が二万石で摂津高槻城に配置された。それまで和歌山城は浅野氏三七万石、岸和田城は小出氏五万石（内二万石但馬）の居城であったが、この豊臣系大名に代わって一門・譜代大名が配置された。大坂の南の守りが強化されたのである。

このように関ケ原合戦後には近江と丹波までにしか及ばなかった譜代大名をはじめとする徳川系大名の配置は、大坂夏の陣の終結後、元和元、三、五年と段階的に進められていった。西国有事に備えるための軍事拠点大坂の中核となる大坂城再建は、大坂の北側、西側、南側への譜代大名の配置と城郭普請に目処が立ってから開始されたといえよう。

元和五年の松平康重の岸和田への配置とは、こうした大坂の軍事拠点化という大きな流れのなかで行われたのである。

三　岸和田の軍事的役割

1　岸和田城

図3は十七世紀頃の大阪平野と城郭の概略図である。高槻城、尼崎城、岸和田城が大阪平野の要衝に築かれ、大坂城を取り囲むように位置していたことが知られる。

豊臣大坂城と徳川大坂城はともに上町台地の北端に築かれていたが、北は淀川・神崎川・中津川等々の河川が入り組み、西は木津川と大阪湾、東側は平野川・旧大和川（玉串川・長瀬川）などの大小河川が入り組む平野に囲まれていた。天然の要害といってよい。唯一、南側が弱点であるが、豊臣大坂城はそこに惣構を築き、城域は堀で囲まれていた。

大坂の陣において徳川方は緒戦で淀川・神崎川の物流路となる尼崎・神崎を押えており、尼崎の軍

図3　大阪平野と城郭の概略図　藤野良幸「淀川の治水史」図2・2―大阪平野の古地図〈原図・藤野〉（『アーバンクボタ』16、1978年）に高槻・尼崎・岸和田の位置等を加筆した。なお秀吉による淀川左岸普請により17世紀初頭には古川は淀川と切り離されている。

事的重要性が知られる。また高槻は徳川方の補給基地となった。内藤信正時代、高槻に幕府直轄の倉庫が造営されたのは、この大坂の陣での経験ゆえであろう。

徳川方の主力は河内枚方と、大和を経て関屋の二方向から大阪平野に侵入し、南側に集結した。南側に惣構が築かれていた冬の陣では北側・西側にも徳川方が陣取っているが、惣構が埋め立てられた夏の陣では南側に大軍が集結した。

南側から大坂城を攻撃するうえで和泉岸和田城の軍事的重要性は高い。冬の陣では城主小出吉英は大坂城攻撃に参加し、岸和田城には伏見城番の松平信吉が派遣された。夏の陣では、小出氏は幕府から岸和田城守衛を命じられるが、徳川方から加勢が派兵されている。和泉から大坂城にかけてはおおむね南高北低の地形であり、大坂城の弱点である南側からの攻撃に全軍を動員する上で、高い場所に位置する背後の岸和田城を押えておくことは不可欠であった。

大坂城東側にも平野が広がるが、そこは大和川（柏原で玉串川・長瀬川に分流）が流れ、遊水池となる深野池・新開池があったため主力が攻撃するには適さなかった。東側のこの環境は大坂城にとって大きな守りであった。

かかる視点からすると、宝永元年（一七〇四）の大和川付け替えとは、大坂城の東側の天然の防禦が失われるということを意味する。(14) 大和川付け替えは水害に苦しむ流域住民の長い大規模訴願運動によって実現されたことが高く評価されている。それは誤りではない。

しかし付け替えが南高北低という大阪平野の地形に反し、東から西に流すという未曽有の大規模工事であったことに目を向けると、流域の治水事業の一環として捉えるだけではなく、それを可能とした時代的背景、すなわち十七世紀中頃以降に顕著となる軍事的緊張の緩和という流れのなかで付け替えを位置づけることも必要であろう[15]。そして後述するように、この時期に平時における岸和田の軍事的役割も確定する。

2　参勤交代

十八世紀以降、岸和田と尼崎両藩主の参勤交代は組み合わされていたが、それは両藩が大坂城守衛を担っていたからである[16]。組み合わせとは尼崎藩主が江戸在府中は岸和田藩主が在国し、尼崎藩主が江戸から帰国し在国する年は岸和田藩主が在府するということである。両藩主が長期間在府となる幕府の重職に就くことはほとんどなく、幕府政治史に名を残さないのはこのためである。

元和五年（一六一九）に岸和田城主となった松平氏が寛永十七年（一六四〇）に播磨山崎に移され、代わって岡部宣勝が岸和田城主となる。以後、幕末までこの岡部氏が岸和田を治めたが、享保九年（一七二四）長著の家督相続に当たって藩内は転封を危惧していた。

それは享保六年に相続した四代長敬が急な病に倒れたが、長著（豊次郎）の跡目が幕府から許可されていなかったためである。結局、相続は認められて長著は五代藩主となるが、このとき転封を危惧した藩が「御心易御方々様江御見せ被成候御書付」が伝えられている。[17] 三カ条からなり、転封を阻止するために一、二条で岸和田藩が果たしている軍事的役割の重要さ、三条で多くの家臣団を抱え、それが財政を破綻させていることが述べられ、現状では家臣団は転封の負担に耐えられないし、領民も「城主代りも可有御座歟と殊之外気遣」っていると記されている。

この「御書付」からは尼崎との参勤交代組み合わせや軍事的役割について、享保九年時の岸和田藩がどのように認識していたかが知られる。

まず一条で「尼崎と岸和田只今御替り合之場所」と記されている。享保九年には岸和田藩と尼崎藩の参勤交代は組み合わせられていたことが知られるが、この経緯について、「四十ヶ年以前迄ハ御替り合之御沙汰」はなかったが、二代行隆時代に尼崎の青山幸利と「替り合被仰付」、それ以後、三代長泰と青山幸督とが「御替り合ニ相勤」めるようになった。しかし、青山幸督が寺社奉行に就くと「御替り合之御沙汰」はなくなったとされる。

藩主であったのは行隆が寛文元年（一六六一）から貞享三年（一六八六）まで、青山幸利は寛永二十年から貞享元年（一六八四）の間であり、享保九年から「四十ヶ年以前迄ハ御替り合之御沙汰」がなかったという記述から判断すると、岸和田と尼崎の参勤交代が組み合わされたのは貞享元年頃ということになる。[18] そしてその後、青山幸督が寺社奉行に就く元禄十二年（一六九九）までは交互に参勤していたことが知られる。

大名の参勤交代は寛永十二年に制度化されたが、在府が原則であった譜代大名が参勤交代制に組み込まれるのは同十九年のことである。[19]

参勤交代には要衝守衛などを理由に、ふたりの大名が交互に参勤する組み合わせがあった。よく知られているのは長崎警固を勤める外様大名福岡黒田氏と佐賀鍋島氏の組み合わせであるが、譜代大名が参勤交代制に組み込まれた寛永十九年以降は、同年五月に徳川一門の越後高田の松平氏と外様大名の加賀前田氏とが交互に参勤することを命じられたのを皮切りに、肥前唐津城主と肥前島原城主、和泉岸和田城主と摂津尼崎城主、三河吉田城主と三河刈谷城主、駿河掛川城主と駿河浜松城主、豊後府内城主と豊後臼杵城主、肥前大村城主と肥前五島城主とが交互に参勤する体制が作りあげられていったとされる。

『江戸幕府日記』によると、[20]寛永十九年五月に「自今以後交替ニ知行所へ相越仕置等可申付」の上意が岡部宣勝など三五の大名にあり、宣勝はこの年在府となった。尼崎の青山幸成は九月に「毎歳八月交替午年在江戸」とされ、宣勝と同じく在府となる。

後年の記録によると当時、岡部宣勝は在府などで岸和田城を不在とした場合、代わって城を守衛する城代を置いていなかった。しかし、京都所司代板倉重宗から「岸和田者重き交代場ニ候、御留守ハ何と申者を被差置候哉と被成御尋」たのを契機に城代役を置くようになったと伝えられている。城代が確認できるのは寛永十九年以降であることから、[21]同年の譜代大名の参勤交代への組み込みが理由と思われる。

譜代大名の参勤交代が始まってすぐの寛永二十年二月青山幸成が江戸で死去し、三月には幸利が相続するが、同人が初めて尼崎に入ることを許されるのは正保三年（一六四六）七月のことである。『江戸幕府日記』はこのときのことを「居城尼崎者為枢要之地、大膳亮事雖若年仕置等不可相劣年老之輩被思召付而其儘被差置之旨被仰聞」と記す。尼崎城が要衝であり、それに相応しい人物が城主となるべきだということを幕府が認識していたことが知られる。

幸成の死去後、『江戸幕府日記』が記すような事情もあって寛永十九年以降正保三年まで、尼崎城主は在府していた。一方、岡部宣勝は寛永二十年には「御暇」、つまり江戸を離れ在国になったものと思われる。『江戸幕府日記』によると、翌二十一年六月には「参勤」し、その後正保二年六月には「御暇」、翌三年六月「参勤」、翌四年六月には「御暇」と、隔年で参勤交代している。そして、青山幸利が尼崎入りを許される正保三年には岡部宣勝が「参勤」していることから、寛永十九年以降初めて岸和田城主が在府、尼崎城主が在国ということになった。

寛永十九年以降で興味深いのは岡部宣勝と、寛永十七年十二月に従五位下内膳正に叙任された宣勝の長男行隆が交互に参勤していることである。たとえば寛永二十一年六月十九日に宣勝が他大名とともに「参勤之面々御礼」をすると、二十八日には行隆が「御暇」となり、翌正保二年六月七日に行隆が「参勤」すると、十日に宣勝が「御暇」となっている。父子の交互参勤である。

寛永十九年以降の岸和田の参勤交代と、尼崎との組み合わせについては、なお検討を深める必要があるが、とくに正保四年十一月に大坂城代阿部正次が死去し、青山宗俊がその後の城代を命じられる寛文二年（一六六二）までの間の岸和田城主と尼崎城主の動向は[22]、参勤交代組み合わせの始期だけでなく、幕府上方支配全体に関わる重要な問題であろう。

3　大坂城守衛

これも始期は不明であるが十八世紀中頃以降の岸和田藩主と尼崎藩主は、大坂城守衛の最高責任者である大坂城代が就任後、初めて大坂城入りする儀礼に招かれていた。実際には名代で済まされたが、定番・町奉行等在坂役人以外でこの儀礼への参加を許された大名は両藩主だけである。

これは十八世紀には両藩主が大坂城守衛を担う大名として位置づけられていたためである。元禄十二年に寺社奉行に就いた青山幸督は同十五年に寺社奉行を辞すが、この事情について青山家の家譜は、尼崎城が「東西咽喉地而大坂城之先鋒」であり、長期間尼崎を離れると大坂城守衛という軍事的役割に支障を来すからであったと記す。事実、寛文六年（一六六六）の大坂城天守落雷時、尼崎は自らの判断で大坂に火消しを派遣している。火消しとはいってもそれは派兵で、大坂城を守衛することが目的であった。

一条でもこの大坂城守衛のことがふれられている。すなわち、尼崎より大坂へは三里、岸和田より大坂へは七里で、「大坂及大火候節ハ尼崎より極りニて御人数被指出候得共岸和田よりハ左様之節前々より終ニ人数差出候儀無御座」と、尼崎藩が大坂異変の際に派兵することは「極り」であるが、岸和田藩はこの享保九年段階でも過去に大坂に派兵したことを確認できず、「大坂表異変之儀御座候節者以使者相務候迄」であったという。つまり享保九年時、尼崎藩とともに大坂城守衛を担うことは岸和田藩の役割と認識されていたが、派兵という行動でそれを果たしたことはなく、使者の派遣でこと済んでいたのである。

大坂城周辺の要衝である高槻、尼崎、岸和田に、元和元年から五年にかけて譜代大名が配置され、城郭が整備されていった。それは軍事拠点大坂城の支城としての役割を担わせるためで、当初はこれに加えて、高槻・尼崎であれば淀川右岸防衛・物流路の監視といった役割、岸和田であれば後述する紀州徳川頼宣の動向掌握、尼崎城主戸田氏鉄の大坂城普請奉行のような役割もあった。また先述した永井兄弟のように幕府の上方支配に大きな権限をもつ譜代大名も存在した。

しかしこれら役割の多くは藩の役割として明確に取り決められたものではなかった。岸和田と尼崎が大坂異変時に派兵することも定められた役割でなかったことは、寛文六年の大坂城天守火災時に尼崎の青山幸利が派兵しているのに対して、岸和田の岡部行隆は派兵しなかったにもかかわらず、それを幕府から咎められていないことからも知られる。十七世紀における上方譜代大名の役割は、大名の個人的力量によって縮小することもあれば、反対に拡大することもあったといってよい。

十七世紀中頃以降に顕著となる軍事的緊張の緩和と、上方支配が個人の力量に頼る段階から職・機構による支配へと移行していくことは、譜代大名の役割に変化をもたらすことになった。永井尚政の淀川左岸支配のように、それ自体が譜代大名の役割として消滅する場合もあった。

享保九年（一七二四）時の岸和田藩では、尼崎藩との参勤交代組み合わせは「四十ヶ年以前迄ハ御替り合之御沙汰」はなかったと認識されている。寛永十九年にはじまる譜代大名の参勤交代と、正保四年から寛文二年までの大坂城代不在期間の動向を検討せねばならないし、また一時的に、あるいは実態としては岸和田と尼崎の参勤交代がすでに組み合わされていた可能性もあるが、貞享元年（一六八四）頃に十八世紀以降にも継承されていく画期があったと思われる。

藤本仁文によると、幕府の上方支配における譜代大名の役割は、京都大名火消や大和郡山藩による奈良防衛、岸和田も担うことになる土砂留制度をはじめ貞享期を端緒とし、元禄—享保期に制度化される。(23) 岸和田と尼崎の参勤交代組み合わせや大坂城守衛が藩の役割として確定することも、この一連の過程で行われたという理解もできよう。それは有事の危険性が後退した平時においても、なお軍事体制は維持される必要があったということでもある。

ただ、大坂城守衛の内実は尼崎が大坂異変時に派兵するのに対して、岸和田は派兵しないというように、具体的役割という点では不均衡なものであった。(24) それは青山幸成・幸利時代に拡大した役割を、続く藩主家となる松平氏も継承したからだと思われる。

4　紀州との関係

続く二条では紀州との関係が記される。初代宣勝が岸和田に入った寛永十七年には「紀州和歌山ニ南龍院様御在世ニ而御座候由、高祖父美濃守可賢儀ハ御普代と申、公儀御由緒も御座候故慥ニ思召、岸和田城主被仰付候との御事之由承伝候」と、岡部氏が岸和田城主とされたことと紀州徳川頼宣の存在とが関係付けられているが、それは「承伝」にしかすぎなかった。

しかし大坂城守衛と違い、紀州との関係が窺える具体的役割を恒常的に果たしていた。「御書付」は続けて「左様之儀ニて御座候哉、至只今紀州様御国許御発駕之儀、又ハ御帰国之儀相定ニて岸和田より飛脚を以江戸屋敷江注進仕り、御用番之御老中様へ毎年御届仕事ニ御座候」と、紀州藩主の出国・帰国といった動向を江戸の老中に伝えていることを記す。ところが「只今ニ而ハ以前と御様子も替り可申哉と奉存候」と、紀州藩主の動向報知は徳川頼宣時代に始まると「承伝」されていても、享保九年においてはその起源や具体的な意味については藩内でもよくわかってはいなかったのである。

岸和田は紀州の押さえのために配置されたということがよく語られるが、岸和田の役割をそれだけに限定すべきではない。岸和田が「重き交代場」とされたのは大坂城守衛をはじめとする大坂の南の守りという役割であったが、十七世紀に進行する軍事的緊張の緩和とともに徐々に形骸化、あるいは役割そのものが忘れ去られていくことになった。

そのようなか、大坂城守衛が岸和田藩の役割として確定されていくことになるが、尼崎のような派兵をともなうものではなかった。一方、紀州藩主の出国・帰国の報知は具体的役割として継続されたため、後代になって紀州との関係だけが強調されることになったものと思われる。

5　軍団

三条には「岸和田拝領仕候以後、家中之諸士足軽中間等迄も身上格ゟ八人多」く、それが財政を破綻させていると記される。

元禄十三年（一七〇〇）「辰年御家中物成切米扶持方帳」によると、同年に岸和田藩が家臣などに支給した米は二万五八五〇石余である。支給者は知行取、扶持切米、扶持方、金銀給扶持方に分かれ、このなかには足軽、中間、大工頭、奥勤めの女中も含まれる。支給者総数は一八〇〇人以上に及ぶ(25)。

このうち家臣の中核をなす知行取の武士は一六一人である。知行高は五〇石から一五〇〇石までで、一〇〇～二〇〇石取が一〇五人を占める。知行取が実際に支給される米は四つ物成、すなわち知行高の四分一であるが、知行取への支給高は計一万一九〇〇石余にも及び、一年の総支給高二万五八五〇石余の半分近くを占める。家臣団のなかで知行取の武士は少ないが、家老をはじめ藩政の中核を担い、また後述する軍団では騎馬、鉄炮・弓足軽、長柄之者を率いる足軽大将などを勤めた。

扶持切米の支給者は一三〇〇人近くに及び、このなかには普請方小頭、算用之者、旗奉行・先手頭・長柄奉行・郡代・町奉行等配下の足軽・中間、大工・左官・張物師・屋根葺といった諸職人の小頭・棟梁なども含まれる。

この扶持切米への総支給高は一万一一二五石余で、一年間の支給高の四三パーセントを占めるが、このうち半分が足軽・中間への支給である。足軽・中間は扶持切米の半分以上、八五〇人近くに及ぶが、その大半は先手頭・長柄奉行・郡代・町奉行といった岸和田藩の軍事・民政の中核に配属される者たちであった。先手頭配下であれば鉄砲・弓足軽、長柄奉行配下であれば長柄足軽で、藩の軍事・民政上不可欠な足軽・中間といってよかろう。これら足軽・中間一人一人への支給高は少ないが、藩財政にとっては大きな負担になったと思われる。なお残る扶持方・金銀給扶持方には町人や掃除之者・中間・草履取・奥勤め女中なども含まれる。

大名・旗本などは幕府に軍事上の負担をしなければならなかった。軍役と呼ばれ、幕府の規定によると、五万石の領知高は騎馬七〇騎・鉄砲一五〇挺・弓三〇張・鑓八〇本・旗一〇本の軍役を定められていた。この軍団は公儀の戦争への動員や、大坂城守衛という軍事的役割を果たすために平時においても維持されなければならなかった。

享保七年（一七二二）段階における岸和田藩軍団の構成を示す「備定」によると(26)、岸和田藩の軍団は前備・右備・左備・旗本・後小荷駄備からなる。幕府軍役規定が定める騎馬・鉄砲・弓・鑓・旗はすべての備に配備され、その総数は騎馬約九〇騎、鉄砲二〇〇挺、弓五〇張、鑓一五〇本と幕府の規定を上回る。旗の数は確定できないが一〇本は上回っていたと思われる。

前備を例にすると、騎馬四〇騎、鉄砲六〇挺、弓二〇張、長柄五〇本、旗一本が配備される。騎馬のうち「戦士」騎馬は三〇騎で、残る一〇騎は前備を率いる士大将一騎、鉄砲・弓足軽を率いる足軽大将四騎、長柄之者を率いる長柄奉行一騎、旗奉行・番頭・検使・目付の四騎である。「戦士」騎馬が配備されるのはこの前備のみで、残四備の騎馬は「戦士」騎馬ではなく、士大将・足軽大将・長柄奉行といった部隊の指揮者たちであった。

鉄砲・弓は先手頭が勤める四騎の足軽大将に分属され、一人の足軽大将が鉄砲足軽一五人・弓足軽五人を率いる。鑓は長柄奉行一騎が長柄之者五〇人を率いた。また旗は旗奉行のもとにある。

この前備の総人数は四七四人である。このうち騎馬四〇騎と、「歩武者」と呼ばれる歩使二人・歩行士目付二人を加えた四四人が「上分」で、鉄砲・弓足軽、供回りの若党・口取・草履取、荷物持などの夫人の計三五一人が「下分」＝「雑兵」とされた。この他、「雑兵」には含まれない宰領や馬子がいた。

軍団には兵糧を中心に軍事物資の輸送に携わる小荷駄隊が配備された。小荷駄隊は小荷駄方と、これを守る後小荷駄備からなるが、小荷駄方には大工・細工人といった職人五〇人も配属された五備の「上分」と「雑兵」の総人数は一八一四人を数える。このうち「上分」は二三八人、軍団の一三パーセントを占めるに過ぎず、残りは「雑兵」であった。これに宰領七四人と馬子二八四人を加えた二一七二人が五備からなる岸和田藩軍団の総数である。

一八一四人のうち「夫人」は三五〇～四〇〇人程度と思われ、このうち二六八人は藩が「軍中へ渡」した。さらに軍団が公儀の戦争に出陣し手薄となる岸和田城・藩領、江戸・京・大坂屋敷を守衛するために藩は「夫人」を計三〇〇人程度用意することになっていた。

在国して岸和田城や藩領の守衛を担ったのが城代・郡代などである。二人の城代には城代組二組四八人、二人の郡代には郡代組四八人が付属し、他に御部屋組二〇人、山下組長柄五〇人が在国部隊となった。「重き交代場」であることから置かれるようになったと伝えられる岸和田藩の城代とは軍団が出陣し、藩主が不在となった時に城を守衛することがひとつの役目であったことが知られる。

各備の指揮者や騎馬隊を構成する軍団の中核となる「上分」のほとんどは知行取であったこと、また武力の中心となった鉄砲・弓足軽、長柄之者は扶持切米であったことから、藩が毎年支給する米の大半は軍団を維持するためのものであったともいえる。また総馬数は三八〇匹近くに及ぶが、大半は運送用の夫馬であり、その多くは藩が用意したものと思われる。

そして五備からなる軍団を一カ月動かすために藩が用意しなければならない物資は、米七一六石余、大豆二五三石余、銀三七貫余と見積もられていた。

このように岸和田藩が五万石の軍役を果たすには平時においても家臣団に、軍団の中核となる知行取や鉄砲・弓足軽、長柄之者を一定数抱え、さらに出陣となれば夫人・宰領・馬子・職人や、食料・物資を大量に用意しなければならなかった。それを徴発するのが所領であり、岸和田藩では夫人や職人の動員体制が構築され、各村の割り当て人数が定められていた。諸職人の棟梁に扶持切米が支給されていたのも、こうした軍事動員の必要性からだといってよい。

軍団を動かすには武士だけでなく、百姓・諸職人などさまざまな身分の人びとを必要としたのであり、有事の際、それを円滑に実現するには所領支配の安定化が不可欠であった。戦争動員や大坂城守衛を果たすために必要な軍団の維持と、所領配置・支配とは密接に関係する。

四　岸和田の位置

大坂周辺といえば分散錯綜所領への注目度が高い。それは分散錯綜という所領配置は大坂周辺・関東など一部地域の特徴で、大名領研究とは違う近世領主支配のあり方に迫ることができたことと、大坂周辺の地域的特質を浮かびあがらせるのに適していたからである。

一方、その反動であるかのように、岸和田をはじめ大坂周辺に配置されていた譜代大名への関心は低かった。藩政史料の欠如も一因であろうが、譜代大名であるにもかかわらず幕閣の重職として活躍することもなく、また幕末期に華々しい政治的行動がみられなかったこと、さらには他地域諸藩のように近世後期から幕末期にかけて専売制をはじめ藩政改革で大きな成功をあげられなかったことなどが主な理由としてあげられよう。

大坂周辺で永井尚政のように政治的軍事的活躍が知られる譜代大名は稀で、それも尚政の個人的力量によるものであったため、大坂周辺の譜代大名に関心が向けられることは少ない。それは大坂周辺譜代大名（領）研究に取り組む積極的な意義が見出せなかったからであろう。しかし岸和田への譜代大名の配置と城郭整備は幕府上方支配の戦略のもとに行われたという点で、近世の統治全体に関わる大きな問題といってよい。

上方支配との関係性は岸和田城のあり方からも窺える。岸和田城は紀州側に対して、大坂側が手厚く防禦されていた。また城域は紀州街道上に位置する。これにどのような意図があるのか明確にはできないが、尼崎城域も大坂街道の直進を妨げるように位置することを考え合わせると、これらを大坂城を支えるという軍事的役割との関係で位置づけることもできよう[27]。

岸和田・尼崎城主の軍事的役割についてはなお検討の必要があるが、寛永十九年にはじまる譜代大名の参勤交代制を契機に紆余曲折を経ながら十七世紀後半、おそらく貞享元年頃に大坂城守衛が確定され、それが幕末まで藩の役割として継承されていくことになったと思われる。岸和田と尼崎の大坂城守衛は派兵という点では不均衡であったが、大坂城守衛を担うことが藩の役割として確定された場合、城主と、その軍団を維持するために城廻り所領は不可欠であった。田沼政権下の明和六年（一七六九）、尼崎藩が幕府経済政策を推進するために所領を分断されても尼崎城周辺にだけは領域所領を残されたのは、城の周辺には大坂城守衛という軍事行動を起こすために一定の所領が不可欠だったからである。城の維持と所領配置は密接に関わるといってよい[28]。

このように岸和田は、近世の統治、幕府の上方支配のあり方、戦時から平時への移行、平時における軍事等々を考えるうえで貴重な研究対象である。大坂城、尼崎城、高槻城は城域や、武家屋敷街をはじめ城下町も原形をとどめないほどに姿を変えている現在、わずかとはいうものの城郭、武家屋敷、岡部家墓所、寺社などが残されている岸和田の重要性はこの点からしてすこぶる大きい。

また戦後の大坂周辺地域史研究は村方・町方文書を用いて重要な成果を上げてきた。和泉はその代表といってよい。しかし、反面、それは村の史料からみえる限りでの領主支配が問題とされることにもなった。平時では、軍事よりも行政・裁判をはじめとする民政に重きが置かれ、また村方・町方文書からは民政に関わる領主支配がよく見通せるからである。しかし村方・町方史料からでは容易にはみえてこないが、大坂周辺の譜代人名領は幕府の上方支配や軍事戦略と関わって誕生し、振幅を繰り返しながら幕末まで維持された。平時においても軍事体制の維持は必要であり、城郭を守る大名は配置されねばならなかったのである。近世とはそういう国家であった。幕府支配のあり方に規定される大坂周辺地域社会という視点をもつことも、和泉をはじめとする大坂周辺地域史研究の進展にとって必要だと考える。(29)

注

（1）大坂周辺の所領配置については、八木哲浩「大坂周辺の所領配置について」（『日本歴史』二三一号、

一九六七年）。『大阪府史　五』（一九八五年）附図「元禄期大阪府下の所領配置図」、『兵庫県史　四』（一九七九年）付図9「元禄期の所領配置図」、『岸和田市史　三』（二〇〇〇年）付図2「正保期の和泉国所領配置図」。

（2）淀川左岸における永井領の変遷については、森杉夫「幕藩制支配と枚方地方」（『枚方市史　三』〈一九七九年〉第二章第二節）に詳しい。なお、枚方ももとは永井尚政領であった。

（3）幕府上方支配の対象は摂津・河内・和泉・播磨・山城・大和・丹波・近江の八カ国である。筆者は十八世紀以降の大坂町奉行所広域支配と地域社会の関係を解くことに主たる関心があるため「畿内・近国」という言葉を用いることが多いが（拙著『近世畿内・近国支配の構造』柏書房、二〇〇六年）、本章では譜代大名の役割に焦点をあてることと、最近の研究の進展で（藤本仁文「近世京都大名火消の基礎的考察」、『史林』八八巻二号、二〇〇五年、同「近世中後期上方における譜代大名の軍事的役割―郡山藩を事例に―」、『日本史研究』五三四号、二〇〇七年）、岸和田・尼崎以外の畿内譜代大名の役割が明らかにされたことをふまえ、以下、本章では上方支配という言葉を使用する。

（4）永井兄弟をはじめ、十七世紀の上方支配については、朝尾直弘『近世封建社会の基礎構造』（御茶の水書房、一九六七年）、藤井讓治『江戸開幕』（『日本の歴史　12』集英社、一九九二年）による。

（5）前掲注（3）藤本「近世京都大名火消の基礎的考察」。

（6）岸和田藩領の所領変遷については、拙稿「領主支配の変遷」（『岸和田市史　三』第二章第一節）。

（7）山口啓二『幕藩制成立史の研究』（校倉書房、一九七四年）。

（8）藤井讓治「幕府領と大名領」（『大阪府史　五』第二章第一節）、前掲注（4）『江戸開幕』。

（9）高槻、尼崎、岸和田の所領変遷については『高槻市史　二』（一九八四年）、『尼崎市史　二』（一九六八年）、『岸和田市史　三』。

（10）　中西裕樹「和泉の城々と岸和田古城」（岸和田市民歴史シンポジウムⅢ　未来に活かす岸和田古城）では、河内の中世城郭が近世城郭へと継承・発展しなかった点について示唆的な発言があった。大坂城との関係性という点からすると、摂河は大坂城をささえるひとつの単位であり、河内に城郭が築かれなかったのは、このことと関係するかと思われる。

（11）　寛文四年（一六六四）頃を例にすると、譜代大名の平均知行高は四万七〇〇〇石であり、高槻、尼崎、岸和田に配置された領主は決して小さな譜代大名ではなかったことがわかる（前掲注（4）『江戸開幕』）。

（12）　十七世紀における譜代大名の所領変遷とその特徴については、横田冬彦「『非領国』における譜代大名」（『地域史研究』二九巻二号、二〇〇〇年）。

（13）　前掲注（4）藤井『江戸開幕』では、大坂城普請をはじめ西国への譜代大名の配置が将軍秀忠政権にとって重要な課題であったことが指摘されている。

（14）　前掲注（3）『近世畿内・近国支配の構造』。

（15）　大和川付け替えの意義については、村田路人「宝永元年大和川付け替えの歴史的意義」（大和川水系ミュージアムネットワーク編『大和川付け替え三〇〇年―その歴史と意義を考える』雄山閣、二〇〇七年）。

（16）　岸和田藩と尼崎藩の軍事的役割については、前掲注（3）拙著。

（17）　京都大学文学部図書室所蔵「岡部長富記録」。

（18）　岡部氏が岸和田を拝領するのは寛永十七年（一六四〇）であるが、これについては「八十余年之間」と記されており、「御書付」の年代記載は正確である。

(19) 参勤交代については、泉正人「参勤交代制の一考察」（『早稲田大学大学院文学研究科紀要別冊』14集、一九八八年）、藤井譲治「平時の軍事力」（『日本の近世3　支配のしくみ』中央公論社、一九九一年）。丸山雍成『参勤交代』（吉川弘文館、二〇〇七年）。

(20) 藤井譲治監修『江戸幕府日記一～二六』（ゆまに書房、二〇〇三～〇四年）。

(21) 山下奈津子「御家中御役人前録（分限帳）について」（科学研究費報告書・課題番号一四三一〇一五九『畿内譜代大名岸和田藩の総合的研究』）。

(22) 阿部正次死去以降、寛文二年に青山宗俊が城代に就くまでの間、城代屋敷に詰めたとされる九人の大名の性格については意見が分かれる（『大阪府史　五』第二章第一節〈藤井譲治執筆〉、『徳川時代大坂城関係史料集　四』〈二〇〇一年〉「解説」〈宮本裕次執筆〉）。

(23) 前掲注（3）「近世中後期上方における譜代大名の軍事的役割―郡山藩を事例に―」。

(24) 十七世紀における上方支配の転換の中で岸和田藩と尼崎藩の大坂城守衛を位置づけることについては、宮本裕次「岩城卓二著『近世畿内・近国支配の構造』を読む」（二〇〇七年一月大阪諸藩研究会口頭報告）、河野未央（『日本史研究』五三七号、二〇〇七年）と荒武賢一朗（『史泉』一〇七号、二〇〇八年）の拙著書評などで指摘された。とくに宮本裕次は、十七世紀における大坂城守衛は尼崎・岸和田藩に独占されていたわけではなく、両藩の独占が現れるのは十八世紀以降のことと思われること、寛文期の城代青山宗俊を尼崎藩主青山幸利・淀前藩主永井尚政がバックアップしていたと思われること、そのなかで尼崎藩の大坂城守衛が肥大化すると思われることなど具体的な指摘をされ、多くの示唆を得た。なお、詳細は『徳川時代大坂城関係史料集　十』の「解説」を参照のこと。

(25) 拙稿「岸和田藩家臣団について—元禄十三年「辰年御家中物成切米扶持方帳」の検討—」（前掲注(21) 科学研究費報告書）。

(26) 前掲注(21) 科学研究費グループ収集文書。なお近世大名については、高木昭作『日本近世国家史の研究』（岩波書店、一九九〇年）に詳しい。

(27) 玉谷哲「岸和田城と城下町」（『岸和田市史　三』第二章第四節）。

(28) 城郭を維持するには定期的な修復や堀に堆積する土砂浚い等々、相当なコストがかかった。近世においてそれは身分的な動員や所領村からの人的物的徴発によって維持されていたと思われる。こうしたあり方が解体した明治以降、城郭がどのように維持されていったのかは、廃城令と関わって興味深い問題である。

(29) 大坂周辺では河川管理をはじめ行政・裁判において大坂町奉行所による広域支配が展開していたことはよく知られている。この民政を中心に大坂町奉行所の権限が強く及ぶ畿内・近国支配にとっても、十七世紀に軍事的必要性から配置された譜代大名領がもつ意味は検討すべきであろう。なお譜代大名を位置づけることについては、山本博文『寛永時代』（吉川弘文館、一九八九年）で指摘されている。

第八章　岸和田古城が残したもの
――研究成果と今後の課題――

仁木　宏

本章は、前章までの各論考をうけて、岸和田古城と岸和田城・城下町について、何がどこまで明らかになったのか、研究成果をまとめることを第一の目的とする。

本書に収録した諸研究などによって、近年、中世後期から近世初頭にかけての岸和田の歴史の解明は飛躍的に進んだ。そうした成果を総括するとともに、岸和田古城（遺跡）を守れなかった反省に立って、城館遺跡の保存のための取り組みについても考察を加えたい。

一　岸和田氏・古城についての伝承と「岸和田古城図」

元禄十三年（一七〇〇）に刊行された石橋直之『泉州志』は、以下のような説を載せる。岸和田の地はかつて岸村とよばれていたが、南河内を本拠とする楠木氏一族の和田高家がここに城郭を構えて

「岸の和田殿」、すなわち岸和田氏を名乗るようになった。そのため、地名も岸和田に変わったという。

この高家の城の場所について『古今重宝記』は、近世岸和田城より「二三町東」で、「小寺池之尻辺」であるとしている。また『拾遺泉州志』は、近世岸和田城下の「百姓町の東」であるとし、「方一町余」の規模を示す。今は田となって、字（地名）「城屋舗」というとしている。

こうした説にもとづき、戦前、照日山（現在の野田町一丁目）に「和田氏居城伝説地」という石柱が建てられ、地元でも、ここが岸和田氏の古城跡だと伝承されてきたのであろう。

しかし、こうした説が学問的になり立たないことは明確である。すでに山中吾朗は『岸和田市史』において、「岸の和田殿」説は『泉州志』以前には存在せず、南北朝時代以前に当地を「岸」と呼んでいたり、和田高家が派遣されたことを示す確かな史料がないことを指摘していた[1]。

河内の和田氏（楠木氏一族）と、和泉大鳥郡和田郷の和田氏が混同されたことがこの説の背景にあるのかもしれない。しかし、本書堀内論文によれば、河内の和田氏は橘姓であるのに対し、和泉の和田氏は大中臣姓であり、通字や政治動向のちがいから見ても両者が全く別の一族であることは明らかである。

では、『古今重宝記』などがあげた城跡はどこにあったのであろうか。現在の照日山付近には「古城」という小字名が残り、『拾遺泉州志』のいう字「城屋舗」に適合する。しかし、同書はまた城跡の規模を「方一町余」とするが、「照日山」はそんなに大きくない。

ここで、「岸和田古城図」（『和泉国南日根郡城跡図』所収、本書福島論文参照）の記載が注目される。同図には、「本城」と記された照日山とは別に、一辺一〇〇メートルを超える曲輪状の「二之郭」が描かれており、これを指して『拾遺泉州志』は「方一町余」と記したのであろう。「古城図」には、元禄七年（一六九三）の古図を典拠にしたとの記載もあり、おそらく十七世紀末にはより明確な城跡が、現在の野田町一帯に存在したものと思われる(2)。

この城跡が「方一町」と示されるように方形の形状をとるとすれば、「城」というより、日常的な支配拠点である「城館」とよんだ方が適当であろう（以下、必要に応じて「野田町の城館」とよぶ）。では、この城館の主は誰であろうか。

岸和田付近は、南東の和泉山脈から北西の大阪湾にむかって全体として傾斜した地形を示し、いく筋かの河川が開析谷をかたちづくっている。そうした河川の一つである古城川の北東側に丘陵がある。仮製二万分一地形図によると、この丘陵の一番高い尾根上を北西から南東方向に道路が通っている。現在、南海電鉄岸和田駅の南に位置する駅前郵便局の前の通りである。

野田町の城館は、この丘陵上から古城川へ向かって下がってゆく途中に築造された。照日山は、本書山岡論文にあるように、最終段階には、丘陵側との地続きの部分を掘りくぼめることで丘陵から独立した地形を造り出していたが、城館本体も同じような方法で丘陵部からは独立した空間になっていたらしい。

城にせよ、城館にせよ、まわりより一段高い土地に築造することで防衛上有利な位置を手に入れようとするものである。しかし、この城館は、丘陵上から見下ろされるような場所に位置しており、少々奇妙な占地であるといえよう。

周辺に近世集落がない点も特徴的である。近江や山城などの戦国期の土豪居館は、たいてい集落の内部か縁辺部に位置する。近世集落から隔絶した立地も、この城館の性格を考える上でヒントとなるだろう。

二　岸和田氏と岸和田古城

『岸和田市史』や本書堀内論文に記されているように、十四世紀には、岸和田庄の名前が史料上にみえる。一方、岸和田治氏をはじめとする岸和田氏一族の活動も十四世紀には確認される。岸和田庄と岸和田氏を直接関連づける史料は存在しないが、岸和田氏が岸和田庄を本拠地とする在地領主であることはまずまちがいないであろう。

この岸和田氏の居館が野田町の城館と考えてよいであろう。これは、この城館以外、岸和田地区に中世の在地領主の居館址の痕跡が見つからないというのが最大の理由である。和泉国には、室町・戦国時代には三十六人衆とよばれる国人・土豪がいたことが歴史的に確認されており、彼らがそれぞれ本拠とする村落があったことはまちがいない。しかし、土塁や堀をめぐらせた彼らの居館が明確でないとすれば、おそらく彼らの屋敷は村（集落）の中の一屋敷にすぎず、卓越した居館構えをとっていなかったのであろう。

だとすれば、明確な城館を築いている岸和田氏だけが特別な存在だったのだろうか。本書堀内論文では、岸和田氏が小守護代ないし郡代の地位にあったことを推測している。当時の各国の守護所や守護代所が、しばしば独立した施設ではなく、寺院などの間借りであったことが明らかになっている。守護代の下位に位置する小守護代所や郡代役所にいたっては、それに任ずる武家の居館が代用されていた。(3) 同様のことが岸和田氏にもあてはまるかもしれない。すなわち、「野田町の城館」は岸和田氏の城館であると同時に、小守護代所の性格もあわせもっていたために、近隣の他の土豪居館とはちがって、明確かつ大規模なあり方を示したのかもしれない。

では、岸和田氏やその居館はどうしてこのような特殊な地位を得ることになったのだろうか。それは、本書大澤論文が注目する岸和田湊との関連を考えざるをえない。

中世の守護所のうちのいくつかは港湾に接した場所に築かれた。但し、港湾そのものは寺社勢力などの権門によって掌握されており、新興の守護（武家）勢力は、港湾から内陸へ通じる道路の近くに守護所を建設することで流通のチェック機能を獲得し、すこしでも港湾に対する権益を伸ばそうとしたのではないかと推定されている。(4)

こうした事実が確認されている守護所の多くは北陸の事例であり、これをそのまま当地にあてはめることができるかどうかはなお検討が必要であるが、岸和田氏の居館（野田町）も同様の立地とみることもできるのではないか。すなわち、居館北東側の丘陵上を南東方向へむかう道は、岸和田湊と熊野街道を結んでいる。この道に近い場所に居館が立地していることに意味があるのではなかろうか。

ところで、本書山岡論文にあるように、岸和田古城跡からは、十四から十五世紀の遺物が出ている。これらは近隣の施設からもたらされたものと推測される。遅くとも十四世紀はじめ以降、『岸和田古城図』（「二之郭」部分）に描かれた岸和田氏の居館（野田町の居館）が成立していたことはまちがいない。そして、南北朝時代から室町時代にかけて、在地領主の日常的な支配拠点として岸和田庄や岸和田湊にかかわり、時には小守護代の役所としての役割をはたしながら存続したのであろう。

三　戦国期岸和田城から近世岸和田城・城下町へ

本書山岡論文によれば、近世岸和田城が立地する付近に、奈良時代以来、何らかの施設があった考古学的兆候があるという。近世城下町の中心部分である本町地区などが完全に陸地化するのは中世後期であろうと推定され、それまで岸和田城（以下、適宜、「岸城町の城郭」とよぶ）の台地は海に面した独立丘陵であったことになる。その立地条件から考えて、宗教施設などがあったとしても不思議はないだろう。実際、戦国時代に城郭ができる山や丘に、先行して寺社があった例は枚挙に暇がない。この段階では、山岡が主張するように、海側より山側、つまり南東側がこれらの施設の正面であっただろう。

本書山中論文が明らかにしたように、戦国期岸和田城（岸城町の城郭）の初見は十六世紀前半までさかのぼり、一定度設備と格式を備えた城として登場する。

このころの岸和田氏は守護細川氏にしたがっていた。十五世紀末から十六世紀なかばまでは忠実な守護被官としてみえる。しかし、十六世紀中葉になると、「守護代」ともよばれる岸和田周防守が登場し、事実上の守護であった松浦氏を支えるようになった。

戦国期岸和田城（岸城町の城郭）の時代と野田町の城館の時代が重なっているかどうかは不明であるが、両方が同時に利用された時期があると考える方が普通であろう。岸和田氏がその本拠を古城から岸和田城へ遷移させていく過程で、最初は独立丘陵であった岸城町の城郭の地に砦や籠城用の城を築くことからはじまったのではなかろうか。

その後、独立丘陵の方に政治支配や生活の拠点を移してゆき、最終的にそちらが本拠になったと推定される。その時期は、山中論文を参考にすれば、十六世紀初頭ころであろう。これは、本書山岡論文がいう照日山の遺物の最終年代と合致する。

平地城館から山城に拠点がうつされることは全国的動向である。戦乱が激しくなる中でより防衛に適した地形の城郭へ移転したとされるが、そうした理由ですべてが説明できるわけでもない。

では、照日山の土塁が築かれたのはいつの時点であろうか。まだ野田町の居館が拠点であった時代に、居館が攻められた場合の詰め城的な施設として整備されたのかもしれない。あるいは、居館がほぼ放棄されて、岸城町の城郭に移転した後、なお砦として利用するために改変がなされたのかもしれない。その途中で、山岡が推定したように、両方の城が同時に利用されたタイミングもあっただろう。

戦国期岸和田城の城主であった松浦氏権力は、岸和田城を主城として、大津、府中、佐野などの都市を基盤とし、さらに国内の国衆を組織したとされる(5)。

戦国時代の城郭には規模の差はあれ、城下町が付属するのが通例であった。では、戦国期岸和田城に付属する城下町の中心部分はどこであったのだろうか。本書大澤論文が取りあげたように、近世岸和田城下町の中心街区は本町周辺であったが、海岸に近いこの部分が戦国期において安定的な町場であったかどうかは疑問である。むしろ大澤が注目するように、中世においては港湾があった古城川の河口付近から町場が成長していったと考えられる。だとすれば戦国時代の城下町は、現在の城見橋北側の「府中街道」沿いや古城川右岸に存在していたのだろう。

天正十一年（一五八三）に始まる、中村氏の城主時代は、いまだ戦国時代の延長線上にあった。天正十三年以降、小出氏の時代からが近世岸和田城・城下町の段階と規定できるだろう。本書大澤論文によれば、天守の築造、大手の変更、城郭と段丘西下の城下町との直結、寺町の形成などがなされたのが小出時代である。

元和五年（一六一九）からの松井松平氏時代においても、岸和田城の外曲輪・三の曲輪の完成、浜辺石垣や惣構の築造による城と城下町の一体化など、その整備はいっそう進んだ。この小出、松平時代に、岸和田城と城下町の近世化がほぼ完成したと大澤は考えている。ついで寛永十七年（一六四〇）からは、岡部氏の時代となる。

江戸時代の岸和田藩について、これまでは紀州藩の監視、押さえの役割が重視されてきた。しかし、本書岩城論文によれば、岸和田城は高槻・尼崎とともに、軍事拠点化した大坂を防衛するための切札であったという。そのため城下町の繁栄がはかられ、藩主には所領支配の安定化が求められた。江戸幕府の畿内支配、西国支配の全体の中で岸和田は、大変大きな役割をになっていたのである。

大坂、尼崎、高槻では近代以降の開発や空襲によって、城域や武家屋敷・城下町が原形をとどめないほど姿を変えてしまった。それらにくらべて岸和田は、城郭、武家屋敷、墓所・寺社などが残されており、城下町の住民の生活がいまだに息づいている。岩城の指摘によって、われわれはその重要性に気づくことができたのである。

四　岸和田古城の価値、保存の可能性

以上に見てきたように、岸和田の歴史はまさに岸和田古城（野田町の城館）にはじまったといえよう。岸和田庄を支配する岸和田氏の本拠として整備された城館は、南北朝の合戦に岸和田氏を送り出した。また岸和田氏が小守護代の性格を帯びると、その城館は守護（小守護代）所としての役割をは

たすことになる。

こうして泉南における中心地の地位を獲得した岸和田であったが、十六世紀になると城館から城郭（岸城町の城郭）へ中心地を移した。戦乱に備えて防御しやすい丘陵上に本拠地を移すとともに、港を中心として発展しつつあった町場を掌握する狙いがあったのだろう。この戦国期岸和田城が近世の拠点城郭に展開した。

このように戦国期の中心地が近世の拠点にそのまま移行するのは、中西がいうように大阪平野では希有な事例であるだけでなく、全国的にみても貴重な存在であったといえよう。

そうした高い価値を有した岸和田古城（照日山）が、岸和田市民を中心とする多くの方々の希望を裏切って破壊された。保存運動の経過や破壊にいたる事情については、詳しい紹介記事(6)があるので、そちらに譲りたい。遺跡保存にあたって主導的な力を発揮するべきであった岸和田市当局に対する「思い」はその記事にまかせて、ここでは大阪府と文化庁の姿勢について論及しておきたい。

戦前、大阪府は照日山に「和田氏居城伝説地」の石柱を立てたものの、その後、古城周辺は市の指定史跡にさえならなかった。そのため、本書山岡論文が述べるように、ここが本当に城跡なのか。古墳ではないかとする推測までなされていたのである。

こうした事態の背景として、大阪府が、全国の都道府県のなかで城館詳細分布調査を実施できていない最後の数府県のうちのひとつであるということがあろう。分布調査がなされていれば、岸和田古城の歴史的価値ももっと早くから解明され、場合によっては「岸和田古城」と現地との比較研究も進められたかもしれない。

開発がせまる前に、古城の歴史的意義をより広い範囲の中で解明し、アピールできる可能性のあった分布調査を実施しなかった大阪府教育委員会の姿勢に問題があったといえよう。

岸和田古城（照日山）が保存されるほとんど唯一ともいうべき可能性は、国史跡に指定されることを前提に岸和田市がその土地を購入することであった。実際、古城の歴史的意義については文化庁も一定の評価をしていた。しかし、古城単体では国史跡とするほどの価値はないと判断し、近世岸和田城と一体のものとして史跡指定することを模索したと聞いている。結局、岸和田城界隈の開発も進んでいたことから史跡化は困難と判断され、古城保存の可能性は絶たれたのである。

では、文化庁が古城単体では国史跡の価値がないと判断した理由は何であろうか。これについては推測するしかないが、たしかに他に国史跡に指定されている居館跡にくらべれば古城は「貧相」であるといわざるをえない。中世在地領主の居館のごく一部が残存しているにすぎず、実際は戦国時代の軍事的な施設のありようを示すにすぎない。岸和田古城よりずっと保存状況のよい居館址は全国にいくらでも存在するのである。

しかし、そうした基準だけで遺跡を評価してよいのであろうか。岸和田古城は、市街化が進んだ大都市の中心部近くに位置し、貴重な緑地として周辺住民に親しまれていた。このような遺跡が国史跡に指定され、史跡公園として整備されたならば、きわめて多くの市民が国史跡にふれる機会が生まれ、国民の文化財愛護の精神の涵養にも大いに役立ったはずである。

物理的に残存している遺跡がたとえ「貧相」であったとしても、南北朝時代以来の文献資料に館主の姿がうかがえ、近世絵図に居館としての姿が描かれるということは、他の居館址ではほとんどありえないことである。

そして本章の前半で明らかにしてきたように、古城から近世岸和田城・城下町の歴史を通覧した時、城郭・城館の流れが一連のものとして掌握できる希有な事例であることにも気づかされるのである。

こうした視点を総合的に判断した場合、古城跡単体での国史跡指定は決して無理であったわけではなく、文化庁の基準に再検討の余地があるといわざるをえない。

一つの遺跡が破壊され、一冊の本が生まれた。研究が進んだことは確かだが、遺跡がこわされては元も子もない。

ただ、いまは、本書を土台にして、中世・近世の岸和田の研究がいっそう進められ、二度と同じような「あやまち」を生じないように祈誓するばかりである。

注

（1）『岸和田市史　第二巻』（岸和田市、一九九六年）。
（2）拙稿「岸和田古城の歴史的評価をめぐって」『基盤研究（B）（15320116）中・近世における都市空間の景観復元に関する学際的アプローチ』（科学研究費報告書　代表藤田裕嗣、二〇〇七年）。
（3）今谷明「畿内近国における守護所の分立」『守護領国支配機構の研究』法政大学出版局、一九八六年。仁木宏「室町・戦国時代の社会構造と守護所・城下町」（内堀信雄他編『守護所と戦国城下町』高志書院、二〇〇六年）。
（4）前掲注（3）拙稿。
（5）廣田浩治「戦国期和泉国の基本構造」（小山靖憲編『戦国期畿内の政治社会構造』和泉書院、二〇〇六年）。
（6）大阪歴史学会企画委員会「岸和田古城跡の保存問題と現地見学検討会」（『ヒストリア』二〇七号、二〇〇七年）。

執筆者紹介
大澤《おおさわ》　研一《けんいち》　大阪歴史博物館学芸第３係長・学芸員
仁木《にき》　宏《ひろし》　大阪市立大学大学院文学研究科准教授
堀内《ほりうち》　和明《かずあき》　大阪府立泉陽高等学校教諭
山中《やまなか》　吾朗《ごろう》　岸和田市教育委員会郷土文化室担当長（主査）・学芸員
山岡《やまおか》　邦章《くにあき》　岸和田市教育委員会郷土文化室文化財技術員
福島《ふくしま》　克彦《かつひこ》　大山崎町歴史資料館係長・学芸員
中西《なかにし》　裕樹《ゆうき》　高槻市立しろあと歴史館主査
岩城《いわき》　卓二《たくじ》　京都大学人文科学研究所准教授

岸和田古城から城下町へ—中世・近世の岸和田—　上方文庫 34

2008年8月20日　初版第一刷発行©

編　者　大澤研一・仁木　宏

発行者　廣橋研三

発行所　和泉書院

〒543-0002　大阪市天王寺区上汐5-3-8

電話 06-6771-1467／振替 00970-8-15043

印刷・製本　シナノ／装訂　森本良成

ISBN978-4-7576-0481-0　C1321　定価はカバーに表示